神話叢書
MYTHOLOGY SERIES

性愛と暴力の神話学

木村武史◉編著

晶文社

ブックデザイン◉美柑和俊

性愛と暴力の神話学●目次

序章

木村武史

はじめに

神話が人間の本質に関わる物語であるとしたら、性愛と暴力ほど人間が人間である所以に深く関わるテーマはないのではないだろうか。古今東西、性愛の喜びと悲しみの詩や暴力と死に立ち向かう英雄譚は人々を魅了し続けている。性愛の魅惑的で甘美な表象、暴力の残酷な身震いするような描写は、一見すると相反するように感じられる。だが、フロイトがエロスとタナトスを対で語ったように、両者には分かちがたい結びつきが感じられる。そして、性愛と暴力の物語や表象にしばしば文化と芸術の極致を見ることができるというのも言い過ぎではないであろう。

本書では、神話という語の意味を広く捉え、通常は伝説、童話等のジャンルに含まれる物語も神話の一部として扱っている。というのも、伝説、童話等にも神話的要素が取り込まれていることが多々あるし、モチーフ分析の観点からも必ずしも区別する必要もないからである。ただし、長大な物語としての神話があることは否定しない。また、本書では、文字社会で書かれた神話も口頭伝承の神話も等しく同じ意義があるという立場を取る。また、どれか特定の地域、特定の文化の神話に特権的な位置を与えることは避けた方がよいと考える。

性愛と暴力の神話

性愛の神話と暴力の神話は、たしかに異なるジャンルに属する神話物語でもある。暴力の神話には、「バガヴァッドギーター」で、兄弟、親族を二分した争いを前にして躊躇《ちゅうちょ》するアルジュナに対して従者クリシュナが戦士として生きる目的を示す英雄物語や、北欧神話などに見られる神々同士の争いと戦い、神が人間を罰するために洪水を起こす暴力などさまざまな神話を思いつくことができる。性愛の神話には、神々の性交が世界創造に結びつく伊弉諾尊・伊弉冉尊の聖婚神話、ゼウスの強引とも思われる女神たちとの性交、人間と動物の異類婚姻譚、人間と星との間の愛や恋の切なさを描く神話などを思い浮かべることができる。

それゆえ性愛と暴力とは必ずしも直接結びつくわけではない。しかし、古代メソポタミアで最も有名な女神イナンナ/イシュタルには、多様な性格の女神を吸収、融合したためか、性愛と暴力（戦争）の両方の神話がある。

標準版『ギルガメシュ叙事詩』（前二〇〇〇年紀末に成立）では、フンババ退治から帰還したギルガメシュの勇ましい姿を見て、イシュタルはギルガメッシュに声を掛け、自分の夫になるように誘う。だが、ギルガメシュはイシュタルがかつての恋人たちにした仕打ちを挙げ、イシュタルの誘惑を拒む。『イナンナ/イシュタルの冥界下り』として知られる伝承にある夫ドゥムジへの仕打ちのことである。

しかし、他の伝承では、イナンナ／イシュタルは美しい乙女の姿でも描かれている。ドゥムジと恋人同士の時に母の目を逃れて出かけた様子が窺えるし、直接的ではないが婚姻の床での愛と性愛を彷彿させる描写がある。

他方、イナンナとシュカレトゥーダの神話では、庭師のシュカレトゥーダが寝ているイナンナを強姦する。目を覚ましたイナンナが、シュカレトゥーダを見つけるために災厄を地に及ぼし、暴風を起こす。最後にシュカレトゥーダを見つけて殺し、秩序の回復をする。

また、イナンナ／イシュタルは王の配偶者、都市の守護神でもあるので、敵に対しては容赦ない暴力を振るい、恐怖で慄かせる。時代が下がると、イシュタルは飽くなき性欲を持つ女神としても描かれるが、それは疲れを知らずに敵と戦う姿と表裏一体でもある。

このように性愛と暴力というモチーフが、一人の女神の神話に融合されている。ただし、イシュタルには母神的要素があまり見られないのも、その特徴の一つである。女神とされるイシュタルだが、時に髭を生やした男性の姿で表されることもある。

本書の構成

本書では、各地域の神話全般における性愛と暴力について取り上げるのではなく、各執筆者が関心のあるテーマを取り上げている。それゆえ、この地域の性愛と暴力についての神話なら、あの伝承があるはずなのに触れられていないと思う読者もいるかもしれない。本書はそのような概説的な論集ではないことをご承知願いたい。また、グローバルにすべての地域、すべての時代を網羅しようとするものでもないことはあらかじめ断っておきたい。

本書は、日本から始まり、ユーラシア大陸を西漸《せいぜん》し、横断する形で中国からチベット、インドへと進み、インドネシアを回って、ヨーロッパからアフリカ、そして大西洋を渡って南北アメリカ大陸へと眼差しを移していく構成になっている。時代は古代、中世、近現代と幅広く扱っており、時代が前後することがあるが、それは本論集が歴史的流れよりも、性愛と暴力というテーマに焦点を当てているためである。

各章の概要

では、次に、各章の概要を述べてみたい。

第1章「花の名を持つ女――むごく殺されるお菊、お花をめぐって」では、日本各地に伝えられている虐待され、殺される女性に花の名前が付いていることに着目している。これらの伝承の背後には、折口信夫や宮田登らの洞察を踏まえて、性的な神、祟る神などの姿が見え隠れすることを明らかにした論考である。日本神話における性愛と暴力というテーマの広がりを示す論考である。

第2章「暴虐の巨神と原初夫婦神――中国の古典神話と民間神話の世界から」は、古代中国の暴力を振るう共工と蚩尤《しゆう》の神話伝承が、現代中国の民間説話の中にも伝承されていること、また、古代中国の性愛を示している伏羲《ふくぎ》と女媧《じょか》の神話と類似した伝承が現代のとベトナムの少数民族の間に見られることを示した興味深い論考である。

第3章「手足で待ちかまえる女根たちと征服する男根たち」は、ヴェーダ神話の中で、インドラのために供えたソーマ液を遠くから舐めてしまう、手足に女根を持つ長舌の女の魔人を、インドラに手足に男根をつけてもらったスミトラが、性交の後に捕まえ、インドラが退治するという神話伝承を詳細に考察した論考である。

第4章「ギムポ・ニャクチクの花嫁──古代チベット土着宗教儀礼説話への招待」は、チベットに仏教が伝わる以前の土着宗教の神々、悪魔、王などが登場する、強大な帝国末期の「ギムポ・ニャクチクの花嫁」を、その写本と言語についての解説を行いつつ、考察を加えた論考である。小王国ミクロンを舞台とし、王や姉妹が悪魔に食べられてしまい、小鳥に姿を変えた王女の物語である。

第5章「インドネシアの神話──秘するべき男女の愛、愛すべきものへの暴力」は、一万七〇〇〇以上の島々からなるインドネシアに伝わる羽衣伝説の類型の伝承を手はじめに、禁じられた家族間の愛情、特にきょうだい間の性愛や氏族の起源伝承である親子の近親婚などを取り上げつつ、家族の間のすさまじい暴力を描いた伝承についても考察を行っている興味深い論考である。

第6章「『ホルスとセトの争い』──同性愛と暴力」は、古代エジプトの神話の中で、オシリスの跡目をめぐるホルスとセトの間の争いに同性愛的な要素があることに着目し、その内容を詳細に検討するとともに、王と将軍の同性愛的関係を示唆する伝承などにも触れ、古代エジプトのエロティシズムの一面を考察している示唆にとんだ論考である。

第7章「メドゥーサはなぜペルセウスに殺されねばならなかったのか?」は、よく知られているメドゥーサのギリシャ神話を取り上げ、誰にも迷惑を掛けずに世界の端に住んでいたメドゥーサがペルセウスによってなぜ殺されねばならなかったのか、という疑問に答えている。そして、古代メソポタミアのギルガメシュ叙事詩との関連を見出している興味深い論考である。

第8章「グリム兄弟の仕事——ゲルマン神話とドイツの昔話の暴力と性愛に関して」は、性愛と残酷な描写で知られるグリム童話の背景にあるゲルマン神話を探っている。グリム兄弟が日本との対比の中でゲルマン神話を評価していたことなどにも触れながら、眠り姫や茨姫などの伝承の背景を紐解き、その特徴を明らかにしている示唆にとんだ論考である。

第9章「双子の妹を求めるオゴの性愛の罪を贖う供犠と再生による世界創造——マリ、ドゴン神話より」は、世界創造の初めの時に、まだ胎盤の中にいる時から早く双子の妹を手に入れたいと騒ぎ立て、創造神アンマの世界創造の秩序に挑戦したオゴが犯した罪を贖《あがな》うために、同じく最初の双子のもう一人のノンモを供犠《くぎ》に付し、その身体の解体と再生を通して、この世界の創造を語る神話に見られる性愛と暴力について考察した論考である。

第10章「ラテンアメリカにおけるエロスと暴力——征服のトラウマとしてのインカリ神話と民衆劇」は、実際にはスペイン人に絞首刑にされたのだが、インカ王は斬首され、頭はクスコに埋められ、やがてインカ王は復活し、インカの世界秩序が復活されるという神話伝承を、背後にあるラテンアメリカのハイヌウェレ型神話や首狩りの習慣、民衆劇での演劇との関連で考察した興味深い論考である。

第11章「ヴァギナ・デンタータとココペリ——豊穣・幸福と恐怖・病・暴力」は、北米ホピ族に伝えられるヴァギナ・デンタータとココペリの神話伝承をはじめとして、自慰を巡る神話伝承や蜘蛛婆に助けられ性的魅力を増すことによって長の息子と結婚する女性の伝承などを取り上げ、考察した論考である。

本書に所収されているこれらのさまざまな地域の性愛と暴力に関する神話を手はじめとして、世界各地のさまざまな神話、伝承、伝説等に関心を抱いていただければ、幸いである。

第1章

花の名を持つ女
――むごく殺されるお菊、お花をめぐって

南郷晃子

はじめに

日本の説話や伝承には、壮絶な虐待を受けたあげく殺される女の話が数多《あまた》ある。女は生ある時には虐《いじ》め抜かれるのみだが、死して復讐の力を手に入れる。彼女らを執拗に責め立てる男はたいがいにおいて武家であり、虐められる女は下女あるいは愛妾である。そして女の名は、しばしば「お菊」である。

ここで「お菊」また「お花」の名前を持つむごく虐待される女の話を、近世らしさをまとう神の物語として、考えてみたいと思う。

1 お菊伝承の広がり

都市の物語としての皿屋敷伝承

「お菊」の名は皿屋敷伝承とともに広く知られる。下女お菊が主家の皿を割り、ひどい折檻《せっかん》を受けたあげく井戸に沈められる。井戸からは夜な夜な一枚、二枚、三枚と皿を数える声が響く。

今日知られる皿屋敷の物語は、基本的には都市の物語であるとされる。宮田登は「城下町の皿屋敷は舞台が武家屋敷であるのに対し、農村部では長者=庄屋の屋敷に仕える若い女であり、古井戸ではなくて、古い池や淵にとびこみ、皿数えの怪が示されている」と整理をした。そしてその上で番町皿屋敷について、皿地、すなわちサラ地の何もない場所の上に、開発が進んで屋敷が立ち並ぶ、その景観より現れてきた話だと指摘する[1]。

井戸の中から皿を数えるよく知られたお菊の話は、都市形成とともに形が整えられたものなのである。飯倉義之はお菊の沈められる「竪堀井戸」が日常的になったのは「近世の技術革新の産物であり、都市という「水源に対して人口が多い空間」の成立が井戸建設を要求していった」と宮田の説を補強する[2]。

そして宮田登が言及したもう一方のお菊、「古い池や淵にとびこ」む方の、近世都市の出現のみに回収できないお菊がいる。播州皿屋敷の話を、田の神に捧げられる早乙女虐殺の話と解釈したのは折口信夫であった。折口はさらに白山《はくさん》の「くくり姫」とお菊との関係を示唆する[3]。

岐阜県、石川県にまたがる白山は古来より信仰を集めた霊山だが、その奥院、白山比咩《ひめ》神社の祭神はくくり姫、菊理媛《くくりひめ》神である。菊理媛神は『日本書紀』では黄泉比良坂《よもつひらさか》における伊奘諾尊《いざなぎのみこと》と伊弉冉尊《いざなみのみこと》との争いを諫める神だが、『水の女』において、折口はくくり姫について水を潜る女神、禊《みそぎ》を助ける女神だと述べる[4]。折口はお菊に、ある古層を見出していたのである。

武家により築かれた近世都市の一角で皿を数えるお菊には、同時に都市の文脈に回収しきれない側面がある。

菊の伝播

皿屋敷伝承として有名なのは播州皿屋敷、番町皿屋敷であるが皿屋敷の伝承は日本各地さまざまな場所にある。それらはたとえば、松山藩の皿屋敷伝承が「芝居のお約束通り」と表現されたように［5］、歌舞伎を中心とする演芸においてくり返し語られ、その影響を多分に受けていた。芸能におけるお菊の流行は、各地の伝承の類型化を促進していったのである。【図1】

全国の皿屋敷伝承を広く収集した伊藤篤は、皿を割ったお菊が井戸に沈められるという、類型的な皿屋敷伝説が各地に伝播していった経緯について考察を行った［6］。伊藤は、堤邦彦の詳細な先行研究のある唱導《しょうどう》による伝播に加え［7］、近世期における領主の移動や舟運、さらには地方における売薬商人の演芸を通しての伝播の可能性も指摘している。お菊伝承の伝播と収斂《しゅうれん》はいくつもの経路を以て行われたのである。

歌舞伎で皿屋敷が上演されるようになるのは享保年間（一七一六－三六）であり［8］、特に類型化が進んだのはこれ以降の時期だと考えられる。考察の入り口として、天和四（一六八四）年の序文を持つ、つまり享保以前に成立した『古今犬著聞《ここんいぬちょもん》

【図1】「実成金菊月（部分）」こし元おきく（東京都立中央図書館特別文庫室蔵）

集《じゅう》』のお菊の話を見てみたい。

一七世紀のお菊譚

以下にわかりやすく現代文に直したものを挙げる。以降も引用は基本的に同様のものとする。

「菊女、小畑孫市家を亡事」巻一二（一三）[9]

小畑孫市家の奥に仕えている菊という女が、膳を給仕する役目になる。縫い物の最中に、役目の時間だと声がかかり、針を自分の衣の裏に刺して膳の準備をした。そうしたところ、奥方の飯椀の蓋を取ると、飯の中に針が落ち入っていた。奥方はたいそう怒り「日頃主人に心をかけられているように見え訝しく思っていた。私を殺し、自分の思うままにしようと、このような悪事を企んだのだな、憎いこと」と、お菊を捉えて、引っ括り、庭の古井戸に落として殺した。お菊の母は家にいたが、このことを聞いて芥子《けし》を炒り、井戸の傍に持って行った。そして菊に「お前に企みがあったのであれば仕方がない。そうでなければこの恨みを果たせ。恨みを果たす証として、今蒔いた炒った芥子を生やしてみせよ」と、芥子を井戸の傍に撒いた。すると芥子はことごとく生え出でた。

その後菊が孫市一族を「残所なく殺しける」ため、菊寺が建てられたが、一族は皆滅び果て、今は他家が継いでいるという。

『古今犬著聞集』はのちに刊行される『新著聞集』に多く取り入れられており[10]、『新著聞集』にはこの話も含まれる。佐藤喜久一郎は『新著聞集』の同話について詳細な考察を行っており[11]、それによるともと、この話は上野国の豪族であった小幡《おばた》家に関わって語られた話である。小幡家は近世期に再興され、旗本の小幡直之（孫市）の系統、加賀の前田家に仕えた系統、松代藩真田家に仕えた系統の有力な小幡家があり、それぞれに「お菊」伝説との関連が言われたという[12]。

お菊伝承を抱え込む「小幡家」では家に何かが起こるたびに「お菊」を想起しており[13]、お菊の物語は、血脈が絶えることを恐れる武家の「イエ」の論理を含むものだったのである[14]。

2 お菊の母

『古今犬著聞集』における菊と母

さて、宮田登は「お菊」の名は「聞く」巫女に由来するのではないかと指摘した[15]。佐藤は宮田登の説を受けながら寛保三（一七四三）年の序文を持つ『小幡伝来記』中のお菊譚について、お菊の呪詛を聞く菊の母こそが「聞く」巫女ではないかと述べる[16]。しかし「菊」の名は娘のものである。そして母は菊の苦しみを聞くのみでなく、菊に怒りを聞かせるものでもある。怨嗟《えんさ》の言葉は互いの耳に届き反響し合う。母と娘は互いに聞き、互いに語り、怒りを交換し合う。「聞く」お菊譚における母と娘は分かちがたい。そしてそれはお菊の物語が母の物語でもあることを示す。「姥神的な母」「山姥のイメージ」という佐藤のさりげない示唆にこそ目を向けたい。すなわち、生み・育てる「母」なる神がこの物語とどのように接触するのかという点である[17]。

お菊の無念を聞き取るため、この母は、炒った芥子という本来芽生えるはずのないものの芽生え、植物の異常な生育を促している。

女の殺害と命の生成というモチーフは『古事記』における須佐之男命《すさのおのみこと》の大気都比売神《おおげつひめのかみ》の、『日本書紀』における月夜見尊《つくよみのみこと》の保食神《うけもちのかみ》の殺害を、容易に想起させる。もちろん不注意に影響関係を述べることはできないが、比べることで、この話の炒った芥子を撒く母の意味がより明確になろう。

『古事記』では須佐之男命に殺された大気都比売神の頭には蚕が、目には稲の種子が、耳には粟が、鼻には小豆が、陰部には麦が、尻には大豆が成った。殺された大気都比売神から生まれ出たのは、人が生きていくための命の始まりとなるものである。この神話は、第10章で谷口が南米のインカリ神話を取り上げる際に参照したインドネシアのハイヌウェレ神話との類似がかつてから指摘されているところである。また、第5章で内海が説明しているスマトラ島北部の伝説「タレ・イルとブル・シボウの話」とも似ている。

ただし異なる点もある。つまり、『古今犬著聞集』で母に促されたお菊が育んだのは、命を蓄える種子ではなく、本来命が絶えているはずの炒った芥子であった。そして世界を豊かに実らせるのではなく、小幡の一族を絶やすのである。

生えるべきでないものを生やし、連続すべき命が絶える。命の法則が転倒している。そしてこれを命ずるのは「母」に他ならず、この母の姿に命の管理者としての「母」を想起することになる。

『諸国百物語』『本朝故事因縁集』における菊と母

同じ一七世紀後半に成立した武家で殺される「お菊」の物語にも母が現れる。若干長いが、近世らしく陰湿な虐待の描写を含めて読んでみたい。

『諸国百物語』延宝五(一六七七)年巻四七「熊本主理が下女きくが亡魂の事」[18]

熊本主理という人は、たいそう人の使い方が悪く、無慈悲な者であった。主理が城に奉公をしていたとき、食べ物の中に針があり、たいそう怒ることがあった。その下女にきくという者がいた。主理はきくを呼びつけ「誰に頼まれてこのようなことをした。ありのままに申せ。申さなければ、責め立てて問うぞ」と言う。【略】主理は(身に覚えがないという「きく」の答えを)聞いて、責め方がぬるいため落ちないようだ、と百姓に言いつけて、蛇を二三千匹取り寄せ穴を掘った。そこにきくを入れ、かの蛇を放し責め立てた。「今はもう命もございますまい。願わくは私の母を呼びよせ、暇乞いをさせてくださいませ」。きくがそう言うのを仲間が不憫に思い、母を呼び寄せて会わせた。母はこの有様をみて天を仰ぎ地に臥して泣き叫び「武家に宮仕えさせる上は、覚悟の上であったけれども、このような怖しい責め方があろうか。おまえが死んだら再び怨霊となって来て、怨みを果たせ。決して忘れるな」と言った。するときくは「安心してください。この怨みは主理一代では終わりません。七代までは怨み申します。もし心許なく思われるのであれば、私が死んだ場所の前に胡麻を蒔き置いてください。三日のうちに、二葉を生やします。これを証拠と思ってください。では暇を申します。さらば」と、舌を食い切って死んだ。母が胡麻を蒔いて見ると、まさしく三日目に二葉が生出でた。すると三日目にきくが現れた。きくは主理に怨みの数々を告げ「また参ろう」と言って帰っていた。そののち主理は色々と口走り、もの狂いのようになり七日目に亡くなった。それより主理の代々の子孫をきくがとり殺すようになった。

『諸国百物語』のお菊は井戸には落とされないものの『古今犬著聞集』にはなかったグロテスクな虐待を加えられている。そしてそのむごさに呼応するように、怨霊と化した菊が四代先の熊本主理の家にまで執拗に追ってきて命を絶やし続ける様子が描かれる。四代の間「跡目のある時分には、きく来たりて取り殺しける」というこの「きく」はイエを絶やす怨霊に他ならない。

そしてここに現れる母も怨みを果たせと娘に叫ぶ。きくが母に伝えた怨霊になる証は、母の蒔く胡麻から「三日のうちに二葉を生や」すことであった。ここでは予言通りの生命の誕生が、その霊力の証拠となる。

もう一話、母が登場する一七世紀後半のお菊譚として『本朝故事因縁集』も挙げておきたい。

『本朝故事因縁集』元禄二(一六八九)年 第百五十二話「煎豆花咲」[19]

寛永年中、奥州白川城主の家臣山田久也の下女の菊というものが讒言によって淵の底に沈んだ。

その側に墓があり、いつも母が来て泣き悲しみ言った。「おまえが讒言により白銀を盗んだと言われ、罪に沈んだのは哀れだ。もし盗んだのでなければ奇瑞《きずい》を現せ」と。そして懐のうちから煎った豆を取り出し塚の前に蒔き置いた。人々はそれを見て笑った。その豆をみると炒りすぎて黒くなっていた。しかし大豆は立ち所に芽吹き、目の前で花が咲いた。

『本朝故事因縁集』の各話には「評」が附されており、同話の「評」では山田氏がさまざまに仏事を行なったため「大災」が来なかったと見える。殺害された女の無実が奇瑞により証明された話の評としては、唐突である。本来祟りによるイエの不幸が予想される物語だからこそ、このような評が附いたのだろうと考えられる。

いずれにせよ、ここでもやはり母が菊に無実の証明を迫り、それが炒った豆の生育によって果たされるのである。無理な植物の生育を促す「母」がいる。

宮田登が農村部のものとして紹介した古い池や淵へ沈む「お菊」の祟りはときに水害を呼ぶものであった。水害は作物を含む共同体の命を絶つ。それは共同体全体の災難として、共時的に横に広がる命の危機である。それに対し、ここでみてきたお菊はイエ、一族を絶つ。お菊、そしてその母は通時的な縦線で続く命を脅かす。そしてその力は死する命を呼び起こすことで示されるような、生命の流れを管理する力である。命を掌に握る母娘の姿がお菊の名とともにある。

数多のお菊伝承のうち、いくつかの伝承では母が命脈を保っている。お菊虫の発生について語る大田南畝《なんぽ》『石楠堂随筆《せきなんどうずいひつ》』「菊虫由来」寛政一二（一八〇〇）年や[20]、文化一一（一八一四）年まで根岸鎮《やす》衛《もり》が書き継いだ『耳嚢』「菊虫の事」には[21]、お菊の母が、お菊が投げ込まれた井戸に身を投じたことがみえる[22]。

菊ならぬ女

生命を掌に握る「母」の存在に注目すると、酷く殺された菊がイエを絶やすことは、生命の流れを管理する行為であることが明確になる。しかし菊だけが特別なのだろうか。

菊は、宮田登が「聞く」女、巫女的な能力を持つ女と見做し、折口信夫が菊理媛神と結んだように、ただの女の名前ではない。

その一方で、伊藤が収集する皿屋敷伝承のうちには「おさん」や「亀代」そして「お花」など菊ではない女の名前がある。それぞれの土地に虐待される女の伝承があり、それらが皿屋敷伝承の影響を受けていったと考えられる。それら女の名前のうちには、見過ごしてはならない意味を持つものがあるのでないか。そして彼女らが半ば当たり前のように虐待されて殺されるのは、本当に当たり前のことなのだろうか。

虐待される女の話そのものの意味を考えていくためには、異なる名を持つ女についても検討を進める必要があろう。そのため次に「花」を取り上げる。田中貴子は狂言の「花子《はなご》」を例にとり『花子』という名前に『優しく美しいうわなり』という象徴的な意味が含まれている」と指摘した[23]。中世文芸の女性像が、おおむね嫉妬深く醜い「石の女」と、優しい美女である「花の女」の二つに分けられ、花は古い妻こなみに対し、新しく愛される後妻、うわなりを象徴するものであるという。田中が指摘するようにこれは男性の価値観に基づくものである。中世以上に男─女の関係が、支配─被支配構造を持つ近世社会においては、愛される「花」は凄惨な説話世界におかれることになる。

3　お花の物語──会津における「お花」

会津騒動とお花

まずは会津のお花に焦点をあてる。そのためやや迂遠になるが、会津騒動と呼ばれる事件について確認する。

会津騒動とは、寛永一六(一六三九)年会津藩主加藤嘉明に重用されてきた堀主水《もんど》が、嘉明の後を継いだ加藤明成と不和になり、一族郎党を引き連れ会津を出奔したことに端を発する事件である。二年後の寛永一八(一六四一)年、主水は兄弟二名とともに死罪になる[24]。

会津の地誌『会津鑑』に含まれる『加藤家譜』は、この一件を詳細に語る[25]。事件の顚末の説明が続くが、そこに不意に怪談めいた話が差し込まれる。主水が妾の密通に憤り飲食をさせず「渇死」させ、その恨みを受けたというのである。女は「妾」と呼ばれ名前はなく、細かな経緯や祟りの具体的な様子も書かれていない。ただ主水と旅の僧との出会いの場面のみが詳細である。

「彼の女一念の恨に年月を経、主水気疲れし」ているときに主水は旅の僧と出会い、死相が出ていることを告げられる。主水は僧に「凶を転じて吉を為すの法」を頼み回復する。僧は松島の瑞巌寺雲臥和尚であった。瑞巌寺は、臨済宗の妙心寺派の古刹であり、禅林の高僧譚が取り込まれていると見做せる。

この類話が『老媼茶話《ろうおうさわ》』にみえる。同書は寛保二（一七四二）年の序文を持つ会津周辺に流布した写本である。多くの文献からの影響が認められる本だが、同時に「地方説話たらんとする」「牧歌的土俗的な語りの場」と評されるような[26]、会津独自の説話世界を多分に含んでいる。では「堀主水逢女の悪霊」の概略をみていこう[27]。

奥州会津若松の御城主加藤左馬介の臣下に、三千石を有する堀主水という者がいる。主水は高瀬という里外れの所で「水にひたり物洗う女」と出会う。年の頃二〇歳ばかり、世にまれなる美人である。夫がいるが別れさせ「花」と名付けて寵愛する。しかし「此女勝れたる美女なれ共、好色の女」であり源五郎という美男と密通する。ある人がそれを主水に告げる。

主水大きに怒り、咎の実否も糾明せす源五郎をは首を刎、花をは強くいましめ庭の松の木へくゝりあけ、足の下へ源五郎か首をおき花に是を踏せける。

愛人の首を踏みつけさせられた花が憤り主水を罵ると、主水はますます腹にすえかね、角助という強力のものに言いつけて花を絞め殺し、死骸を宝積寺の後の松陰に埋める。この陰惨な事件後半年ほど経ち、主水の元へ花が現れるようになる。

庭の木陰のほのくらき所より白きもの見へけるか、次第に近く歩み来るを見るに花なり。白かたひらを天窓よりかふり雨落へ来り

花は主水を毎夜悩まし、主水は痩せ衰えていく。ある日薬師堂の刑場の卒塔婆の松陰で、天寧寺に用があるという所化《しょけ》の老僧に、死相が現われていると声をかけられる。主水は老僧の指示通りにすることで、危ういところを救われる。ここで主水は土中から掘り起こした花に一晩中ねぶられるという壮絶な体験をすることになるのだが、まずはこの辺りにしておこう。禅僧は、主水の不仁不義の行いを嗜め、慎まなければ「三年をへすして大難に逢玉ふべし」と言い残して去る。

「類話」と述べたが、『老媼茶話』は『加藤家譜』より怪談としての側面がかなり強い。禅僧は重要な役割を果たしているものの、天寧寺に来たというのみで正体を明かすことはない。なお天寧寺は、現在では近藤勇の墓を持つことで知られるが、近世では会津の曹洞宗の要となる寺院であった。【図2】

さて、女に付けられた名前は「花」である。花は、里外れの所で「水にひたり物洗ぅ女」であった。この話を水に浸っていた女「花」を、男が城へ強奪してくる話と要約すると恣意的すぎるだろうか。花は「好色の女」とされ、過度に愛された挙句無惨な死を迎える。

本話には「并、主水行末」という一文が付いている。そこで詳細に語られるのは、主水と会津藩主

加藤明成との不和の経緯とその顚末である。明成は主水の首を刎ね兄と弟を切腹させるのみでは満足せず、鎌倉の尼寺に逃げていた兄弟三人の妻子を「搦とらせ、悉く首を刎」た。主水の失脚、そして堀一門の壮絶な最期まで一連の物語となっているのである。

前述のお菊は母と一体になりながら、命の絶えた植物を育む力――それがすなわちイエを絶やす力になる――を持つ女であった。『老媼茶話』におけるお花もまた「幷、主水行末」まで読み切ったときに、凄まじいまでにイエを絶やすことに成功した女であったことがわかる。彼女が愛される女「花」であることに拘って、次いで会津から遠く離れた岡山県津山市の伝承について考えることにしたい。

【図2】会津若松市天寧寺

4 お花の物語――津山における「お花」

お花善神について

岡山県の北東、鳥取県との県境に位置する津山市中、宮脇町の徳守神社内には「お花善神」という社が祀られている。同社については拙稿において近代の郷土史家の神話記述の問題から検討したことがあるが[28]、お花伝承の意味そのものをここで改めて問うてみたい。【図3】

津山の郷土史家として知られた矢吹正己が、一九二三年に出した「阿花宮の由来」は、以下のような話を記す[29]。

阿花は森家時代に、家老原十兵衛家に仕えていたが「資性怜悧容貌優美」で原氏に愛され、子供の守を言い付かる。お花は守の役目をしっかりとつとめていたが、ある日悲劇が起こる。子供が縁側から落ち、踏石に当たり死んでしまうのである。原氏夫人は阿花を惨殺する。「愛児の仇なりと叫んで善神を惨殺せり」という、夫人の責め様が甚だ残虐であることを恨んだのか、阿花はその後しばしば祟りをなす。

【図3】お花善神社

原氏大いに恐怖の念を生じて加持祈祷をなし、且つ新たに祠を邸内に建て阿花善神と称へ、以て怨霊を慰安しければ変災忽ち息みぬ。元禄一〇年森氏国除せられ原氏も退去せしが爾来同情者及び信徒等之れを祭りて香花を絶たざりしと云ふ。

原氏は邸内に阿花善神の祠を建て祀り、津山藩主であった森氏も家臣の原氏も去ったのちも、信仰を集めていたという。この阿花善神の祠が現在の徳守神社内に移動するまでの過程も「阿花宮の由来」からわかる。

後ち松平家文武の稽古場を拡張するに及んで其祠を西南の一隅に移し、慶應元（一八六五）年八月二十八日再び之れを怨石と唱ふる踏石と共に西寺町大圓寺に移さる。明治元（一八六八）年神仏分離の命に依りて長安寺の秋葉宮と同しく徳守神社境内に遷座し、怨石のみはその儘大圓寺に存置せしめらる。

原十兵衛が仕えた森氏は、元禄一〇（一六九七）年に改易になり、元禄一一年からは津山藩は松平氏の支配になった。お花の祠は松平時代には城内にあり、幕末に城の外に出る。すなわち、松平期には津山城郭の一角にあった祠が、旧領主の家老と結びつけられていたということになる。お菊がそうであるように、居住者の変動が怪異譚と結びつく。

なお、断絶した森氏と縁戚関係にある関氏は、津山を出たのちに新見において立藩するが、そこにもお花観音と呼ばれる観音像がある。ここには後述する『美作一国鏡』とほぼ同じ伝承が付着している〔30〕。ただしお花の亡霊に悩まされた家老は「原氏」ではなく「大橋氏」である。「元禄十（一六九七）年三月改関氏分限帳」（梶並文書）をみると、大橋の姓を持つ者として六百石の筆頭家老「大橋長八郎」が確認できる〔31〕。また観音像は「孝子　大橋伊織」を施主とし「花林院春山智園大姉」の名が刻まれている〔32〕。家老大橋氏の存在感と法名の「花」の字を持つ観音像が津山の伝承と融合したのであろう。「孝子　大橋伊織」なので「花林院春山智園大姉」の法名を持つものは、実際は大橋伊織の母だと考えられる。

怪談としてのお花

「阿花宮の由来」のような子守、乳母が子供を不慮の事故で死なせてしまい、自分もその後を追うという伝承は各地に少なくない。ところが、近世のものとして確認できる津山城のお花の物語は、まったく異なっている。寛保二（一七四二）年以降、一八〇〇年頃までの成立とみなされる『山陽美作記』巻之八から「原十兵衛か下女花が亡魂の事附タリ三上伝蔵怪異の事并近代妖怪の事」を現代語に直し読んでみたい〔33〕。

森家の家中の原十兵衛の下女に花という者がいた。十兵衛がこの女と心を通じていることを奥方に告げる者がいた。奥方は嫉妬深かったためこれを憤り、その実否も質さず無惨にも下女を殺してしまった。

この下女は死後、十兵衛の家の仇となり、さまざまに恨みをなした。十兵衛の奥方が病の折、腰元が薬を温めて持っていくのを途中で奪い取り捨てることは度々であった。またあるときは、腰元に化け「江戸からのお客をただいまお連れになられました。勝間田から馬でお越しになったので駄賃をお渡しください」などと言い、銭を取ることもしばしばあった。そのときは、門の外で馬が嘶く声が聞こえたという。そのほか、家鳴りや礫が打たれるなどはいつものことだった。ついには十兵衛の家内をとり殺し、原の家は死に失せた。

愛され殺されイエを絶やす女、花の姿が浮かびあがる。銭を取る幽霊というのは面白いが、先に引用した『諸国百物語』の「きく」の話に続く部分を照らし合わせると元は違う意味があったと考えられる。

『諸国百物語』では、きくは熊本主理の家を七代祟ると宣言する。ある日、四代目の熊本主理の元に、馬子が現れ駄賃を要求するが、乗り手の姿はない。下々の者と問答になるが、どこからともなく「いつものきくが乗りて来たるぞ」と声がし、駄賃は支払われる。その後主理は思いだす。

乗り手がいないのに駄賃を要求する馬子は、当家に憑く女の到来を示している。馬に乗りここに何者かが来たのである。『山陽美作記』では花が駄賃を要求する。しかしそもそもは駄賃を要求するのは花を連れてきた馬子だったのではないか。

その後さまざまな怪しい出来事が「お花」によるものだと囁かれる。しかし筆者はそれを一蹴する。

（中略）花のことは、森家が津山藩主だったころのことで当代のことではない。原氏は花が復讐すべき敵であったため、その怨みの気が原氏に災いをなさぬということもないだろう。けれども森家の時代にも他の家に障りをなしたということは聞かない。まして当代にいたって諸人に仇をなすだろうか。殊にお庭の内に小社を建て、善神という神に祀ったのにどうして禍いをなすことがあろうか。ただ、その虚に乗じて花のことに託けて野狐が化けて出たのである。

筆者はお花善神の小社に言及しており、当時社はすでにそこにあったことがわかる。「お庭の内」は、原十兵衛の庭と解され、旧家老家の宅地後に祀られているお花は、筆者が存在を打ち消さねばならないほど、松平家支配下の津山城内で怨霊として生き生きと活躍していたのだろう。

原十兵衛は、森家改易後の城の引き渡し資料のうちに名前が見えているので［34］、森家時代にイエが絶えていることはない。しかし森家の津山藩退場とともに城を去る。城内の社は、かつてそこに住み失意のうちに去った者の姿と結びつき、絶えるイエの怪談を呼び寄せる。

5 性的な神としてのお花

怨石と性

ところで、祀られたお花はどのように信仰されていたのだろう。お花宮が大圓寺から徳守神社に移動したのち、寺には「怨石」のみが残された。この石はある効能を持つ。婦人病によく効くとされているのである。そして興味深いことに、徳守神社のお花宮にもよく似た信仰があった。一九六四年に出された『岡山県性信仰集成』によるとお花宮の参詣者は花柳界の女たちであり「腰から下の病」を治すと信仰されていたという。お花は本来石と不可分な神霊とみることができるが、お花／怨石の効用として、腰から下の、性に関わる病の治癒があったのだといえる。

このことについて、「阿花宮の由来」は「善神は生前怜悧にして忠実に勤めしほどの人なれば死後も尚ほ世人の患難を救はれけん。婦人病其の他婦女の所願に霊験を顕はさるゝ」と[35]、お花の高潔な人格に理由を求める。しかし『岡山県性信仰集成』は「『お花』は正妻の嫉妬により陰部を抉られ殺された」と述べる。花柳界の女達が陰部をとられたお花に、同情して参詣するようになったので「実はお花宮は性病に御利益があるのではなく、二号の悪縁を断ち切る祈願が本来の信仰の姿であるのだ」という[36]。

怨石にも婦人病の効能があることを勘案すると、お花宮の本来の姿を縁切りというのは飛躍だろう。

しかし目を病んだものが目を癒す神霊になるというように、陰部を傷つけられたお花の物語が性の病の治癒とともに語られていたことは頷かれる。

『美作一国鏡』「お花宮」について

岡山県立図書館に写本で残される『美作一国鏡』【図4】にはこの陰部を抉られるお花の話が見える[37]。以前にも紹介したことがあるが[38]、そこでは記述の仕方に焦点を当てたため、あらためてお花宮のはじまりの物語であることに注意をしながら粗筋を述べる。

一七歳で容色美麗なお花は森家の家老原十兵衛の妾に取り立てられるが、嫉妬を募らせた奥方お岸に殺され、大圓寺に葬られる。奥方はその後狂気となり、お花の亡霊が十兵衛の前に現れ、さらに奥方を苦しめる。十兵衛は元禄二年七月、お花の霊を祀り一社を設け勧請し「於花宮」と号する。お花に想いを寄せ、奥方に十兵衛のお花への傾倒ぶりを伝えた五平次やお花を妾にする仲立ちをした鎗持市助は、大圓寺の弟子僧になりお花の菩提を弔った。

同書での奥方によるお花の虐待は恐るべき様相を

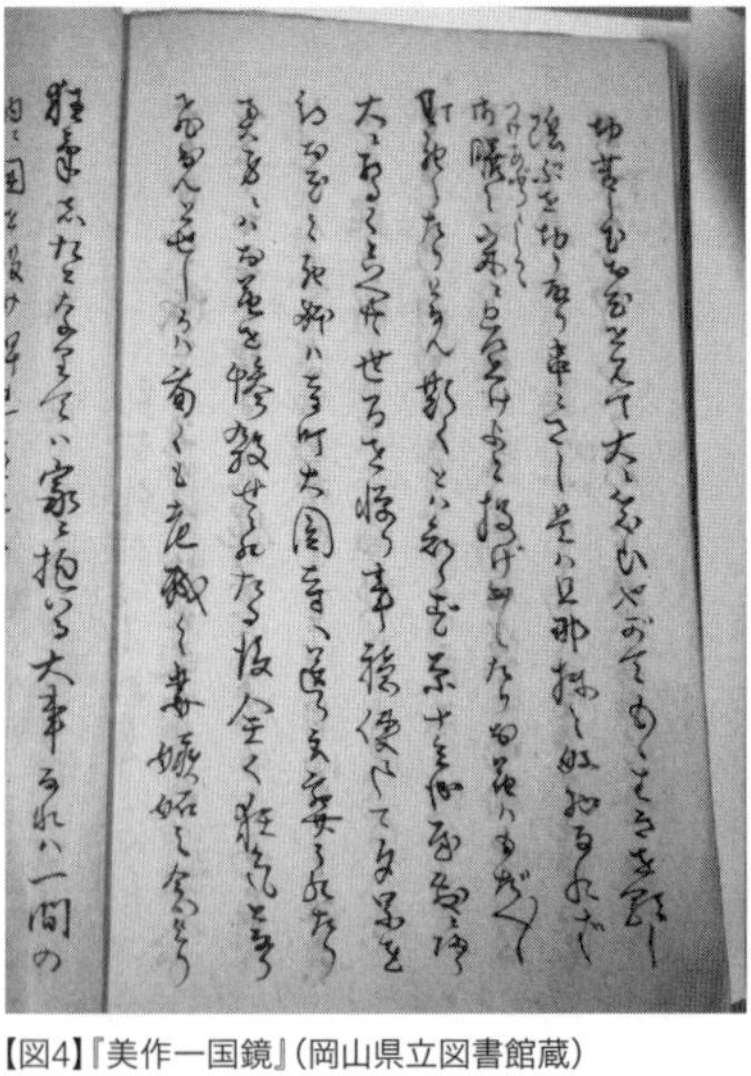

【図4】『美作一国鏡』（岡山県立図書館蔵）

呈する。「陰ふを切り取り串にさし、是は旦那様之好物なれば、つけあぶりにして御膳之菜に差し上げよと投げ出したり」。『岡山県性信仰集成』のいうようにお花は陰部を切り取られている。

同書は美作の庄屋岡氏利が明和七（一七七〇）年に著したものをその後胤大岡忠成が明治二一（一八八八）年以降にまとめ直したものであるが、本話に大圓寺が出てきている点が注目される。お花宮と怨石の、大圓寺への移動は慶応元年のことであった。縁があったため移動先に大圓寺が選ばれたのか、大圓寺にお花宮と怨石があったため大圓寺との関係が語られたのかは不明である。後者の可能性も十分にあり、そうであればこれは慶応元年以降にまとめられた話になる[39]。

話の成立年代については据え置くが『山陽美作記』や新見の伝承を鑑みると、広く流布していたのは、子守のお花ではなく主人に愛され嫉妬により殺されたお花であったといえよう。そして、お花の性の病を癒す神としての姿は、この伝承からよく繋がる。陰部の切り取りというショッキングな箇所はお花宮の利益を踏まえると、あって然るべき要素になる。『美作一国鏡』の記述は、極端な脚色で興味を引こうとしているものであるかのように見えるが、実はその信仰の実態と結びついたものであった。

性病に関し利益があるということに関連し、『岡山県性信仰集成』はさらに興味深いことを述べている。お花宮には陽物つまり男性器を模ったものが奉納されているというのである。お花は性を求める神であったことが浮かび上がる。この点をもう少し考えるため、次に徳島県の「お花大権現」に焦点をあててみたい。

三好お花大権現

徳島県東みよし町の林下寺《りんかじ》には「お花大権現」なるものが祀られている。陽物が大量に奉納されており、奇所として名高い。このお花になぜ陽物を奉納するようになったのだろうか。由来について書かれたもののうち、管見に入ったもののなかで最も古いものは一九二四年発刊の『三好郡志』である[40]。近代の資料だが、同書にたよりながらこの地におけるお花大権現のはじまりをみてみたい。

お花大権現は元々は林下寺ではなく、西山というところの堂宇にあり、大正元（一九一二）年の線路工事で林下寺に移された。文化八（一八一一）年に善達という庵主が、お花大権現の札守を持って来たのがそのはじまりである。

此於花大権現札守は昔播州加古川の城主で殿に寵愛せられて多くの同輩に妬まれ遂には殺害せられた御殿女中於花の方を祀ったお花大権現から受けて来たのであるが、於花の方が殺はせ（ママ）られた後は城中常に鳴動して夜陰に亡霊を顕し城内を騒がした。或夜殿は其亡霊に向つて、「何にても願を届けて遣るから此騒を止められよ」といふ。「されば妾を神に祀って賜りたい。さすれば世人の為には腰から下の病を直して其苦痛を直しませう。併し病気本復の者よりは殿に愛される間の短かった肉体慰安の代の為に殿の珍器の形代を納めさせて貰ひたい」といふ。

こうしてかの地には於花権現が祀られたのだとして、善達らはその分霊を祀った。林下寺では副住職が津山の徳守神社宮司に話を聞き、今日では津山のお花宮の縁起をそのまま取り入れている[41]。たしかに両者の物語はよく似ているが、津山お花宮の分霊と断ずることはできない。なによりも『三好郡志』では「加古川から分霊した」と明確に述べている。加古川から徳島は瀬戸内海をはさみそう遠くはない。東みよし町は、徳島県の中西部であるため、水路ならば吉野川を上ることになろう。

加古川は、兵庫県の西部、岡山よりの播磨《はりま》地域になる。そのあたりを拠点とする、守札とともに分霊される、動く「お花」――持ち運ぶ宗教者――が徳島の「お花」からは想定されるのである。

花の皿屋敷伝承

では、播磨にお花の話は存在したのだろうか。花という名前は皿屋敷伝承にも現れており、そのなかでこと注目をされてきたのが『播陽万宝智恵袋《ばんようまんぽうちえぶくろ》』所収の『竹叟夜話《ちくそうやわ》』に現れる「花野」である[42]。『竹叟夜話』の成立年代が、天正五（一五七七）年と目立って古いためである。ただしこの成立年代は最近渋谷武弘により疑問が呈されている[43]。

『竹叟夜話』の「花野」、後半ではただ「花」と呼ばれるが、彼女は山名の家老、小田垣主馬助という人の「脇妾」である。笠寺新右衛門という者が、花野に思いをかけるが、思いが通らず恨むようになる。笠寺新右衛門は、彼女を陥れるため小田垣家の家宝の鮑貝の盃を隠す。新右衛門の思惑通り、小田垣主馬助は「恋は恋、百両にもかへりざる盃を出せ」と花野を折檻する。また新右衛門も恋の恨みを晴らそうと、盃が出てこなければ小田原家が滅びると一緒になって折檻をする。そしてついには括り上げ、殺してしまう。そして「此おんねん夜々あだをなし候と承る」のである。花野が括られた木は「首括りの松」と呼ばれることになった。

家宝の紛失や、山名家との関連、松についてなど浄瑠璃『播州皿屋敷』を彷彿とする要素があり『姫路城史』や伊藤はこれが播磨の皿屋敷伝説の源流になっているとする[44]。成立年代に疑念があるとすると検討が必要になるが、『播陽万宝智恵袋』がまとめられた宝暦一〇(一七六〇)年ごろには成立していたことは当然疑うべくはない。

また渋谷が指摘するように『播陽万宝智恵袋』所収の『播陽うつつ物語』には、笠寺の薬師の霊験譚として、正中年間小田将監という人が、その夫を殺して一八歳の「花の」を奪ったという話がみえる[45]。さらに同じ『播陽うつつ物語』には、二八歳の「花乃」が夫が一六歳の「いし」という女と契ったのを妬み、桑原、鞆田の社の清水薬師の松木に釘を打ったという話がみえる。笠寺も鞆田社も現在の姫路市にあたる場所に位置するが、そのあたりに「『花の』の松」があったのかもしれない。

つまり遅くとも一八世紀後半には、播磨に「花の」の話が流布していたのである。その中に瀬戸内海を渡り徳島へ運ばれたものがあったのではないか。津山、そして新見のお花も、これら「移動するお花」との関係を考えておく必要があろう。

愛とお花

さて、あらためて「性」とお花という問題に立ち戻ってみたい。陽物が奉納されているという徳守神社のお花宮と、現在も陽物の奉納が続く林下寺のお花大権現、彼女たちは性に深く関わる神であることは間違いない。彼女らは性病も含む「婦人病」を癒す力を持つ。説話的にはその力は、徳守神社のお花は奥方の嫉妬で陰部を切り取られたこと、林下寺のお花権現は自ら所望したことを背景に獲得されている。しかし双方ともに、物語の端緒は過剰に愛されたことにある。

女をめぐる物語はたしかにしばしば似た話型を持つ、過剰な愛を獲得することから始まる困難の物語である。けれどもこれを、「似た話」として見過ごしてしまってよいのだろうか。性に関し特別な力を発揮し、陽物を所望する「お花」が過剰な愛――過剰な性の物語とともに語られるという点は注意深く見る必要がある。

播州における「花の」は複雑な恋に苦しむ女という共通点を持つ。『竹臾夜話』では花野は自分の愛人と、自分に思いを掛ける男とに折檻をされる。『播陽うつつ物語』の一八歳の「花の」は夫がいながら別の男に奪われる。同書の二八歳の「花乃」のみが、夫を新たに現れた女に奪われる。前述田中貴子の指摘する岩(石)と花とが逆転している状態であることが注意される。ここでは花が嫉妬するこなみで、石が愛されるうわなりである。説話の伝承過程における混乱があった可能性があろう。

一見「よくある」愛されたが故に殺される女の話は、その死により得る力の特別さを踏まえるならば、その愛の特別さについても考える必要がある。命を絶やす力をいずれ行使する彼女たちは、過剰に愛される必然性があるのだ。無論その愛は言うまでもなく精神的な愛ではない。性的に過剰なのである。

おわりに――再度、津山原十兵衛家の「場」について

イエが絶えるという祟り、むごい虐待を受けた恨みの報いとしての一族の終焉についても再度考えておこう。『山陽美作記』では、原十兵衛家は実際には絶えていないにも関わらず、絶えたとされていた。そして『老媼茶話』における「お花」は会津騒動という実際の事件を含み込む形で堀主水一族を絶やしたのであった。

先に、お菊とその母がイエを絶やすことについて、植物の異常な生育という要素を置き、命の秩序の混乱として整理した。そしてそれを補助線とするならば、お花の祟りがイエを絶やすという発露をすることと、彼女が過剰な愛、過剰な性を引き受ける女であることは、お花の両義性として読み取ることができる。過剰な性愛――命の活性化も、イエの断絶――命の中断もお花を中心に行われる。

古川のり子は「不死をめぐる神話――『東海道四谷怪談』」において、イワナガヒメとコノハナサクヤビメを大地母神イザナミの両面的な性質の一方ずつを表しているとした上で、両ヒメガミに『東海道四谷怪談』の「お岩」と「お梅」を重ね合わせ、永遠の命（岩）と愛（花）が両立しない物語になっていると読む[46]。

この議論と重ね合わせると、原十兵衛は、愛（花）を得て、イエの継続という永遠の命（岩）を失ったことになる。ただ、津山のお花は彼女自身が酷く虐待され、復讐する女である。「お岩」と「お梅」、イワナガヒメとコノハナサクヤビメをその身のうちに併せ持つ、古川のり子の議論に則って言うならばイザナミ的存在である。神話的世界が近世期のお花譚にそのまま反映されていると考える

わけにはいかないが、山神の娘の名前に「花」が含まれるそのことと、家老から愛され、殺され、イエを絶やす神霊の名を「花」と呼ぶこととには、通底する花をめぐる価値認識があろう。美しく咲き誇り命を継いでいくものとしての花があり、それを損なうことは命を絶やす危険を孕むのである。

再度、津山城にもどろう。津山城を本格的に整備したのは森家初代忠政である。平山城であり、城郭は急な坂道とともにある。原十兵衛の屋敷は、京橋を渡ってすぐ津山城郭が始まる場所であり、お花宮は、道が少しずつ急になりはじめる山の入り口にあったとみなせる。岡山県立図書館所蔵の「美作国津山城古図」【図5】には、原十兵衛の名前が見える。城の南側、堀を京橋で超えてすぐの場所である。城の外側と最も近い。城と外との境に最も接近するのが原十兵衛の屋敷である。城郭と外との境に位置する特別な石を伴う社、それが位置したのがかつての原十兵衛屋敷だった。森家とともに、津山城から姿を消した原家跡に残る石と社が、死に絶えた原家を物語らせる。それはお花による場の奪還の物語でもある。森家により城郭として整備されていったその場所を、山の女神の面影を持つお花は、イエを絶やし奪還する。

実際のところ、虐待される女は虐待されるのみである。男は生き続け、イエは栄える。性的な収奪により生まれた子供はイエを支えるかもしれな

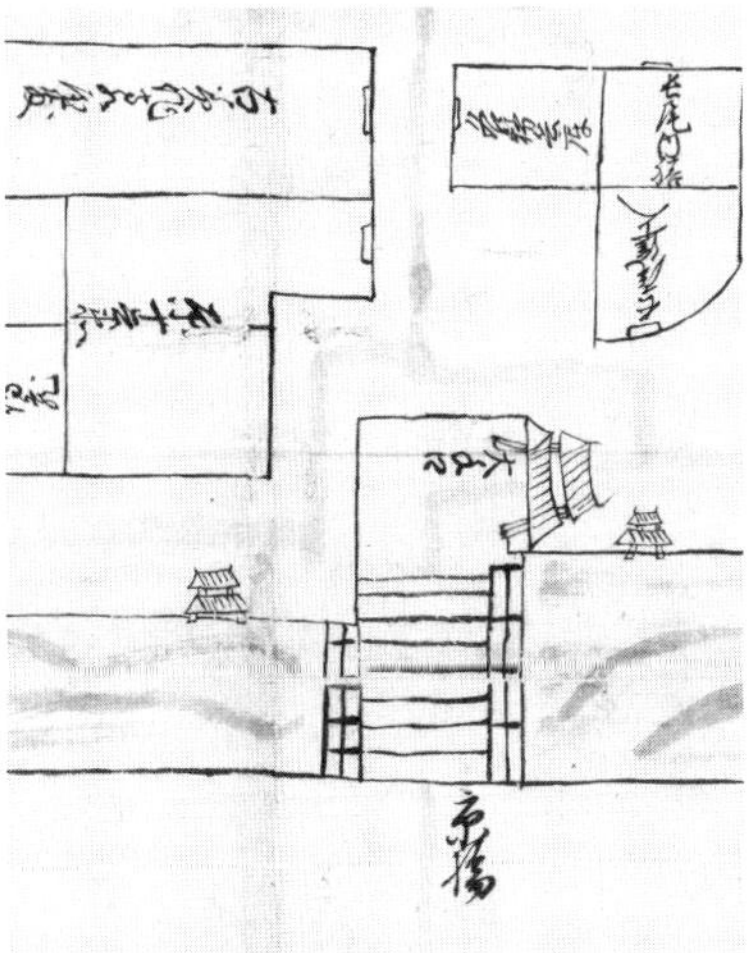

【図5】「美作国津山城古図（部分）」（資料提供：岡山県立図書館・電子図書館システム「デジタル岡山大百科」）

い。しかし物語の内部でのみ、身分秩序は反転し、周縁におかれた女がイエの継続を決める。それは城郭の片隅に祀られる命の女神が、摘み取られ踏み躙られた花たちに重なることで可能になるのだ。

【付記】本研究は、JSPS科研費（18K12288）の助成を受けたものである。

†註

[1]宮田登「お菊の死」『ヒメの民俗学』（青土社、一九八七年）九三〜九八頁。
[2]飯倉義之「井戸と屋敷と女と霊と――『都市における死』と皿屋敷怪談」（横山泰子、飯倉義之、今井秀和他『皿屋敷：幽霊お菊と皿と井戸』白澤社、二〇一五年）。
[3]折口信夫『折口信夫全集』ノート編第五巻（中央公論社、一九七一年）一〇四〜一〇五頁。
[4]折口信夫「水の女」『古代研究Ｉ――祭りの発生』（中央公論新社、二〇〇二年）九五〜九六頁。
[5]西園寺源透『蒲生史料』、愛媛県立図書館所蔵。
[6]伊藤篤『日本の皿屋敷伝説』（海鳥社、二〇〇二年）二二〜五二頁。
[7]堤邦彦「江戸の皿屋敷伝説と唱導僧」（『伝承文学研究』四七、一九九八年）堤邦彦「高僧の幽霊済度―皿屋敷伝説と麹町・常仙寺縁起」（『國語と國文学』七三（五）、一九九六年）。
[8]横山泰子「芸能史における皿屋敷」（前掲横山）一二四頁。同右伊藤篤、四一頁。
[9]椋梨一雪『古今犬著聞集』天和四年（一六八四）（朝倉治彦・大久保順子編『仮名草子集成』二八巻、東京堂出版、二〇〇〇年）。
[10]田中葉子「『新著聞集』の成立――『犬著聞集』『続著聞集』との関連から」（九州大学国語国文学会『語文研究』六二号、一九八六年）。
[11]佐藤喜久一郎「神話から伝説へ、そして史実へ――「ク」と「お菊」をめぐる伝承の動態」（『慶應義塾大学大学院社会学研究科紀要』、二〇〇五年）佐藤喜久一郎『近世上野神話の世界：在地縁起と伝承者』（岩田書院、二〇〇七年）一九九〜二三八頁。

[12]佐藤、前掲書、二〇〇七年、二〇二～二〇三頁。

[13]佐藤、前掲書、二〇〇五年、七二頁。

[14]森山重雄は家宝の皿の欠損が、内部の物神を犯すことになり一家の崩壊の象徴となると指摘する（「皿屋敷の系譜と「彩入御伽草」」『江戸文学』六、ぺりかん社、一九九一年）。

[15]宮田、前掲書、一九八七年、一〇三頁。

[16]佐藤、前掲書、二〇〇五年、七七頁。佐藤、前掲書、二〇〇七年、二二六頁。

[17]佐藤はお菊が小幡家の由緒伝承に取り込まれていくことについて、母的な「語り得ない」ものを馴化して、父系的な歴史に従属させようとする試みとだと述べる（佐藤、前掲書、二〇〇七年、二二五頁）。

[18]太刀川清校訂『百物語怪談集成【叢書江戸文庫】二』（国書刊行会、一九八七年）所収。

[19]京都大学文学部国語学国文学研究室「京都大学蔵大惣本稀書集成『雑話Ⅱ』」（臨川書店、一九九五年）所収。

[20]『大田南畝全集』第一〇巻（岩波書店、一九八六年）所収。

[21]根岸鎮衛、鈴木棠三編注『耳袋』（平凡社、一九七二年）所収。

[22]お菊虫については今井秀和「お菊虫の成立と伝播」小松和彦編『妖怪文化研究の最前線』（せりか書房、二〇〇九年）が詳しい。

[23]田中貴子『聖なる女　斎宮・女神・中将姫』（人文書院、一九九六年）二二一～二二六頁。

[24]「大猷院殿御実紀巻四十六」『徳川実紀』第二編、『大日本史料』九九編など。

[25]高嶺覚大夫慶忠『会津鑑』巻之八。寛政元（一七八九）年に提出される。会津史料大系刊行会『会津史料大系　會津鑑一』（歴史春秋社、一九八一年）所収。

[26]『老媼茶話』解説（高田衛校訂代表『近世奇談集成』（叢書江戸文庫二六）（国書刊行会、一九九二年）三九五頁。

[27]同右高田、所収。

[28]拙稿「地域社会の「神話」記述の検証：津山、徳守神社とその摂社をめぐる物語を中心に」植朗子、南郷晃子、清川祥恵『「神話」を近現代に問う』（勉誠出版、二〇一八年）

[29]矢吹正己「阿花宮の由来」（矢吹金一郎編『津山温知会誌』第一三編、津山温知会、一九二三年）。矢吹正己が別伝の愛人お花ではなく子守のお花を選び取った背景については、前掲拙稿にて論じた。

[30]家老大橋氏に寵愛されたお花を奥方が殺害した。奥方はお花の陰部を切り取って汁の実としたものを「お殿さまのもっとも好きなものでございます」と差し出した。（「怪談お花観音の由来」岡山民俗学会『岡山民俗』第一六、一九五五年）。

[31]新見市史編纂委員会『新見市史』通史編（上）（一九九三年）七七五頁。

[32]渡辺毅『新見阿哲の記録』（一九七九年）一三一頁。

[33]木下浩「『山陽美作記巻之八』について」(『岡山県立博物館研究報告』第二五号、二〇〇五年)。
[34]『森家先代実録』文化六年(一八〇九)成立(岡山県史編纂委員会編『岡山県史 二五巻 津山藩文書』岡山県、一九八一年)二八四頁。
[35]矢吹、前掲書、九二頁。
[36]『岡山県性信仰集成』(岡山民俗学会、一九六四年)九四~九五頁。
[37]『岡山県史 二七巻 近世編纂物』(岡山市、一九八一年)所収。
[38]拙稿、前掲書、一五七~一五八頁
[39]忠成がどれほど先祖氏利の記述に手を加えているのかは不明。
[40]『三好郡志』(徳島縣三好郡役所、一九二四年)七六三~七六四頁。
[41]三加茂町史編集委員会『三加茂町史』(三加茂町、一九七三年)一二五二頁。
[42]天川友親編・八木哲浩校訂『播陽萬宝智恵袋』宝暦一〇(一七六九)年、臨川書店、一九八八年)所収。同書については播磨学研究所埴岡真弓氏にご教示いただいた。
[43]渋谷武弘「『竹輿夜話』の怪——姫路の皿屋敷伝承を深読みする」(神戸史学会『歴史と神戸』第五八号(二)、二〇一九年)。
[44]伊藤、前掲書、一〇一~一一五頁。
[45]渋谷、前掲書、三三頁。
[46]古川のり子「不死をめぐる神話——『東海道四谷怪談』」(松村一男編『生と死の神話 宗教史学論叢九』リトン、二〇〇四年)。

第2章

暴虐の巨神と原初夫婦神

――中国の古典神話と民間神話の世界から

斧原孝守

はじめに

漢民族は紀元前一〇世紀頃、中国大陸の中心部に入ってきた周という部族が黄河流域に定着し、徐々に周辺の諸部族を同化してゆくなかで形成されてきたものである[1]。当時、中国大陸に散居していた諸部族は、それぞれに多彩な神話を伝えていたと思われるが、今となってはそれを知ることはできない。ただ春秋戦国時代以降、漢民族が残した記録によって、当時の神話をわずかに窺うことができるだけである。しかもこうした神話は、後世の書物の中で儒教的価値観によって合理化され、解釈し直されてきた。われわれが知る中国の古代神話とは、そのような断片の集積に他ならないのである。

では中国大陸に生きていた神話の実像を知る手がかりはないのだろうか。日本でもアイヌの人々の間に豊かな神話が伝わっていたように、中国の少数民族の間には今もなお多彩な神話が伝わっており、生きた神話の息吹を伝えている。一方、一九八〇年代になって中国各地の民間説話の採集が活発に行われるようになると、漢民族の間にも大量の「神話」が語り伝えられていることが明らかになったのである[2]。ここでは、今もなお民間に伝わる神話的伝承を古典神話に対して「民間神話」と呼んでおきたい。

もっともこれらの「民間神話」が、すべて古代神話の時代から連綿と語り伝えられてきたと考えるわけにはいかない。その多くは古典の知識が長い間に民間に広がり、土地の民間伝承と混じり合いながら成長してきたものであろう。しかしこのような民間神話もまた、中国に生きる人々が伝える神話であることに変わりあるまい。そしてこれらの民間神話の中には、古典神話を解釈する上で重要な意味をもつ伝承が含まれているのである。

いま、中国の神話世界における暴力とエロス、つまり原古の世界における秩序の破壊と男女の性愛を説く神話を考えるにあたり、古典神話とともに漢民族や少数民族の語り伝える民間神話を積極的に取り上げてみたい。古典神話を現代に生きる神話と照らし合わせて見ることによって、また別の光景が見えてくるように思うからである。

1 共工《きょうこう》と蚩尤《しゆう》

天地を傾けた争い

中国大陸を流れる大河は西から東に流れている。それは西北の高原から東南に向かって大地が低くなっているからだが、このような地形はどのようにして形成されたのか。前漢時代に淮南王劉安によって編纂されたとされる『淮南子《えなんじ》』は、その事情を次のように説明している。

むかし共工が顓頊《せんぎょく》と天子となるために争い、怒って不周山に触れた。このため天柱が折れ、地維が絶え、天は西北に傾いた。太陽と月、星も移動した。地は東南に傾き、このため水や塵埃などはここに帰す（天文訓）〔3〕。

天に届くような山から天を支える柱が伸びていたのか、それとも山がそのまま天を支えていたのかわからないが、とにかく共工と顓頊という二人が帝位を争い、天地を傾けるほどの格闘をしたというのである。これは原古の秩序が破壊されて現在の秩序が成立したという、世界の二次的な起源を説く神話である。それにしても広大な大陸を俯瞰することのできなかった古代にあって、大地の傾きを直感した古代人の感覚には驚くほかない。

ところで『淮南子』のほぼ半世紀後、司馬遷によって著された『史記』では、共工は百官の長に任ぜられたが淫らで邪であったため、舜が帝堯《ぎょう》に請うて北方辺境の幽陵に流したと人間のように描かれている（五帝本紀）〔4〕。しかし『淮南子』の描く共工は、どう考えても人間のスケールを遥かに超えた巨神である。

『淮南子』では天柱が折れた後の状況を記さないが、後漢の王充が著した思想書『論衡《ろんこう》』には、その続きが次のように記されている。

――そこで女媧《じょか》が五色の石を精錬して蒼天を補い、巨亀の脚を切って四方に立てた。天は西北に足らず、太陽と月はその方に移動した。地は東南に足らず、このため多くの川はその方向へ注ぐ（談天）〔5〕。

女媧は有名な創世神である。その女媧が共工によって破壊された天を修復したが、それでも天と地の傾きは十分に修復できなかったというのである。一方、中国古代の道家の書である『列子《れっし》』(湯問)では、女媧による天の修復後、共工が顓頊と争ったとしており[6]、定まった伝えはすでに失われていたらしい。

共工はまた水神でもあった。戦国時代後期以降の作とされ、諸国の事蹟を記した『国語』には、「共工は治水の道を誤り、百川を塞いで水の流れを留めた為、禍乱が起こって亡びた」(周語)とあり[7]、また『淮南子』も「共工が洪水を起こしたため、禹《う》によって滅ぼされた」(本経訓)と伝えている[8]。禹とは、大洪水を治めて夏王朝を建てたとされる伝説上の帝王である。

共工には蛇身の臣下がいたと伝える伝承もある。中国最古の地理書で神話の宝庫として知られる『山海経《せんがいきょう》』には、「共工の臣の相繇《そうよう》は、九つの首、蛇身、とぐろを巻き、九土(天下)の物を食う。その吐くところ、その止まるところはすぐに沼沢となり、百獣は住むことができない」(大荒北経)とあり[9]、その姿態はまるで八岐大蛇(ヤマタノヲロチ)のようである。また同書「海外北経」では臣下の名を相柳とする。相柳は禹によって殺されたが、その血は腥《なまぐさ》くて五穀を植えることができず、禹は深い穴を掘って埋めたが崩れたという[10]。このように共工の神話にはさまざまな異伝があるが、いずれも原古における秩序の破壊を説く神話の破片であったようである。

蚩尤と黄帝の決戦

さて中国古代神話の中で暴力を振るう神といえば、共工とともに蚩尤の名を忘れるわけにはいかないだろう。伝説上の漢民族の祖、最初の帝王たる黄帝（軒轅《けんえん》）は、涿鹿《たくろく》の野に蚩尤を破って帝位についた。例によって『史記』は、これを人間的な出来事として次のように描いている。

軒轅の時代……諸侯が互いに侵し攻め合って人民を虐げ苦しめた。……軒轅は朝貢しない諸侯を征伐した。……蚩尤が一番乱暴だったが誰も討伐する者がなかった。……蚩尤が天下を乱して命令をきかなかったので、軒轅は軍隊を諸侯から徴集して蚩尤と涿鹿の野に戦い、ついに虜にして殺した（五帝本紀）[11]。

ちなみに黄帝は蚩尤を殺す前に阪泉の野で炎帝と戦い、これを殺している。つまり黄帝にとって蚩尤との争いは、統一の過程における最後の決戦であったわけで、日本でいえばイハレビコ（神武天皇）とナガスネヒコとの戦いにあたるものといえよう【図1】。

ところが『山海経』になると、蚩尤のイメージはずいぶん変わったものになる。『山海経』には「蚩尤は兵器を作って黄帝を伐つ。黄帝は応竜に命じて冀州の野に攻めさせた。蚩尤は風伯、雨師を招いて暴風雨を恣にした。黄帝は天女の魃《ばつ》を下し、雨は止んで蚩尤を殺した」（大荒北経）とあり[12]、竜や魃を率いる黄帝に対し、蚩尤は風雨の神などの眷属を率いて戦う、神々の壮大な戦争が描かれているのである。
さらに時代が下って、梁（六世紀）の任昉《じんぼう》撰『述異記』になると次のようになる。

> 蚩尤には兄弟が七二人あった。銅の頭、鉄の額を持ち、鉄石を食う。軒轅がこれを涿鹿の野で殺した。蚩尤はまた雲霧を作り出すことができた。……蚩尤神というものがあり、人身牛蹄で四つの目、六つの手をもつという。今の冀州の人びとは地面を掘って髑髏の銅鉄のような物を手に入れるが、これは蚩尤の骨である。また蚩尤の歯があり、長さ二寸で堅く砕くことはできない［13］。

【図1】漢代石刻画　蚩尤像

金属の頭をもち、鉄を食い、しかも人身牛蹄で四つ目、手は六本というから、どこから見ても化け物である。『太平御覧』に引く『龍魚河図』には「兄弟は八一人、獣身人語、銅頭鉄額、沙石子を食らう。兵、杖、刀、大弩を作り、その威天下に振るう」とあり［14］、蚩尤といえば後世までこのようなイメージが続いていた。
ここで注目すべきは、『山海経』にもあるように、蚩尤が武器を作っていたという伝承である。彼が銅頭鉄額で鉄を食らうなど、金属に関係深い神であるというのも、これと無関係ではあるまい。貝塚茂樹は、蚩尤は風神として鞴《ふいご》の技術によって青銅器の製造を行った部族の代表者、技術の発明者であったと言い[15]、また村松一弥は「(蚩尤は)牛と金属器を持った人々の姿を背景にして生まれた牛状の巨人神」で、八一人の兄弟というのも、部族連合を反映するものとしている[16]。優れた金属器を持ちながら、古代漢族に破れ去った民族の記憶が蚩尤に結晶しているのかもしれない。

2 民間神話に見る共工と蚩尤

浙江・四川省の共工神話

現在の漢民族は、共工や蚩尤をどのように伝えているのであろうか。窯業で有名な浙江省竜泉県には、次のような共工の神話が伝わっている。

むかし水神の共工は、不倶戴天の敵、火神の祝融《しゅくゆう》と天下を争った。共工は息子と臣下の相柳、浮游と共に大軍を起こして祝融を攻めたが、祝融の吐いた炎によって息子と相柳は焼死し、浮游もまた火傷を負って淮水の辺に斃れた。共工は屈辱のあまり不周山に頭を打ちつけて死に、このため天を支えていた柱が折れ、天の一角に穴が開いた。穴からは天の水が流れ落ちたので、女媧は天を補修することにした。女媧は五色の石を集めて大きな石を焼き上げ、山に登って自らの身体で傾いた天を支え、天の穴を巨石で塞いだ。その隙間を五彩の泥漿で埋めたため、天はさらに明るく美しくなった。女媧がふと山の麓を見ると、女媧の手からこぼれた泥漿によって、広い田野には多くの山ができているではないか。女媧は麓に住む人びとを苦しめたことに心を痛め、右手の指を噛み破って出した血を左手に付いた泥漿と混ぜ、また右手に付いた泥漿と唾を混ぜて二つの団子を作り、それらを麓に投げた。それが紫金土を出す金山と、白瓷土を出す銀山になった[17]。

古典神話と比べると、はるかに具体的で生き生きしている。ここでは共工を滅ぼすのは火神の祝融になっている。また戦いに破れた共工が不周山の天柱を折って天を傾け、これを女媧が補修するというのは『論衡』の伝えと等しく、この神話が古典神話を下敷きにしていることは明らかである。ただ女媧が泥土に自らの血や唾を混ぜて、優れた陶土を出す山を作ったというなど、この伝承は陶器の里に生きる人々の神話になっていたのである。

四川省徳陽市広漢県にも共工の伝承がある。

悪神である共工は多くの人を殺した。共工が人を殺せば殺すほどその角は大きくなった。やがて共工はその巨大な角を不周山にぶつけ、このために天を支える柱が折れた。大地は揺らいで天には大小の穴が開き、そこから天河の水が流れ落ちた。地上の人間や動物が水に流されるのを見た女媧は、多くの石で天の穴を塞いだ。女媧が塞いだ石が、満天の星なのである[18]。

ここでも共工が頭を打ちつけて天柱を折ることになっており、壊れた天を女媧が補修するという展開も『論衡』と同じである。ただここでは女媧による天の補修の跡が星になったという星の起源神話と結びついている。

共工という名前ではないが、浙江省杭州にはさらに膨らんだ話が伝わっている。

むかし「大敵」という怪物が出現し、狂ったように頭を天に打ちつけたため、天に大きな穴が開いた。その穴から雨が一日中降り注ぎ、家は倒れ、穀物や家畜は流された。玉皇大帝は急いで女媧を天の補修に向かわせた。女媧は崑崙山の仙石を運び、西方の金、東方の木、中央の土、南方の火を加え、これらを焼いて天漿を作り、これによって穴を塞いだ。その時、大敵がまた天に頭突きを食らわしたので再び天は壊れ、怒った女媧は大敵の身体の上に天柱を立てて天を支えた。大敵はこれに服さず、さらに突き上げること九度に及んだ。このため天はどんどん上に揚がって九重になり、ようやく大敵は死んだ。大敵の身体は大滌山になり、その時の天柱が山頂の天柱峰である[19]。

「大敵」は明らかに共工である。民間の神話では、暴力神が破壊した天を女媧が修復するという展開が一般的であったようである。大敵が執拗に天柱を押し上げたために天が高くなったというのは一種の天地分離神話であるが、同時に天柱峰の由来譚にもなっている。このように民間神話に見える共工の伝承は、古典神話の枠組みを借りながら在地の伝承を巧みに織り込み、まとまった物語を創りあげているのである。

河北・山西省の蚩尤神話

蚩尤もまた、民間神話の中では躍動している。かつて黄帝が蚩尤と戦った「涿鹿の野」は現在の河北省涿鹿県だというが、そこには次のような伝承が伝わっている。

軒轅（黄帝）が世を治めていたとき、蚩尤が現れ兵を起こして暴れた。軒轅は蚩尤を捕えようとしたが、蚩尤は風雨を呼び霧を吐き、巨人の助けも得たので、何年経っても捕えることができなかった。しかし軒轅はある老人の教示によって指南車を作り、八卦陣によって蚩尤を破った。蚩尤は雲に乗って西北の天の端に逃れた。彼は角で天頂を破って天の外に逃げようとしたが果たせず、殺された[20]。

大体は伝統的な蚩尤像に等しい。ここでも古典に見える蚩尤の伝承を踏まえているが、角で天を突き破るというのは共工のイメージと重なるところがある。

一方、山西省西南部の運城県には、黄帝との闘いをさらに詳しく伝える神話がある。

太陽神が天界の仙女に通じ、八一人の子を産ませた。その長子が蚩尤である。半人半獣で銅の頭に鉄の額を持ち怪力であった。兄弟とも凶暴であったので玉帝は天神を派遣して太陽神と仙女を捕えて罰し、その八一人の子を天界から追放した。彼らは中条山の臥牛嶺に住み、剣や鎧、さまざまな武器を作って天下を奪おうと考えた。蚩尤はまず兄弟を率いて炎帝を攻め、これを破った。炎帝は黄帝のもとに逃げ、黄帝は三万の軍を集めて蚩尤を攻めたが、ことごとく殺された。これを知った九天玄女が八一頭の火竜、七二頭の雷獣を連れて黄帝に加勢し、蚩尤兄弟を破った。蚩尤は晋南に逃げたが黄帝の軍に追われ、五老峰にぶつかった。このとき五老峰の西南部が削られて岩が黄河に落ち、河水が遮られた。黄帝は火竜に命じて蚩尤の身体を分断させた。汚血が湖に流れたので湖には魚は住めなくなり、蚩尤の血は塩になった。湖は秋冬に赤く染まり、これを解池という。また蚩尤の身体を解体した地に町を作り邪気を鎮めた。ここが解州である。蚩尤の身体はやがて黄土と化した[21]。

八一人の兄弟や銅頭鉄額などという表現、九天玄女の加勢など、この伝承もまた古典を下敷きにしていることは間違いない。解州の「蚩尤血」については、宋代の『夢渓筆談《むけいひつだん》』も同様の伝説を伝えている[22]。おそらく季節によって湖が赤くなるという現象があり、それが蚩尤の伝承と結びついていたのであろう。民間に伝わる蚩尤の伝承も、やはり古典の知識を核としながら土地の伝承を吸収し、それぞれの土地に定着していた。

このように共工や蚩尤は、漢民族の伝承の中では古典神話の時代から現在に至るまで、秩序の破壊者、暴力の神であった。女媧は共工が破壊した天を修復し、黄帝は服従しない蚩尤を滅ぼして漢民族の統一を果たした。いずれもカオスからコスモスの成立を説く神話である。

このような暴力神の正体は何であったのだろうか。共工と蚩尤は、本来別系統の集団が伝えたものだといわれている。白川静によれば共工はチベット系の羌族《きょう》の神で、蚩尤は東方沿海地方の部族の神であったという[23]。おそらく漢民族が拡大を続け系統を異にする多くの集団を統合してゆくなかで、異族の奉じる神が悪神として取り込まれていったものであろう。

ミャオ（苗）族の蚩尤神話

ところが西南中国の山岳地帯に住む少数民族であるミャオ族には、蚩尤を自らの祖先として崇め、英雄として讃える伝承が伝わっている。貴州省西南部に住むミャオ族の伝承は、次のようである。

元々ミャオ族は黄河の流域に住んでいた。首領の老苗公には九人の妻があり、それぞれ九人の子がいた。その中のある妻が異形の子を産む。老公は子を捨てるように言うが、妻は従わずこれを蚩尤と名づけて育てる。蚩尤は急速に成長した。その頃、ミャオ族は異族の侵入に苦しめられていた。蚩尤はミャオ族に優れた武器が無いことを憂い、武器の作り方を学ぶために旅に出た。蚩尤は竜女に出会い竜宮に招かれる。竜王は自分の敵である二竜をたおしてくれれば、武器の作り方を教えようという。蚩尤は二竜をたおし竜王から銅を鍛えて武器を作る法を教わる。蚩尤を愛した竜女は蚩尤に竜宮に留まるように願うが、蚩尤は一三年たてば迎えに行くと言って故郷に帰った。故郷に戻った蚩尤は、ミャオ族に武器の作り方を教え首領となる。ある日、竜宮からの使いが来て竜王が病だという。蚩尤が駆け付けると、竜王は喉に針を刺して苦しんでいたので、針を抜き取る。竜女は蚩尤との結婚を父に願うが許されない。竜女は一計を案じ、蚩尤に治療と称して竜王の喉にサイカチの棘を刺させ、竜王を苦しめて結婚を承諾させる。蚩尤は竜女と共に竜宮の宝である瓢と銀宝を貰って帰る。やがて凶悪な老赤公がミャオ族の国を侵したので、蚩尤は出陣するが、老赤公の罠にかかって殺される。老苗公も死に、竜女は残された人々を率いて貴州に移り、ミャオ族はそこで暮らすようになった[24]。

この話は英雄が竜宮を訪問して竜女を娶り、竜宮の呪宝を貰って帰還するという竜宮女房説話である。蚩尤が八一人の兄弟を持ち、武器を製造するところは、明らかに古典の蚩尤像を下敷きにしているが、ここでは漢民族の伝える悪神蚩尤とはまったく異なった悲劇の英雄になっている。

蚩尤を自らの祖先とするミャオ族の集団は他にもあり、貴州省東部の雷公山地区に住むミャオ族では、初代の蚩尤から一八世紀まで、実に二八五代にわたる家系譜を伝えているという[25]。しかし現代のミャオ族が蚩尤を祖とするからといって、古代神話の蚩尤が彼らの神であったというわけではない。ミャオ族の研究者によれば、彼らが蚩尤を祀るようになったのも最近のことだという[26]。おそらく中国の有力な少数民族であるミャオ族が、漢民族の祖先たる黄帝と雌雄を決した伝説上の悪神蚩尤を自らのアイデンティティーの核として、新しい神話を創造したものであろう。これもまた、現代の中国に生きる神話の一つの在り方であった。

3

伏《ふっ》羲《ぎ》と女媧

画像石の夫婦神

中国の古代神話には、あからさまに男女の性愛を説く神話は見当たらない。ただその中で見逃すことができないのが、伏羲・女媧の神話である。女媧は先に見たように古代神話においては天を修復した神であり、また土から人類を作り出した創世神であった。ところが漢代から、女媧は伏羲という男神と夫婦神として知られるようになる。

伏羲・女媧については、文献以外に重要な資料が残されている。それは主に漢代に作られた画像石（祠堂や墓室の壁に画像を彫刻したもの）に描かれた夫婦神の像である。夫婦神はいずれも下半身は蛇の形態で交わり、そして手には一方が曲尺《かねじゃく》、もう一方が円規《えんき》を持っている。両神が手に曲尺・円規を持つのは、明らかに創世の事業を表すものであろう【図2、図3】。

これらの図像の解釈には定説はないが、

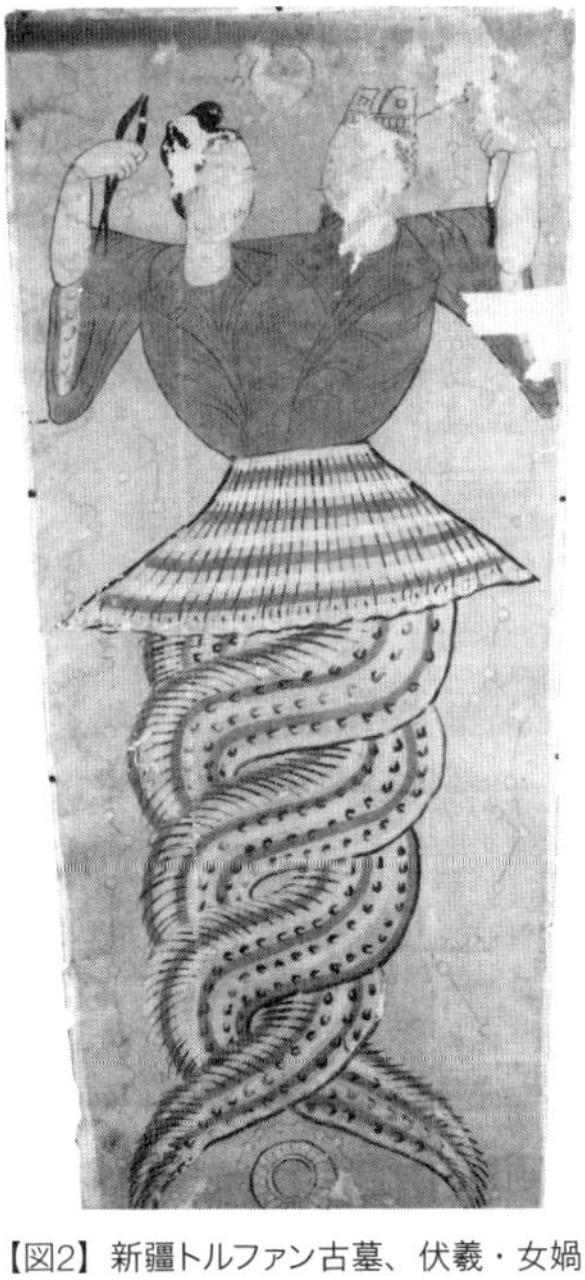

【図2】新疆トルファン古墓、伏羲・女媧像（唐）、天理大学附属天理参考館蔵

最古の夫婦神たる伏羲・女媧を示す同時代資料として、これらの図像資料を無視するわけにはいかない。漢代の人々は、いったいこれらの画像にいかなる意味をこめていたのだろうか。

【図3】河南省南陽県画像石、伏羲・女媧像（後漢）、京都大学人文科学研究所所蔵

人面蛇身の両神が尾を交わらせる形態は明らかに性交を暗示しており、なかには間に子供を描いている図もある。両者の下半身の交わりは一重が多いが、新疆ウイグル自治区のトルファン古墓（唐代）出土の図像では幾重にも交わり、蛇の交尾を彷彿させるものである。鉄井慶紀は、伏羲が男性原理を象徴する規を女媧に与え、女媧は女性原理を象徴する矩を伏羲に与えているとし、「（伏羲・女媧の）性交の姿が規矩交換とともに画かれていることに着目するとき、性交は交換と同じく破壊を意味し、男女の区別、日常的秩序が解体した、根源的にして聖なる次元を表すものである」と論じている［27］。

兄妹相姦神話

漢代画像石の伏羲・女媧像から数百年遅れ、唐代の文献に伏羲・女媧の婚姻にまつわる伝承が見えている。李冗《りじょう》撰『独異志』（巻下）に見える伝えである。

むかし天地が初めて開けた時、昆侖山に女媧兄妹の二人がいる以外は、天下に誰もいなかった。兄妹は相談して夫婦になることにしたが、恥ずかしいことと考えたので、兄は妹を連れて昆侖山の頂に登って火を燃やし、もし天が夫婦になることを認めてくれるのであれば、煙を一つにしてほしいと祈った。すると煙は一つになった。妹は兄に体を寄せ、草を編んで扇を作り顔を隠した。いま結婚するときに扇を持つのはこれによる[28]。

女媧兄妹とは明らかに伏羲と女媧のことである。この話は現在漢民族を含む中国大陸諸民族、特に西南少数民族のあいだに広く伝わる兄妹相姦神話の最古の記録である。現在の伝承では洪水神話と結びつき、大洪水の後、生き残った兄妹がやむなく夫婦になるという場合が多い。このような兄妹相姦神話は、第五章で内海が取り上げているインドネシアの神話にも多く見られるものである。

さて、四川省珙県には次のような伝承が伝わっている。

むかし大地の東西にはそれぞれ巨木が生え、天で絡み合って天橋を作っていた。毎日太陽は東の木から昇り、天橋を通って西の木から地下に戻るのだった。地下には大亀がいて太陽を西の木から東の木へ運んでいた。ある日、亀が眠りこけたために太陽は東の木から昇ることができず、世界は暗黒になり、暴風が吹き洪水が起こって人畜はみな水に流された。伏羲・女媧という兄妹は東の木に登って洪水を避けたが、洪水がおさまった時には生き残ったのは二人だけであった。兄は妹に自分たちが夫婦にならなければ人間が絶えてしまうといったが、妹は結婚を肯んじなかった。それでも兄が夫婦になろうと迫ったため、妹はまず天意を聞こうといい、兄が糸を持って東山に登り、自分は針をもって西山に登り、兄が針に糸を通すことができれば夫婦になろうという。糸が通ると、今度はそれぞれ東山と西山で火をおこし、その煙が交わったなら夫婦になろうという。煙は交わるが妹はそれでも結婚を肯んぜず、今度は東山と西山からそれぞれ挽臼の上と下の石を投げ落とし、それが重なれば夫婦になろうという。挽臼は重なりついに二人は結婚した。やがて女媧は肉団子を産み、夫婦はこれを小さく切って大地に撒いた。翌朝見ると、それらは人間になっていた。太陽はまだ出ず世界は暗かったので、女媧は東の木の上から子供たちに雄鶏を鳴かせるようにいう。雄鶏の鳴き声で地下の亀が目を覚まし、太陽を運んだ。こうして再び太陽が昇るようになった[29]。

『独異志』のように煙を交わらせて天意を聞くだけでなく、さらに針に糸を通したり、挽臼を重ねるという占いを続けることになっているが、これらがいずれも性交を暗示していることはいうまでもあるまい。

このように伏羲と女媧といえば何か交合を暗示したようだが、それにしても漢代の画像石に見える人面蛇尾の伏羲と女媧が、唐代の『独異志』や今に伝わる洪水型兄妹相姦神話の情景を描いていたとは思いがたい。

4　原初夫婦神の神話

大地を造成する夫婦神

中国には男女の巨神が大地を造成・加工したという話があったようである。河南省西華県には、伏羲と女媧が山を作る競争をしたという話がある。

女媧は泥を捏ねて人を作り、伏羲が狩猟や耕作を教えた。ただ着るものが無かったので、冬になると北風がこたえた。女媧は伏羲に風を避けるために山を三つ作ろうというが、伏羲は作れるはずがないという。女媧はもし山を作ることができれば伏羲は自分のいうことを聞き、できなければ自分は伏羲に従うことを約束する。その夜、女媧が土を掴んで撒くと地面がゆっくり盛りあがり、山ができはじめた。これをひそかに見ていた伏羲は、鼻をつまんで鶏の鳴き声を真似したので、土地は山にはならず丘に留まった。負けた女媧は伏羲に従うようになった〔30〕。

これは伏羲・女媧が山を作る競争し、伏羲の計略によって女媧が負けたことをいうだけの素朴な伝説になっているが、女媧が伏羲に従うというのは婚姻を暗示しているようである。しかしこの話は先に紹介した伏羲・女媧の兄妹相姦神話とは明らかに別の話である。

このような原初夫婦神の大地造成の面影を微かに窺うことができるように思われるのは、晋以降に成立したとされる『神異経《しんいきょう》』に見える「樸父夫婦《ぼくふ》」の話である。

東南の隅の辺境に樸父がいる。夫婦ともに千里もある（巨人である）。天地開闢《かいびゃく》の折、天帝がこの夫婦に百川を開鑿《かいさく》させたが怠けたため、樸父は勢（男根）、妻は牝（女陰）を露わにして飯も食べず寒暑も畏れず、ただ天露だけを飲んで黄河の水が澄むまで立ち続けている（東南荒経）[31]。

樸父夫婦は、地方的な国土創造の夫婦神であろう。『神異経』は彼らの創造の営為については具体的に何も語らないが、それにしても樸父夫婦はなぜ二人とも陰陽を露わにして立ち続けているとわざわざ説く必要があったのか。そこには何か男女巨神が国土の創造を行うにあたって、互いの性器を露わにする必要があったように思われるのである。

ベトナムと山東の夫婦神

この問題を考えるにあたって注目すべき事例は、かつてロシアの中国学者ボリス・リフチンが『民間文学論壇』誌上に紹介した、ベトナムに伝わる次のような神話である。ベトナムは中国の支配下にあった時代もあり、中国文明の影響を強く受けた地域である。

四象が女媧に求婚する。二人は山の作り比べをするが四象は負ける。しかし四象は南から北へ多くの山を積み上げたので、女媧は結婚に同意する。結婚当日、四象は川向こうの女媧を迎えに、百人の使いを船で送る。途中で天候が悪くなり船が進まなくなる。これを知った四象は自分の男根を橋にして使いを渡らせた。皆が橋の途中まで来たときに、ある老人が蝋燭の火を橋の上に落としたところ橋は消え、渡りきっていなかった五〇人は川に落ちる。女媧は川で凍えている人を助けると自分の陰部に入れて温めた[32]。

ここでも二神は山の作り比べをしている。面白いのがその次で、四象が自分の陽物を橋として人を渡らせたところ、誰かがその上に火を落としたために橋を渡っていた人が落ち、女媧がそれを女陰に入れて温めたというのである。

陽物の橋を渡っていた人が、橋の上に火を落としたために橋が落ちてしまうという話は、台湾や韓国、日本などにもあり、東アジアに広がる「陽物の橋」とでもいうべき物語の一例だが[33]、このベトナムの伝承は夫婦神が互いの性器を露わにしているところが『神異経』の樸父夫婦と共通し、しかも山作りの競争をするのは、河南省の伝承と一致している。

ところで、このベトナムの神話を読んだ山東省の民間文学研究者が、地元に伝わる「ちょっと口に出しにくい話」を紹介している。山東省滕県の伝承である。

むかしある老人が明け方に起きて買い物に行く。橋を渡っている時に地震が起こり、怖くて先に進めなくなる。老人は橋の上に座って煙草を吸うが、煙草の火を下に落としたところ、橋は縮んで無くなり老人は下に落ちる。大水が出て老人を微山湖に押し流す。老人が湖からはい上がったときには昼になっていた。じつは老人は天老爺と地母娘娘とが交わっているところに出くわし、天老爺の陽物に座って煙草を吸い火を落としたので、天老爺は小便で老人を地母娘娘の陰部に流し込んだのだ[34]。

笑い話のようだが、天老爺（天神）と地母娘娘（地母神）が交わっているところに際会したというのだから、壮大なエロスの神話というべきである。陽物と女陰を対にして述べ、「陽物の橋」から落ちた人を女神が陰戸に入れるというところまでベトナムの話と一致しているところを見ると、このような話は広く知られていたらしい。

この研究者はリフチンの紹介したベトナムの伝承を読んで、地元の話が神話であることに気づいたと述べているが、中国各地には報告書などには載ることのない奔放な性の神話が、予想外にたくさん伝わっているのかもしれない。

チワン族の夫婦神

広西壮族自治区西林県に住むチワン（壮）族には、次のような話が伝わっている。

ミロチャという大女がいる。三歳の時に父親と狩りに行き、一日で何百という獣を仕留めた。一三、四歳になると小山のように大きくなり、一度の食事に五〇頭の猪を食べる。ある時、彼女は見たこともない巨人と出会う。男はプロトと名乗り、世界を治めているという。ミロチャが世界は自分が治めているというと、プロトは力比べをしようという。ミロチャは、もし私が負ければお前を父として仕え、同等であれば結婚しようという。プロトは笑って右の掌で扇ぐと狂風が起こり、大小の山々が靡いて大山脈を作った。これに対してミロチャは、左手で衣の裾を開いて右手で払うと狂風が吹き、すべての鳥獣が衣の中に巻き込まれた。二人は互いの力を認めて夫婦になった――[35]。

話はまだ続くのだが、男女神が互いの力を競った後に結婚するという話である。ここでも山を作っているところに注意したい。実はチワン族に伝わるプロトとミロチャの話は、現地の民間文学研究者によれば、報告者によって削除される部分があるという。それによると、凌雲県に伝わるプロトとミロチャの創世神話の本来の形は次のようだという。

プロトが天地を開いて万物を定めた。プロトはその陽物を鞭のように使って、一切の物を追い立てた。ミロチャはその前に座ると陰部を山に変えた。その陰戸は巨大な洞になり、そこにプロトが追い立てた物を納めた。その後、そこから万物が生みだされた[36]。

おそらく先の西林県の神話も、男女神が競争するにあたって巨大な性器を用いるくだりがあり、それが結婚に続いていたものであろう。

先に述べたように、山東省には天神と地母神の性交と「陽物の橋」が結びついた伝承があり、河南省には伏羲と女媧が山を作る話があった。さらにチワン族にはプロトとミロチャが山を作り、また互いの性器を用いて万物を生む話があり、ベトナムにも男女神の山の作り比べと「陽物の橋」の話があった。このように見てゆくと、古く中国大陸には男女創世巨神が互いに競争して天地を造成・加工し、その際に互いの巨大な性器が重要な働きをするという神話があったのではないかと思えてくる。そのわずかな破片が『神異経』の「樸父夫婦」であって、漢代の画像石に残る伏羲と女媧の姿は、むしろこのような神話の系列に属するように思われるのである。

おわりに

いま、中国の民間に伝わる、暴力と性愛にまつわる神話をいくつか紹介した。一口に民間神話と言っても、その性質は一様ではない。漢民族の伝える共工や蚩尤の伝承はおおむね古典神話の焼き直しであったが、ミャオ族には新しい蚩尤神話の創造があった。一方、ベトナムやチワン族、そして漢族に点在する夫婦神の伝承は、東アジアの古い創世神話を今に伝えているように思われる。

ところで東アジアの夫婦神といえば、日本神話のイザナキ・イザナミ両神を忘れるわけにはいかない。『古事記』には有名なミトノマグワヒの条があって、両神は互いの身体について問答した後に交婚するが、この部分ははなはだ簡略な記述になっている。

『古事記』では天地開闢からイザナキ・イザナミが登場するまで、七柱の一人神が出現し、次いでウヒヂニとその妻のスヒヂニに始まる四組の夫婦神が現れるが、この四組の夫婦神は名前の羅列にすぎない。ところが小島瓔禮《よしゆき》によれば、これらの夫婦神の名称は、天地開闢を再演して創世を語ると共に、その後のイザナキ・イザナミ神話の骨格を伝えるものだという。そうなると面白いのが二番目に登場する「オホトノヂ・オホトノベ」という夫婦神で、二人の名はそれぞれ「立派な性器をもった男、立派な性器をもった女」の意味だという[37]。つまり古代日本にも立派な性器をもった夫婦神がいたことになるわけで、実は日本神話もまた、深いところで中国大陸の原初夫婦神とつながっていたのである[38]。

古代東アジアでは、創世夫婦神が巨大な性器を持つべき何らかの理由があったらしい。神話の具体的な内容がわからないのは残念だが、東アジアの古代国家におけるエロスの神話は、すでにそのままの形では表現できないものになっていたのであろう。

†註

[1] 橋本萬太郎（編）『漢民族と中国社会』（山川出版社、一九八三年）四頁。
[2] 河南省で大量に報告された神話は、「中原神話」として話題になった（谷野典之「中原神話考」『中国の歴史と民俗』［第一書房、一九九一年］一四一～一六七頁）が、その他の地方でも多くの神話が報告されている。

[3]楠山春樹『新釈漢文大系54　淮南子（上）』（明治書院、一九七九年）一三一～一三二頁。
[4]吉田賢抗『新釈漢文大系38　史記（一）』（明治書院、一九七三年）四六～四八頁。
[5]山田勝美『新釈漢文大系69　論衡（中）』（明治書院、一九七九年）七二七～七二八頁。
[6]小林信明・文入宗義『新釈漢文大系22　列子』（明治書院、一九六七年）二一三～二一四頁。
[7]大野峻『新釈漢文大系66　国語（上）』（明治書院、一九七五年）一七二～一七四頁。
[8]楠山、前掲書、三七二～三七四頁。
[9]袁珂［校注］『山海経』（上海古籍出版社、一九八六年）四二八頁。本田済・沢田瑞穂・高馬三良［編訳］『抱朴子・列仙伝・神仙伝・山海経』（平凡社、一九七三年）五〇四頁。
[10]袁珂［校注］、前掲書、二三三頁。本田・沢田・高馬［編訳］、前掲書、四九一頁。
[11]吉田、前掲書、二九～三〇頁。
[12]袁珂［校注］、前掲書、四三〇頁。本田・沢田・高馬［編訳］、前掲書、五〇四頁。
[13]袁珂・周明［編］『中国神話資料萃編』（四川省社会科学院出版社、一九八五年）、五五頁。
[14]同右、五一～五二頁。
[15]貝塚茂樹『神々の誕生』（筑摩書房、一九六三年）一〇七頁。
[16]村松一弥『中国の少数民族』（毎日新聞社、一九七三年）二一二～二一三頁。
[17]麗水地区民間文学集成辦公室［編］『麗水地区故事巻』（浙江人民出版社、一九九三年）五二四～五二六頁。
[18]侯光・何祥録［編選］『四川神話選』（四川民族出版社、一九九二年）一六頁。
[19]董校昌［主編］『杭州市故事巻（上巻）』（中国民間文芸出版社、一九八九年）四頁。
[20]中国民間故事集成・河北巻編輯委員会［編］『中国民間故事集成　河北巻』（中国ＩＳＢＮ中心出版、二〇〇三年）三〇頁。
[21]中国民間故事集成・山西巻編輯委員会［編］『中国民間故事集成　山西巻』（中国ＩＳＢＮ中心出版、一九九九年）二三～二五頁。
[22]袁珂・周明［編］、前掲書　五六～五七頁。
[23]白川静『中国の神話』（中央公論社［中公文庫］、一九八〇年）一二七頁。
[24]貴州省安順地区民族事務委員会・古籍整理辦公室［編］『蚩尤的伝説』（貴州民族出版社、一九八九年）七九～九八頁。
[25]岑応奎・唐千武［主編］『蚩尤魂系的家園』（貴州人民出版社、二〇〇五年）三一頁。
[26]呉暁東『【山海経】語境重建與神話解読』（中国社会科学出版社、二〇一三年）二八六頁。
[27]鉄井慶紀「図像と思想——伏羲女媧図（一）」（一九八八年）、『中国神話の文化人類学的研究』（平河出版社、一九九〇年）三九九頁。

[28]袁珂・周明〔編〕、前掲書、一四頁。
[29]侯光・何祥録、前掲書、一〇〇～一〇二頁。
[30]中国民間故事集成・河南巻編輯委員会〔編〕『中国民間故事集成・河南巻』(中国ISBN中心出版、二〇〇一年)二一～二二頁。
[31]袁珂・周明〔編〕、前掲書、一～二頁。
[32]李福清（リフチン)「在越南採録的女媧新材料」、劉錫誠〔主編〕『民間文学論壇』(一九八八年第三期）一～一二頁。
[33]斧原孝守「陽物の橋」、中国民話の会〔編〕『中国民話の会通信』(五四、一九九九年)四～八頁。
[34]一冰「魯南葦故事里一則活神話」、山東大学〔主辦〕『民俗研究』(一九九五年第二期)八八頁。
[35]農冠品〔編注〕『壮族神話集成』(広西民族出版社、二〇〇七年)二八～二九頁。チワン族の神名の日本語表記は、君島久子〔監訳〕・新島翠・林雅子〔訳〕『中国女神の宇宙』(勉誠出版、二〇〇九年)に拠った。
[36]過竹「葫蘆説」、民間文学論壇編輯部〔編〕『民間文学論壇』(一九八五年第六期)八八頁。
[37]小島瓔禮「自然の創世」、古橋信孝・三浦佑之・森朝男〔編〕『古代文学講座2　自然と技術』(勉誠社、一九九三年)四五頁。
[38]斧原孝守「陽物の橋（続)」、中国民話の会〔編〕『中国民話の会通信』(七二、二〇〇四年)二～九七頁。

第3章

手足で待ちかまえる女根たちと征服する男根たち

川村悠人

はじめに

中央アジアからインド亜大陸へと進出してきたアーリヤ人たちが、その地で次々に編纂していった宗教儀礼文献を総称してヴェーダと呼ぶ。このうち、ヴェーダ儀礼を構成する行為の作法とその意義や神話的な背景などを説くヴェーダ文献群として、紀元前八〇〇年から紀元前六五〇年頃にかけて成立したブラーフマナと呼ばれるものがある（以下「ヴェーダ祭儀書文献」と呼ぶ）。

このヴェーダ祭儀書文献に伝えられる数ある神話のうち、長舌（ディールガジッフヴィー「長い舌をした［女］」）という女の魔神が登場する物語には[1]、本書の主題である「性愛と暴力」の古代インドにおける描かれ方のいくつかを見てとることができる。

本章の第一の目的は、この物語を素材として、ヴェーダ神話に観察される性愛と暴力の諸側面を示すことにある。以下では、まず長舌物語の概要と原典訳を提示し、次に物語の中から性愛と暴力に関わるいくつかの鍵概念を取りだして、説明または考察を行っていく。加えて、物語中に現れる神話的な要素にも目を配り、それらも説明または考察の対象とする。それによって、一般に広く知られているとは言い難いヴェーダ神話の世界を少しでも世に紹介することを本章の第二の目的としたい。

1　ヴェーダ神話について

まずヴェーダ神話そのものについて、本邦でよく知られたヒンドゥー教の神話と対比させながら簡単に触れておく。

篠田知和基・丸山顕徳編『世界神話伝説大事典』（勉誠出版、二〇一六年）が与える区分を参照すると［2］、インド神話は、ヴェーダ神話、ヒンドゥー教の神話、仏教の神話、ジャイナ教の神話に大きく分けることができる。これらのうち、ヴェーダ神話とは、紀元前一二〇〇年頃から紀元前五〇〇年頃までに編纂されたヴェーダ文献に観察される神話群のことを指しており、インド最古のものである。

右に示した四種類の神話のうち、本邦において最も多くの概説書が存在し、最もよく知られていると思われるのはヒンドゥー教の神話であり、それは、主として、インド二大叙事詩である『マハーバーラタ』と『ラーマーヤナ』及びプラーナと称される古伝承文献群の中に現れるものである。

いつどのようにして現在ヒンドゥー教と呼ばれる宗教形態が成立したかについて簡単に答えることはできないが、他の神々の存在を受け入れつつもシヴァやヴィシュヌといった一柱の神を最高神にたてることをその一つの特徴とする。結果、ヒンドゥー神話では最高神としての彼ら両神のいずれかが活躍する物語が多数を占める。

一方、ヴェーダ神話の背景にある宗教形態は原則として多神教であり、儀礼の場ではそれぞれの神が儀礼の目的に合わせて呼び寄せられ、讃歌と供物をもって歓待される。もてなされる神がそのつど交替するのである。ヴェーダ神話ではシヴァとヴィシュヌも基本的には最高神ではなく、加えて、その描写はインドラやアグニといったヴェーダ神話に頻出する神々と比べて多くはない【図1】。

他にも、ヴェーダ神話とヒンドゥー神話には――もちろん繋がりもあるとはいえ――異なる点が観察される。たとえばヴェーダ神話で高い地位を誇る秩序の管理者ヴァルナは、ヒンドゥー神話ではそれほど目立った存在ではなく、ヴァルナの司法神としての性質もそこでは看取しがたい。ヒンドゥー神話においてヴァルナは水の神として現れ、我が国の仏教でいう水天に連なる[3]。

さらに、よく知られた神インドラを例にとるならば、ヴェーダ神話において原則としてインドラは武勲をたてる英雄神であるが、ヒンドゥー神話においては雨を降らす雷霆《らいてい》神としての性格が顕著となる。このような性格はヴェーダ神話においてはインドラにとって本質的なものではない[4]。インドラの地位も、ヴェーダ神話における場合と比べてヒンドゥー神話におけるそれは高くはない。ただしヴェーダ神話内部においても、インドラの地位は神話を描く文献の時代が下るにつれて低下する傾向にある。

右に述べたのは、神々の地位や性質の点から見たヴェーダ神話とヒン

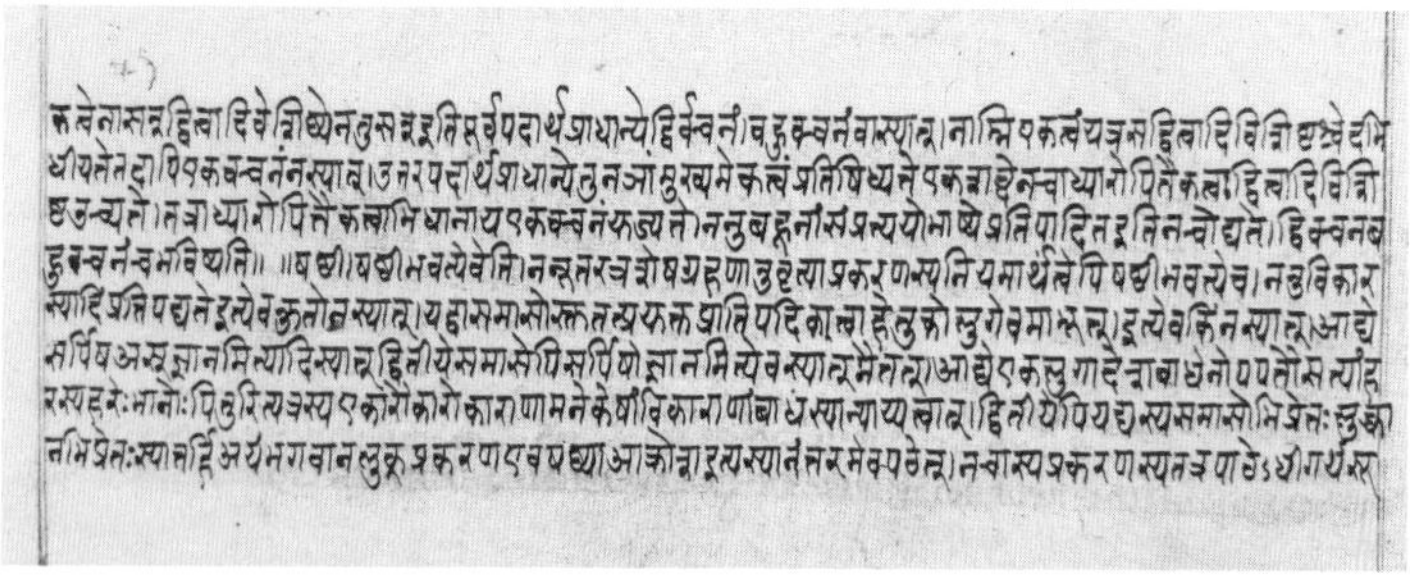

【図1】サンスクリット語文献の写本（筆者所蔵）

ドゥー神話の違いであるが、神話の中身の点でも、ヴェーダ神話とヒンドゥー神話には違いがある。すなわち、ヒンドゥー神話の中には特定のヴェーダ神話の消失や変容が見られる。たとえば、本章で取り上げる長舌物語はヒンドゥー神話では知られておらず、『マハーバーラタ』の中でインドラが長舌と呼ばれる女の悪魔を倒したことが単に触れられるに過ぎない[5]。

2 長舌物語の概要

長舌物語はいくつかのヴェーダ祭儀書文献に収録されているが[6]、それらのうち本章で取り上げるのは、『ジャイミニーヤ梵書』(六五〇年頃)と呼ばれる文献に収録されたそれである。まず、同祭儀書文献が伝える長舌物語の概要を以下に示す。

長舌という名の女の魔神が、祭式の場でインドラのために用意されたソーマ液をいつも遠くから舐めとっていた。インドラは彼女を捕まえようとするが失敗し、「女というものは美男子によって容易く誘惑される」という考えのもと、美男子スミトラを呼び寄せて、長舌に騙し討ちを仕掛ける。スミトラは長舌のところへ赴き、自らへの愛を要求するが、長舌はスミトラでは自分に釣り合わないと言う。スミトラは男根を一つしか有していないが、長舌は「手足という手足に」女根を有していたからである。そこでスミトラは一度インドラのもとへ帰り、この件を報告して、手足という手足に男根をつくってもらう。再び長舌のところに現れたスミトラは、再び愛を要求し、自らの男根を見せる。それら男根に満足した長舌はスミトラを情事へと誘う。その際、スミトラの名を尋ね、その「スミトラ」（「良き友」）という名を聞いて「まことに美しい名だ」と言う。情事が終わったところで、スミトラはすべての女根に男根を挿入したまま長舌を捕縛する。長舌は「お前の名は『良き友』ではなかったのか」と彼の行いを非難するが、スミトラは「われは悪しき友に対しては悪しき友となる」と言って自身の行いの理屈を語る。スミトラはある旋律群を伴う諸詩を歌ってインドラを呼び寄せ、駆けつけたインドラは、ある韻律を伴う詩を朗唱して長舌を滅ぼす。最後に、物語中でスミトラが旋律にのせて歌った諸詩を使ってインドラを讃えた者は、自らの競争相手を倒して障害を退けることができると、そのような諸詩の効果が語られる。

3　原典訳

次に原典に基づく翻訳をあげる［7］。

長舌と呼ばれる女の魔神がいた。彼女はソーマ液というソーマ液を舐めとるのを常としていた。［彼女は］北方の海辺にいた。南方、東方、西方の海辺でいつも搾られていたそれ（ソーマ液）を、同じそこ（北方の海辺）から［彼女は］舐めるのを常としていた。インドラは彼女を捕まえようとしたが、捕まえることができなかった。それで彼は言った。「誰も祭式を行うことなかれ。この長舌は他ならぬソーマ液というソーマ液を舐めるのだ」と[8]。さて、クッツァの子、美男子スミトラがいた。それで彼（インドラ）は彼（スミトラ）に言った。「スミトラよ、お前は美男子だ。女たちは美男子によって容易く誘惑されるものなのだ。この長舌をお前は誘惑してみよ」と。［スミトラは］彼女のところに来て言った。「長舌よ、われを愛せ」と。すると彼女は言った。「お前の男根は一つのみ。われの女根は手足という手足にある。それゆえ［お前の男根は］釣り合わないのだ」と。そこで彼は戻って来て［インドラに］言った。「『お前の男根は一つのみ。われの女根は手足という手足にある。それゆえ［お前の男根は］釣り合わないのだ』と彼女はわれに言ってきた」と。「お前の手足という手足に男根を作るとしよう」と［インドラは］言った。それらを前もって覆い包み、［スミトラは彼女のところに］やって来た。［スミトラは］彼女に言った。「長舌よ、われを愛せ」と。すると彼女は言った。「お前の男根は一つのみ。われの女根は手足という手足にある。それゆえ［お前の男根は］釣り合わないのだ」と。「われの他ならぬ手足という手足には男根があるぞ」と［スミトラは］言った。「よし、お前のをわれは見てみよう」と［長舌］。［スミトラは］それらを彼女に見せた。それらは彼女の気に入った。そこで、彼女は[9]「来るのだ」と言った。「お前の名は何か」と。「名はスミトラ（［良き友］）だ」と［スミトラ］。「お前の名はまことに美しい」と［長舌は］言った。両人は性交した。彼女の中に事をなし終えるやいなや、当人を、まさにその時、［スミトラは］しかと押さえこんだ。そこで彼女は言った。「敵め、お前は自分のことを『スミトラである』と先ほど言わなかったか」と。すると彼は言った。「われは良き友に対してはたしかに良き友に他ならない。悪しき友に対しては悪しき友である」と。そのとき彼は例の諸々のサウミトラ旋律を見た。それらを通じて讃えた。それらを通じてインドラを呼び寄せた。するとインドラが次のアヌシュトゥブ韻律の詩を戦棍として振り上げ、走り来た。

お前たちの［ソーマの］若芽を予め勝ち取って
酔いをもたらす搾り出された［ソーマ］のため
お前たちは犬を突き離せ
仲間たちよ　長い舌をした女を。

まさに以上によって、彼女（長舌）を［インドラは］打ち殺した。そのようなこれらは、競争相手を打ち倒し、毀《き》損力《そんりょく》を打ち倒す諸讃歌である。これら諸讃歌によって讃え終えた者たちは、憎悪する競争相手を打ち倒す、災厄である毀損力を打ち退ける。（『ジャイミニーヤ梵書』一・一六一〜一六三）

4　説明と考察

右に示した長舌物語の中から、性愛と暴力ないしヴェーダ神話に関わるいくつかの要素を取りだし、それぞれ説明または考察を加えていく。

英雄神インドラとソーマ液

インドラは[10]、インド最古の文献である神々への讃歌集『リグヴェーダ』（紀元前一二〇〇年頃）の中で最も高い人気を誇る武勇神である。

讃歌中で語られるインドラの武勲のうち、主要な位置を占めるのはヴリトラ殺しのそれである。ヴリトラは水をたたえた原初の山を囲って水を閉じ込める蛇であり、インドラは戦棍ヴァジュラを振るってこの大蛇を倒し、世界に水を開放する。インドラはデーヴァ（「天に存する［者］」）と称される神々の一員であり、『ジャイミニーヤ梵書』においてさまざまなものに変身することが語られる。

インドにおいてインドラの地位は時代が下るにつれて下落するが、右に見たように当初は最高の地位を占めていた。一方、イラン側では、ゾロアスター教最古の聖典『アヴェスタ』の段階でインドラは悪しき魔神ダエーワとして現れる。

インドの地に入ったアーリヤ人らは、インド・イラン共通時代から受け継ぐ習慣的行為である他部族との富の奪い合いの際に、インドラのような武勇神を祭式によって味方につける必要があった。他方、イランの地で宗教改革を起こしたゾロアスターは、伝統的な略奪社会を否定し、牧畜や農耕を中心におく平和的な定住生活を目指した。襲撃や強奪といった野蛮な行為は『アヴェスタ』で厳しく非難されている。そのような気運のもと、インドラのような好戦的な武勇神はもはや必要とされず、むしろ敵対視され、その地位は魔神のそれへと下落したのである[11]。

ソーマはある植物そのもの及びその搾り汁を指し、儀礼の場で喫飲される。この搾り汁は覚醒や興奮作用をもたらす飲料であり、学界では通常、麻黄（エフェドラ）に同定されている[12]。『リグヴェーダ』に編纂された讃歌は、太古の祭官詩人らがソーマを飲み、高度な集中と高揚の中で宇宙の理法や神々の偉業を「見て」歌った聖なる詩である。またそれだけではなく、ソーマが実際の戦闘に向けて戦士たちを奮い立たせるために用いられたであろうことも想定されている。

『リグヴェーダ』においてインドラはソーマを好み、ソーマに酔う者として描かれる。彼はソーマの力をもって異部族を打ち倒し、戦闘を勝利に導く。長舌物語においても、ソーマはインドラに捧げられるべく儀礼の場で用意されていたのであるが、その好物を長舌がいつも舐めつくしてしまっていたため、インドラは長舌を滅ぼそうとするのである。

魔神

物語の中で長舌は女の魔神（アスリー）とされている。アスリーという語は「魔神」を意味するアスラという語の女性形である。本来アスラという語は「主、首長」を意味しており、「悪魔、魔神」という意味はなかった[13]。

『リグヴェーダ』では、インド・イラン共通時代の段階で社会制度が神格化されて生じた新しい神々であるヴァルナやミトラなどが「アーディティヤたち」と呼ばれ、また「アスラたち」と呼ばれる場合がある。おそらくアスラという呼称は本来これら神々の筆頭であるヴァルナのものであったことから、「アスラたち」という表現は、「アスラ（ヴァルナ）とその他の者たち」という意味であると解されている[14]。これら新しい制度の神々は後に恐れられて、それら神々を指していたアスラという語は「魔神」を意味するに至る。ヴェーダ祭儀書文献においては明確にアスラは神々に敵対する魔神として登場する。

このように、インド側では厳しい社会制度の神々は好まれなかったが、イラン側では平和的な定住生活を目指すゾロアスターにそれらが好まれて、アスラの筆頭であるヴァルナが最高神アフラ・マズダーとなったとするのが学界の一つの理解である[15]。

ヴェーダ祭儀書文献において頻繁に描かれる神々と魔神（アスラ）たちの争いがヴェーダ文化と異文化のせめぎあいをも象徴するものであるとするならば、本章で扱う長舌物語にも、ヴェーダ文化の妨げとなる異部族を退ける様が神話の形をとって象徴的に描かれていると見ることもできる。神々と魔神たちはいつも争っているのだが、その結果は決まって神々の勝利に終わり、それは「そのことから神々は栄え、アスラ達は去った／没落した」という言葉でもって表される[16]。

長い舌及び手足にある女根と男根

このような魔神の一人である長舌は、その名の通り、北方の海辺にいながら南方、東方、西方それぞれの海辺にまで届くほどの長い舌をもっていた。この長い舌というものがすでに性的な暗示、すなわち男根を好むという長舌の性質の暗示を含んでいる可能性が、オフラハーティによって指摘されている[17]。

加えて、長舌が舐めるものとして描かれるソーマ液によって精液が暗に意図されているとするならば（ソーマ液と精液はいずれも白い）、長舌がその長い舌を使ってソーマ液を舐めているという描写にも、性的な暗示を読み取ることが可能である。これらを考慮すると、長い舌を使ってソーマ液を舐めていたという描写は、精液及びそれの出どころである男根を好むという長舌の性質を表すものと言えるかもしれない【図2】。

長舌が男根を好むものであることは、彼女の形態、そして彼女が最初にスミトラに対してとった態度にも現れている。まず、長舌の女根は通常の場所だけではなく手足という手足にある。その数の分だけ男根を受け入れることができるということであり、このことは、その数の分だけ男根がないと満足しないということを示唆する。

【図2】シヴァ神の精液を集める火神アグニ（杉木恒彦先生より提供）

実際に、長舌は男根を一つしか持っていないスミトラとの性行為を「釣り合わない」と言ってまず拒絶している。そして、スミトラが長舌と同じ数の男根を手足という手足に携えてやって来たとき、「お前のを見てみよう」と興味を示し、それを気に入り、最終的にスミトラと床をともにする。インド性愛文化は、過剰で包み隠さないものとして知られているが、この長舌物語にもそのような傾向が現れていると言えるだろうか[18]。

本書所収の横道による論考の中でもその諸例が言及されているが、何かを通常の数よりも多くもつことは、その保持者が何らかの点で多能であることを示すものであり、その者の神性や超越性の証と見ることができる。

たとえば本邦では千手観音や八岐大蛇、インドでは四顔の梵天や千腕のアルジュナ、ギリシャでは百手の巨人など、その例を挙げればきりがない。本物語の長舌も、異常な数の女根を持つ者として特別な性的能力を有すると解することができる。

オフラハーティは、これこそが長舌の武器であったがそれは同時に長舌の弱みでもあったと指摘している。なぜなら彼女は、手足という手足にある女根に男根が差し込まれたせいで身動きがとれなくなってしまうからである[19]。結果、そこに駆けつけたインドラによって長舌は討ち滅ぼされてしまう。

美男子と異形の者の交わり

数多くの女根と高い性的能力を持つ異形、異質の者である長舌と交わるためには、スミトラも通常とは異なる姿をとり、それにより通常とは異なる性質を身にまとわなければならなかった。異形、異質の者と関わる際には通常とは異なる姿と性質を有する必要があるという構造は、たとえば、本書の別章で松村によって考察されるペルセウスとメドゥーサの物語の構造と同じである。

メドゥーサは醜怪な顔、蛇の頭髪、猪のような歯、黄金の翼をもち、その眼には人を石に変える力を宿す異形、異質の者であった[20]。このようなメドゥーサを倒すべく、英雄ペルセウスも通常とは異なる姿をとり、通常とは異なる性質を身にまとうことになる。すなわち、ペルセウスはメドゥーサを殺すにあたり、ニンフたちから翼のあるサンダル、獲物を入れるための袋、姿を見えなくする帽子を借り、ヘルメスからは黄金の鎌を与えられている[21]。

長舌物語において、スミトラに多くの男根を授けるのはインドラである。すでに述べたように、『ジャイミニーヤ梵書』でインドラは種々のものに姿を変える者として描かれるが、当該の物語では相手の姿を変える役割を果たしている。インドラが自ら長舌を捕らえることができなかった理由は物語中で直接的には語られていないが、見目麗しい美男子であるスミトラを使って色仕掛けで長舌を捕らえようとしたところを見ると、インドラの容姿は長舌を魅了するほどではなかったようである。もしインドラの容姿がスミトラと同じくらい端麗であったなら、自らの手足に男根を生み出して長舌を誘惑し、最終的に彼女を捕らえることができたはずである。実際、インドラは自身の手足にも男根を作ることがあることが知られている[22]。

長舌の姿に関連して付言しておくと、ゲルトナーは物語中で長舌が犬のような姿をしたものと考えられている可能性を想定している[23]。物語においてインドラが長舌を倒すときに歌う詩が、ソーマ液を舐めようとする犬を追い払うことをその内容としているからである。オフラハーティも、長舌が女根に男根を挿入されて動けなくなったことを、犬たちが交尾中に固まって動けなくなることに関連させており、長舌と犬との繋がりを見ている[24]。ボーデヴィッツは、蛇あるいは龍でもありうると述べているが、その根拠は示されていない[25]。

なお、ソーマ液に近づいてくる犬を打ち払うことは『リグヴェーダ』九・一〇一・一三でも語られており、その当時、儀礼の場に侵入した犬によってソーマ液などの供物が舐められ損なわれてしまうことが問題となっていた状況がうかがえる。犬が供物を舐めてしまうことを忌避する観念は、『マハーバーラタ』や『マヌ法典』など後代の文献の記述にも表れている[26]。

性交前の名乗りと契約

長舌は行為を始める前に、スミトラに対して名を尋ね、「良き友」を意味するスミトラという名を聞くと、その名を美しいと言う。性交は身を相手にさらして無防備となる行為であるから、そのような行為をする際には相手に対する絶対的な信頼が不可欠であろう。したがって、本当に信頼してよい相手かどうかを、相手の本質を形作る名前を聞くことによって長舌は確かめようとしたのかもしれない[27]。

そのことは、長舌がスミトラに捕らえられた時に発する非難の台詞「敵め、お前は自分のことを『スミトラ「良き友」である』と先ほど言わなかったか」に表れている。スミトラの名前を聞いて良い人物に違いないと判断した長舌は、最終的に彼を受け入れた。ここには、日本語で「名は体を表す」または「名詮自性」と表現される概念を見て取れる。この概念は世界的な広がりを持つものであり、ヴェーダ祭儀書ではトヴァシュトリの物語が有名である[28]。

あるいは、同じく世界的に見られる「相手の名を知ることは相手を支配すること」という観念を考慮するならば、長舌は、自らが無防備になる性交中に何があっても対処できるよう相手を自分の支配下においておくべく、性交前にスミトラの名前を聞いたのかもしれない。ただ最終的に長舌は何も抵抗できずにスミトラに捕まえられてしまうため、この可能性は低いと思われる。

長舌はスミトラを批判する台詞として最初に「敵め」と言っている。「敵め」と訳した原語はアレー（are）であり、この語はアリ（ari）という語の呼格形である。同語の本来の意味は「部族の成員」と考えられ、自らの部族と係争関係にある部族の一員を指す場合には「敵部族の一員、つまり敵」、契約関係（同盟関係）にある部族や自らの部族の一員を指す場合には「客人」となる[29]。

美しい名前を告げて受け入れられた段階では、スミトラは長舌にとってある種の契約関係にある異部族の客人と見なされたはずだが、長舌を裏切った段階でスミトラは「敵」と見なされたのである。契約関係にない敵を指す言葉がスミトラを非難する台詞の中に使われていることから、それ以前にはある種の契約が成立していたことが示唆される。

そして「敵め」に続く長舌の台詞の内容から、スミトラが美し

【図3】好色な男女（杉木恒彦先生より提供）

い名を名乗り、長舌がそれを美しい名と認めた段階で「スミトラが長舌に害をなす者ではないという条件で長舌はスミトラを受け入れる」というような契約が成立していた、と解釈することもできる【図3】。

性愛を利用した暴力

スミトラは性行為を利用して長舌を捕縛することに成功する。このような計略を用いたスミトラの暴力を正当化する理屈は、彼自身が語るところによれば「われは良き友に対してはたしかに良き友に他ならない。悪しき友に対しては悪しき友である」というものである。ここには、「悪には悪をもって対処してよい」という考えが看取される。

インドラがスミトラに語る台詞「スミトラよ、お前は美男子だ。女たちは美男子によって容易く誘惑されるものなのだ。この長舌をお前は誘惑してみよ」にも、計略を用いて騙し討ちをすることへの抵抗は微塵も感じられない。祭式はヴェーダ文化において最重要の位置を占めるものであるため、それの邪魔となる相手を倒すためなら、何をしようと問題はないということであろうか。

言葉の力を振るうインドラ

長舌物語の中でインドラは詩を唱えることで長舌を滅ぼすことになっている。当該の詩は『リグヴェーダ』九・一〇一・一にあたる[30]。再度ここに引用しておこう。

お前たちの［ソーマの］若芽を予め勝ち取って
酔いをもたらす絞り出された［ソーマ］のため
お前たちは犬を突き離せ
仲間たちよ　長い舌をした女を。

インドラが携えてきたこの詩が、彼が敵を打ち倒すときに振るう戦棍ヴァジュラに例えられていることから、そして実際に当該の詩を通じてインドラは長舌を打ち倒すことから、この詩がヴァジュラと同様に敵を打ち倒す力を持つものと見なされていることがわかる。言葉というものが持つ力がここに想定されている。井筒俊彦が論じているように、古代世界の戦闘においては、韻文形式で朗誦される詩は敵を打ち倒す武器として働くものであり、それは文献中でしばしば矢や槍に例えられる[31]。

インドラは『リグヴェーダ』において「［興奮に］うち震える者」、「荒ぶれる者」、「見者」という言葉で言及されることがある。いずれも興奮状態で聖なる詩句を観得する詩人を指す表現である。さらにインドラは『リグヴェーダ』一〇・一一二・九では「見者らの中で最もうち震える者（最高の詩人）」と言われている[32]。そのようなインドラは、言葉の力を使って偉業をなす者としてヴェーダ文献中で描かれることがある。

インドラが言葉の力を使う最も有名な偉業はおそらくヴァラ神話——異部族がヴァラと呼ばれる砦

あるいは洞窟に隠した牛を、インドラらが言葉の力を使ってヴァラをこじ開けて奪いとる神話——のそれであるが、この他にも、たとえば『リグヴェーダ』五・二九・六の後半部では、マルト神群に歌いかけられたインドラが、特定の韻律を伴う言葉によって天を押し上げることが語られる（「マルトたちは座においてインドラに讃歌を唱える。トリシュトゥブ韻律の言葉によって彼は天を押しやる」）。

天を上部に押し上げて支えることで、重なり合っていた天地を切り離し、太陽が通ることのできる空間を天と地の間に確保したことは、インドラに帰せられる偉業の一つである。その偉業を言葉の力をもってなしたことがここでは語られている。誰かに歌いかけられた後、それに応じてインドラも歌うという形は、長舌物語でも同じである。長舌物語では、スミトラに歌いかけられて彼のもとにやってきたインドラが、詩を歌って長舌を滅ぼしている。

またたとえば『リグヴェーダ』一〇・二三・五の前半部においては、崩れた言葉を話す者らをインドラが言葉を使って倒すことが語られる（「ばらばらな言葉／逸脱した言葉を話す者たちを、ぞんざいな言葉を話す者たちを、幾千もの好ましからざる者たちを、言葉によって打ち倒し終えた彼は——」）。

長舌物語と同様、インドラが通常振るう戦棍ヴァジュラではなく言葉が敵たちを倒す手段とされている。この言葉も、長舌物語や言葉による天の押しあげの場合を考慮すると、普通の言葉ではなく、何らかの特別な形（たとえば韻律を伴う詩の形）で発せられたものであったと推測される。井筒の言葉を借りるならば、「特別な語調」や「情緒的な節回し」で発せられたとき、日常の言葉は計り知れぬ力を持つものへと姿を変えるのである[33]。

儀礼と神話

儀礼の中でなされる行為の神話的背景を語るのがヴェーダ祭儀書文献の役割の一つであり、そのような神話的背景の知識をもって行為をなすとき、初めて効果が発揮されるとする知行併合論が祭儀書文献では展開される。本章で取りあ上げている長舌物語も、サウミトラと呼ばれるサーマンが儀礼の場で用いられる神話的背景を、サウミトラという名称の起源とともに説明するものである。

サーマンとは『リグヴェーダ』中の詩に付される旋律のことであり、サウミトラ旋律（「スミトラの旋律」）は長舌物語においてスミトラが観得して用いたことからその名がついたことになっている［34］。ただし、この長舌物語そのものがどのようにして生み出されたのかは判然としない。

5 おわりに

ヴェーダ祭儀書文献は古代人の世界観を教えてくれる神話の宝庫である。しかしながら、辻直四郎『古代インドの説話――ブラーフマナ文献より』（春秋社、一九七八年）に収録されているもの以外は、一般にほとんど知られておらず、神話研究にも活用されていない印象がある。興味を持つ一般読者あるいは研究者が容易に参照、利用できるように、ヴェーダ祭儀書文献に対する日本語訳の出版が少しずつ進行することが望まれる。それを成しうるヴェーダ文献の専門家は本邦に育っているはずである。

また、今回は本書の性格上、本章において言語的分析を主眼におくことはしなかったが、ヴェーダ祭儀書文献は印欧語の散文で著された最古の資料の一つであり、その量や質からいって、第一級の資料でもある。この方面からも、ヴェーダ祭儀書文献は注目されてしかるべきである。言語研究の進展により神話の理解が深まり、ある場合には一変することは言うまでもなく、そして、その逆もまたしかりである。

神話学、言語学、文献学などが一体となって、人類の知的遺産を発掘する試みがさらに進展することを切に望む。

【付記】草稿に目を通していただいた天野恭子先生（京都大学白眉センター・特定准教授）に感謝する。本研究はJSPS科研費（19K23012）の助成を受けたものである。

†註

[1]本章で扱う『ジャイミニーヤ梵書』本文のアクセントは伝わっていないが、アクセントを伝える他のヴェーダ文献の本文からディールガジッフヴィーという語におけるアクセント位置がわかる（dīrghajihvī́）。

[2]同書の一五六～一六九頁において、「ヴェーダの神話・伝説」、「叙事詩の神話・伝説」、「仏教の神話・伝説・説話」、「ジャイナ教の神話・伝説」、「ヒンドゥー聖典プラーナ」という主題のもと、それぞれの神話や伝説が紹介されている。

[3]なお、ヴェーダ神話に観察されるヴァルナの性格はヒンドゥー神話のヴィシュヌに受け継がれている可能性が沖田瑞穂『マハーバーラタ、聖性と戦闘と豊穣』（みずき書林、二〇二〇年）七二～八五頁によって検討されている。

[4]インドラの性格変遷の契機となった可能性があるものについては川村悠人『神の名の語源学』(溪水社、二〇二〇年)第二章を見よ。

[5] Hopkins, E. W., Epic Mythology, Strassburg, 1915, p. 132及び『マハーバーラタ』三・二七六・四を見よ。『マハーバーラタ』の刊本としてはThe Mahābhārata, For the first time critically edited by Vishnu S. Sukthankar (Aug. 1925–Jan. 1943) and S. K. Belvalkar (since April 1943) with the co-operation of Shrimant Balasaheb Pant Pratinidhi, R. N. Dandekar, F. Edgerton, A. B. Gajendragadkar, P. V. Kane, R. D. Karmarkar, V. G. Paranjpe, R. Vira, V. K. Rajavade, N. B. Utgikar, P. L. Vaidya, V. P. Vaidya, H. D. Velankar, M. Winternitz, R. Zimmermann, and other scholars and illustrated from ancient models by Shrimant Balasaheb Pant Pratinidhi, 19 vols, Bhandarkar Oriental Research Institute, 1927–1959を利用した。

[6]いずれのヴェーダ祭儀書文献に長舌物語が収録されており、それらに対してどのような研究があるのかについては辻直四郎『古代インドの説話——ブラーフマナ文献より』(春秋社、一九七八年)七二頁を見よ。同書以後に出版された重要な研究としては、オフラハーティ O'Flaherty, W. D., Tales of Sex and Violence: Folklore, Sacrifice, and Danger, in the Jaiminīya Brāhmaṇa, The University of Chicago Press, 1985とボーデヴィッツ Bodewitz, H. W., The Jyotiṣṭoma Ritual, Jaiminīya Brāhmaṇa 1, 66–364: Introduction, Translation and Commentary, E. J. Brill, 1990がある。

なお「長舌」という魔神の名は、紀元前五世紀から四世紀頃に出たと思われる文法家パーニニの文典『八課集』にも記録されている。パーニニ文典4.1.59: dīrghajihvī ca cchandasi = パーニニ文典の本文については、Cardona, G., Pāṇini: His Work and Its Tradition, background and introduction, Motilal Banarsidass, 1988, Second edition, revised and enlarged, 1997中のAppendix IIIを利用した。

[7]利用した刊本はVira, R. and L. Chandra, Jaiminīya-Brāhmaṇa of the Sāmaveda, International Academy of Indian Culture, 1954, second revised edition, Motilal Banarsidass, 1986であり、適宜、Caland, W., Das Jaiminīya-Brāhmaṇa in Auswahl: Text, Übersetzung, Indices, Johannes Müller, 1919を参照した。

[8]ヴィーラとチャンドラの刊本(同右)はevāvalaḍhiti、カーラント(同右)はevāvaleḍhītiと読む。前者の-la-は誤植であろう。

[9]ヴィーラとチャンドラの刊本(前掲書)はsa、カーラント(前掲書)の刊本はsāと読む。ここでは文脈から判断して適切と考えられる後者の読みをとった。

[10]インドラ(indra)という語の語源についてはこれまでさまざまな見解が提出されており、サンスクリット文献中でも様々な通俗語源解釈が与えられているが、その確定的な語源は明らかとなっていない。この語は印欧語としては異例の形をとっているため、異文化から影響を受けた借用語である可能性が想定されている。この異文化の候補としてはバクトリア・マルギアナ考古複合(紀元前二二〇〇年から紀元前一七〇〇年頃)があげられる。

[11]この点については堂山英次郎「古代イランにおける社会組織の再編——『アヴェスタ』の記述を中心に」(岡村秀典・前川和

也編『国家形成の比較研究』学生社、二〇〇五年）二四八～二四九頁を参照した。

[12]ソーマは印欧語族共通時代には知られておらず、インドラと同様、バクトリア・マルギアナ考古複合との接触からもたらされた可能性が考えられている。

[13]インド・イラン祖語としての*asuraは、ヒッタイト語ḫaššū「王」と語源的につながるものである。このḫaššūは、古アヴェスタ語と新アヴェスタ語のいずれにも現れるahu「主、支配者」と音韻的に対応する。北欧神話に登場する「アース神族」（オーディンを長とする神々の群）を指す古ノルド語æsirはáss「神」という語の複数形であるが（æsirにおけるæ-は複数主格語尾-irによる母音変化の結果）、この古ノルド語ássとの語源的つながりの可能性も排除されない。Mayrhofer. M., Etymologisches Wörterbuch des Altindoarischen, 3 bde, Carl Winter Universitätsverlag, 1992–2001, I. pp147–148を参照せよ。

[14]後藤敏文「古代インドイランの宗教から見た一神教」『一神教の学際的研究―文明の共存と安全保障の視点から―』（同志社大学一神教学際研究センター、二〇〇七年）九二頁及び同「古代インドの祭式概観―形式・構成・原理―」（中谷英明、宮崎恒二、大塚和夫他編）『総合人間学叢書 第3巻』（東京外国語大学アジア・アフリカ言語文化研究所、二〇〇八年）六一頁を参照せよ。

[15]アヴェスタ語アフラ（ahura）はアスラ（ásura）という語と音韻的に対応する。「アフラ・マズダー」のうちのマズダー（mazdā）という語の成り立ちと意味については、堂山英次郎「Av. mazdā- 再考」（『西南アジア研究』八一、二〇一四年）を見よ。

[16]その一例についてはAmano, K., What is 'Knowledge' Justifying a Ritual Action? Uses of yá evaṁ véda / yá evaṁ vidvā́n in the Maitrāyaṇī Saṁhitā, in C. Redard, J. Ferrer-Losilla, H. Moein, and P. Swennen eds., Aux sources des liturgies indo-iraniennes, Presses Universitaires de Liège, 2020, pp. 52–53を見よ。

[17]オフラハーティ（O'Flaherty）、前掲書、一〇二頁。

[18]古典詩を材料としてインドの性愛文化を一般向けに紹介する良書として、松山俊太郎『インドのエロス―詩の語る愛欲の世界―』（白順社、一九九二年）がある。

[19]オフラハーティ（O'Flaherty）、前掲書、一〇二頁。

[20]実際の文献中でなされるメドゥーサの描写については高津春繁『ギリシア・ローマ神話辞典』（岩波書店、一九六〇年）一二七頁を参照した。

[21]同右、二五一頁。

[22]ゲルトナーが指摘するように（Geldner, K. F., Der Rig-Veda: Aus dem Sanskrit ins deutsche übersetzt und mit einem laufenden Kommentar versehen, 3 bde, Harvard University Press, 1951, II. p. 142）、後代の注釈者サーヤナ（一四紀頃）は『リグヴェーダ』六・四六・三でインドラに対して使用される「千の睾丸を持つ者よ」という呼びかけ表現を説明する際にヴェーダ文献中の物語に言及しており、それによれば、インドラは性的快楽のため自身の手足という手足に自ら男根を作ったという。『リグヴェーダ注解』（第二

巻八〇四頁）：「女であれば誰とであれ性交をするインドラは、享楽を強く欲する性質ゆえに、自身の体の手足という手足に男根を創造した。このようにカウシータキらによって伝承されている」。『リグヴェーダ注解』の刊本としてはMüller, F. M., Rig-Veda-Samhitâ: The Sacred Hymnes of the Brâhmans Together with the Commentary of Sâyanâkârya, 4 vols, Frowde, 1890–1892を用いた。ゲルトナーは指示していないが、ここでサーヤナは『カウシータキ梵書』二三・四で語られる物語を念頭においていると思われる。この物語についてはKeith, A. B., Rigveda Brahmanas: The Aitareya and Kauṣītaki Brāhmaṇas of the Rigveda, Harvard University Press, 1920, pp. 477–478を見よ。物語中でインドラは「多くの男根を持つ者」(purucchepa)と言われている。なお、インドラが色好みの人物として描かれていると理解できる神話は少なくない。女性をものにするのは部族の勢力拡大にとって必要な行為の一つであるから、理想的な戦士の性質の一つとして色を好むことが描かれているという見方もできる。

[23]同右、第三巻一〇五頁。

[24]オフラハーティ（O'Flaherty）、前掲書、一〇二頁。

[25]ボーデヴィッツ（Bodewitz）、前掲書、二六五頁。

[26]たとえば『マハーバーラタ』一・三・六には「何も悪いことはしてないよ。僕（犬）は諸々の供物を見ていないし舐めてもいない」とあり、『マヌ法典』七・二一には「さらに、犬が供物を舐めてしまうであろう」とある。これらの用例についてはゲルトナーの記述（前掲書、第三巻一〇五頁）を参照した。『マヌ法典』の刊本としてはOlivelle, P., Manu's Code of Law: A Critical Edition and Translation of the Mānava-Dharmaśāstra with the editorial assistance of Suman Olivelle, Oxford University Press, 2005を利用した。

[27]現在の我々の感覚でも、初対面の相手には名を名乗るのが普通で、名を聞かずに相手と共同作業をしたり、ましてや名を知らない相手を家でもてなしたりすることはまずないと考えられる。ただし、ツィンマーによれば、中世ヨーロッパの騎士道物語の中には、見知らぬ人であってもまず手厚くもてなしてから、夕食の後になってはじめてその人の名と目的を尋ねるという風習が見られるという（Zimmer, S., Three Indo-european moral values, in H. Bichlmeier and A. Opfermann eds., Das Menschenbild bei den Indogermanen, Baar-Verlag, 2017, p. 191）。

[28]尾園絢一「正しい言葉（śábda-）―ヴェーダとパーニニ文法学の観点から―」（印度学宗教学会『論集』四一、二〇一四年）六八頁から、物語の概要を引用しておく：「トゥヴァシュトゥリは息子ヴィシュヴァルーパがインドラに殺されたことを怒り、ソーマの喫飲から除外した。除外されたインドラは招かれずに勝手にソーマを飲み干した。それを怒ったトゥヴァシュトゥリはインドラを殺そうとしてインドラの敵（indra-śatrú-）を生じさせようとしたが、indra-śátru-の語のアクセント位置を誤ったため、インドラを天敵とする（índra-śatru-）、ヴリトラ（vṛtra-「障害」、魔物の名）が生じてしまい、インドラを殺すことができなかったという話がブラーフマナ文献群に伝わっている」。

[29]後藤敏史「インド・ヨーロッパ語族―概観と人類史理解へ向けての課題点検―」『ミニシンポジウム：ユーラシア言語史の現

在2004.7.3-4 報告書 上』(総合地球環境学研究所、二〇〇四年)七〇頁を見よ。

[30]『リグヴェーダ』の刊本としてはAufrecht, T., Die Hymnen des Ṛigveda, 2 vols, Adolph Marcus, 1877を用いた。

[31]井筒俊彦(安藤礼二監訳・小野純一訳)『言語と呪術』(慶應義塾大学出版会、二〇一八年)二一五~二一七頁。

[32]以上については堂山英次郎「インドラが歌う」(第五回ヴェーダ文献研究会[於国際仏教学大学院大学]配布資料、二〇一五年)一~二頁を参照した。

[33]井筒、前掲書、七四頁。

[34]長舌物語で登場する「複数のサウミトラ旋律」については、Caland, W., Pañcaviṃśa-Brāhmaṇa: The Brāhmaṇa of Twenty Five Chapters, the Asiatic Society of Bengal, 1931, p. 328及びボーデヴィッツの研究書(前掲書)二六六頁を参照せよ。

第4章

ギムポ・ニャクチクの花嫁

——古代チベット土着宗教儀礼説話への招待

石川 巌

はじめに

チベットの歴史

まずはチベットという地域を紹介することから始めよう【図1】。チベットと言われる地理的領域は広大であり、それを構成する地域の地理環境は決して一様ではないが、生業として農耕を組み入れて生活する人々の居住地を考えれば、非居住地の山岳や荒野に散りばめられた渓谷が居住圏となり、それぞれの渓谷がいわば小世界のようになっている。チベットには谷ごとに国があるなどと言われる所以である。古代から現代に至るまで、チベット語ユル yul は「谷」も「国」も意味しうる。

先史時代のチベットの状況に関するいくつかの史伝は、そうした谷ごとに小王国が形成されていたことを示している。小王国とは言っても、我々現代人の感覚からすれば、村程度の規模のものであり、次節以降で示す神話においてのように、王すらも牧畜などの労働に従事していたようである。

それらの小王国の中でいくつかの国が強勢となり、やがて中央チ

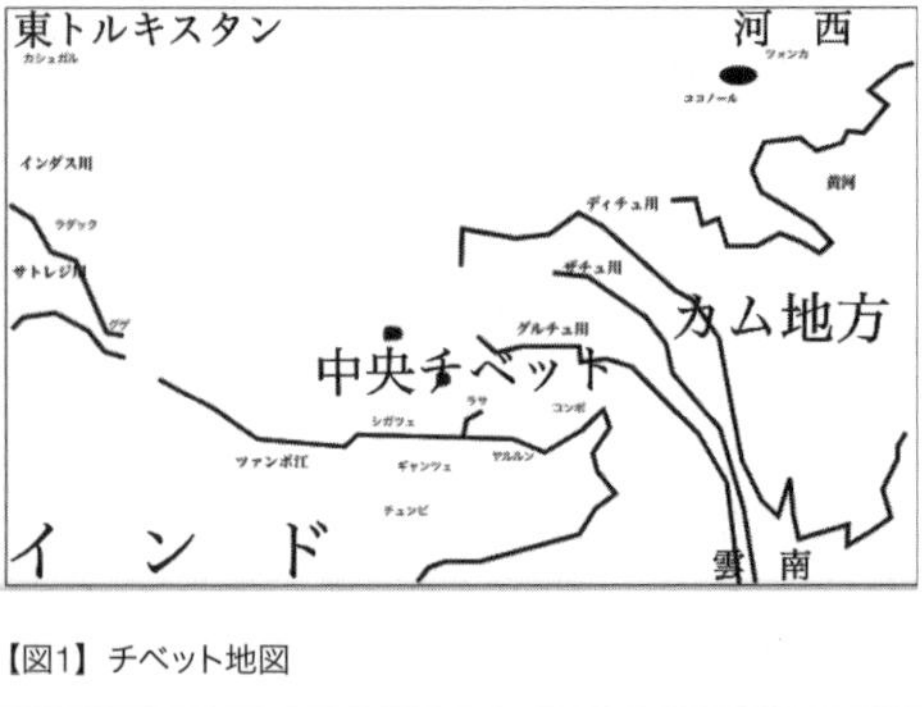

【図1】チベット地図

ベット東部、ウー dBus 地方のヤルルン Yar lung という渓谷の小王国が六世紀末にはラサなども含むウー地方全土、次いで中央チベット全土を統べるようになり、それがさらに勢力をつけ、チベット全土のみならず、八世紀後半には東トルキスタン南部や河西回廊地域をも併呑してしまう。これがいわゆる、古代チベット帝国（吐蕃《とばん》）である。帝国化して以降、政治の中心はラサ lHa sa やタクマル Brag dmar などの地に移っていったが、歴代の王墓はヤルルンのチョンゲー 'Phyong rgyas に築かれた。いわば古代チベットの王家の谷である。

　帝国は九世紀の中葉に崩壊したが、一一世紀中葉から一三世紀初頭にかけて各地に仏教教団国家が成立し、一三世紀以降は中国やモンゴルなどの外地勢力の後ろ盾のもと、さまざまな宗派がチベットに覇をなした。とはいっても、政治的な支配領域はチベット全域を覆うほどではなく、支配宗派の長がチベットにおける最高の宗教的権威となったに過ぎない。このような状況は、一七世紀中葉に成立し、二〇世紀中葉までチベットにあったゲルク派のダライラマ政権においても同様であった。

チベットの神話

　このような歴史の中で発達してきたチベット文字によるチベットの書の文化は豊富ではあるが、当然ながらほとんど仏教文献である。仏教はチベットに一二〇〇年以上根付いているとはいえ、外来宗教であるので、翻訳経典がその書の文化の核になっている。それならば、そこにある神話の類いはインドなどの外地の神話であって、チベット固有の神話はないのではないかと思われるかもしれない。

しかるにチベットでは独自に発達した仏教文学、すなわち仏教史（chos 'byung）や伝記（rnam thar）などがあり、そこに神話的な性質の説話も見られるのである。特に、よく発達した仏教史書にはチベットの神話的な過去に言及するものも少なくない。

また、仏教流入以前における宗教伝統を継承するとされるチベットの民族宗教ポン教の典籍に記された神話については、当然ながら、チベットの神話として差し支えないものが多い。その諸典籍の中には仏教史ならぬポン教史もあり、仏教史に見られる神話と並行し対応しさえする。

口承文芸ではあるが、筆記されるほどの人気を博したものに『ケサル』と呼ばれる長大な叙事詩があることも付け加えておこう。かいつまんで言えば、主人公の護法王ケサルが仏敵である周辺の諸王を打ち破るという筋なのであるが、ケサルもその敵たちも歴史的実在性が極めて薄い。しかし内容的に見て、仏教教団国家が繁栄し始めて以降に現れた口承文芸であることは間違いなかろう。

古代チベット土着宗教儀礼説話とは

さて、右記したような神話的説話は、今日の我々がイメージするような「チベット」、すなわち外部の強勢に対し依存的、従属的な仏教の地に属するものであるが、先に触れたように、相反する「チベット」、すなわち強大な軍事力を誇る帝国がかつて存在した。筆者が本稿で紹介する古代チベット土着宗教儀礼説話とは後者の「チベット」に属するものである。

帝国期後半とその後の一世紀半、すなわち八世紀後半から一〇世紀ごろに作製されたチベット語文献が、二〇世紀初頭に発見された敦煌《とんこう》文献に多く含まれていることは学界でよく知られている。

他の場所からもそのぐらいの時期のチベット語文献は発見されてはいるが、細かい断片が多い。敦煌文献においては大きな断片も多く見えており、それらは戦後における古代チベット研究の主要基本史料となっている。それらは我が国も含む世界各地で保管されているが、ロンドンの大英図書館やパリのフランス国立図書館のコレクションが有名である。

なお近年は、研究者有志によりOld Tibetan Documents Online（OTDO）という研究グループが組織され活動しており、敦煌チベット語文献の一部が電子テキスト化され、インターネット配信されている［1］。本稿の典拠も基本的にそれである。

敦煌チベット語文献は、敦煌中国語文献と同様、仏教文献が多いが、チベットに仏教が流入普及する以前に存在した土着的宗教、先に述べたポン教の祖型とも見うる宗教に属するものもないではない。その主要なものが古代チベット土着宗教儀礼説話である。

これは儀式、主として葬儀の際に語られた説話であり、R・A・スタンSteinの研究［2］によれば、儀式や供物の起源を説くことで儀式の効力を保証していたという。説話を語るということそれ自体に、その説話のようにあらしめんとする呪術効果が期待されていたのかもしれない。

チベットからヒマラヤを南に越えればインドに至るが、手嶋英貴の研究［3］によれば、バラモン教の儀式には、そのような目論見での説話語りがなされたものもあるようである。そうした理由のためか、祭官たちは多くの事例を集めることに腐心していたようであり、説話の舞台はチベットの各地どころか外地や天界にまで及んでいる。そして説話のどれもが儀式がなされそれが成功したというような結びで終わるが、そこに至るまでの過程はヴァラエティに富んでいる。

エロスと暴力というテーマはそうした多様な筋の中で一際目立っている。他地域と同様、急死変死の場合葬儀は手厚くなされるべきであるという常見が古代チベットにはあったようであり、暴力的に引き起こされるそのような事態が多く語られている。また弔いの際に語る物語において、人生の輝きを一際引き立たせるエロスがまま導入されるというのも自然なことであろう。葬儀説話という性質上、エロスと暴力のモチーフが出現する頻度が高いわけである。

1 「ギムポ・ニャクチクの花嫁」の写本と言語

現存する写本

美しい乙女が恐ろしい追手から逃れ、申し分のない男性と結ばれて幸せになるという筋の説話はどこにでもありそうではあるが、エロスと暴力の双方を感じさせる筋ではあろう。古代チベット土着宗教儀礼説話にもそのようなものがある。その古写本に、タイトルは示されていないが、最初にその翻訳[4]をなしたF・W・トーマスは、それに対しThe story of Gyim po nyag cig's bride というタイトルを与えているので、「ギムポ・ニャクチクの花嫁」と呼ぶことにしたい。

「ギムポ・ニャクチクの花嫁」には、今のところ二つのヴァージョンが発見されており、それぞれがひとつの写本断片にしか存在しない。両写本とも大英図書館が所蔵している。ITJ 七三一裏は漢訳仏典の行間を縫って記された長大な土着宗教儀礼説話の断片であり、挿話、あるいは半独立的な構成章節として問題の説話を記録している。前後に主人公ギムポ・ニャクチクの父の葬儀に必要な供物が列挙されていることから、それらの供物のひとつに関連する説話のようである。

古代チベット語の文学は基本的にスペリングが——特に固有名詞については顕著に——不安定であり、数行後の同一物を指す固有名詞が違うスペルで記されることも珍しくないが、この写本の場合はその程度ではなく、話者が混乱しながら語ったものを誰かが聞き取って写したのではないかと思われるほど固有名詞の異同が甚だしく、内容も辻褄が合わない部分があり、かつダイジェスト的である。あたかも興に乗った語り手が途中で跳躍して話を一気に進めてしまっているのではないかとも思える。

一方、ITJ 七三二は、それほどの混乱や跳躍はないが ITJ 七三一裏よりも破損程度が激しく、判読できない箇所が多い。こちらの場合は同説話の冒頭と末尾を欠いた部分のみ残存している。両ヴァージョンの大まかな筋展開は同一であるが、相違するところは大きい。

言語の問題

筋展開以外の共通する特徴で特にユニークなのは固有名詞をしばしば二か国語で示すことである。当然地の文はチベット語であるが、ITJ 七三一裏では「ゲルナムパ」(rgyal nam pa) と「プゲルプー」(spu rgyal bod)、ITJ 七三二では「ゲルナムパ」と「キゲルプー」(skyi rgyal bod) の言葉で、と断ったうえて固有名詞を示している。

「プゲルプー」とか「キゲルプー」の言葉というのは実はチベット語のことを言っている。古代チベット帝国の君主はツェンポ brtsan po と呼ばれるのが普通であったが、プゲル、すなわち「プ(sPu)氏の王(rgyal po)」とも呼ばれた。ツェンポの属する氏族がプ氏だったからである。そしてプーBod とは古代から現代に至るまでチベットの地を意味する最も一般的なチベット語の名詞である。

「チベット」という呼称は、実は外部の者——諸説あるが筆者は古代のテュルク族が最初にそう呼び出したという見解を支持する[5]——がチベット地域に対して名付けたものなのである。それゆえ、「プゲルプー」とは「プ氏の王[の治める]チベット」という意味となる。「キゲルプー」のキ sKyi とは、今日の定説に従えば、中央チベットを東西に貫くツェンポ江に北からラサを通過して注ぐ一支流キチュ sKyi chu 川の流域の下流域付近の小王国を指す。つまり「キゲルプー」とは「キ王[の治める]チベット」という意味になる。そういうわけで、プゲルプーにしろ、キゲルプーにしろ、帝国の中心部である中央チベットのウー地方、あるいはその一部を指すことがわかる。

では「ゲルナムパ」とは何であろうか。ゲル rgyal は、先に示したように、「王」を意味するゲルポ rgyal po の略語である。「ナムパ」のパ pa は接尾辞である。接尾辞が付された名詞はほとんど意味が変わらない場合もあるが、その名詞に所属するものを意味するようになる場合もある。たとえば、プー bod「チベット」に接尾辞 pa が付いてプーパ bod pa となれば、「チベット人」の意となる。同様にナムパも「ナム人」の意となりうるから、ゲルナムパとは「王[の治める]ナム人」のような意味であろう。

トーマスはこの二写本に示された「ゲルナムパの言葉」と他のいくつかの敦煌文献におけるチベット文字で記された非チベット語とを同類とみなし、ナム語（Nam language）と呼んでいる［6］。彼によれば、東北チベットのココノール地域の民族のあいだでかつて使用された言語ということであるが、そのようにみなしうるような証左は特にないとする池田巧の批判もある［7］。ナム語とは、中央チベットからそう遠くは離れていないどこかの地域の人々のあいだで使用されたチベット語の近縁言語であるぐらいのことは言っても大過ないであろう。

要するに、この説話のいくつかの固有名詞はチベット語とナム語で示されているのである。一般にチベット語の仏典の冒頭でタイトルを示すとき「インド語で」（rgya gar skad du）と断って、チベット文字によるサンスクリット語の音写を示し、そのあとで「チベット語で」（bod skad du）と断って、チベット語に訳されたタイトルが示されるが、そのような様式はすでに土着宗教の伝統に存在していたのである。

となると、これはナムの神話をチベット語に翻訳したものなのであって、チベット固有の神話に当たらないのではないかと問われそうであるが、チベットの定義を中央チベットのみに限定せず、一般的な見地に従い、チベット高原及びその辺縁部をチベットとするならば、おそらくナムもチベットの領域に含まれるから、広い意味でのチベットの神話として差し支えないかと思われる。

2　ITJ七三一裏の部分的和訳と解説

部分訳

まずはITJ七三一裏のヴァージョンを見ていこう。なお、先に述べたように、固有名詞の綴りは大変不安定であるが、それを訳文に反映させると登場人物の同定などの妨げになりうるので、名称の統一を図った。次節のITJ七三二についても同様の処置を取っている。もし綴りのヴァリエーションを知りたい場合はOTDOのHPを参照されたい。しかし、特にこのヴァージョンにおいては、そのように図っても話の跳躍、混乱が甚だしいため、訳文に解説を要することには違いはない。

父、父君の御名はゲルナムパの言葉で言えば、父君トンテー・ニェトゥ、プゲルプーの言葉で言えば、国はミクロンにチャロンギ・ゴタンジェ。母、母君の御名は母シャクテー・ガルジャム。子作りしたところの御息女は三人の御婦人として御生まれになった。御婦人の長女はツェンギ・バガ、次女はツェンギ・バクシン、末妹はツェンギ・ベガ[8]。

父君トンテー・ニェトゥと言えば、羊飼いに行かれたのだった。悪魔の国ナクパ・グスルから魔王ナクパ・グチョクは悪魔の馬デウに乗って参り、父君神トンテー・ニェトゥを生の肉として食べ、生の血として飲み、生の皮として身に付け、羊を［宮殿へと］追いやり、宮殿にお着きになり、シャクテー・ガルジャムと交わっていらっしゃったのだった。

明日明後日、夜が明けると、［父は母に］「私は老いて羊を統御できないから、娘ツェンギ・バガを羊飼いに出して」［と言いました］。娘ツェンギ・バガが羊飼いに行っておりますとき、生の肉として食べ、生の血として飲み、心臓は馬藺草で編んだ籠に籠め、シャクテー・ガルジャムのもとに拝して参り、「今日、妙薬たる麝《じゃ》香《こう》鹿の子鹿を殺め、心臓はシャクテー・ガルジャムの分。肉は私が召しました」［と言いました］。［母が］「娘ツェンギ・バガはどこ?」と言いますと、「私は知りませんよ。赤ん坊の遅れがひどく長いなら、雪山は追い払う者たちで一杯になる。娘の遅れがひどく長いなら、雪山は狼煙が立つ。明日も私は心臓を探しに行くから、ツェンギ・バクシンを羊飼いに出して」［と言いました］［9］。

ツェンギ・バクシンが羊飼いにいっております［と］、ゲルナムパの言葉で、チョチ・チョクス、プゲルプーの言葉で草原の小兎、タクチュン［10］と出くわしてお会いになったのだった。草原の小兎、タクチュンは、「居城は悪魔の国、ナクパ・グスルから魔王ナクパ・グチョクが悪魔の馬デウに乗って参ったのだ。おまえの父、トンテー・ニェトゥも生の肉として食べ、生の血として飲み、生の皮として刺したのだ。おまえの姉ツェンギ・バガも生の肉として食べ、生の皮として身に付けたのだ。おまえも生の肉としてまさに食べようというとき、生の皮としてまさに身に付けようというとき、草原の小兎、タクチュンは契りを大いになし、誓いを真に立てた。草原の小兎、タクチュンに毛織りの帽子ゴチョクは身に付けられ、鈴ヤクニンは小兎、タクチュンの首に付けられた。毛織りの帽子ゴチョクは頭に真っ直ぐ聳えている。鈴ヤクニンはリンリンと鳴っている」［と言いました」。

ツェンギ・ベガは宮殿に逃げて参りました。母シャクテー・ガルジャムのお耳に申し上げたことには、「卑き子は草原の小兎、タクチュンとお会いしました。父君トンテー・ニェトゥは悪魔ナクパ・グチョクにより生の肉として食べられ、生の皮として身に付けられた。姉ツェンギ・バガも生の肉として食べられ、生の皮として身に付けられた。卑き子は草原の小兎、タクチュンと契りを大いになし、誓いを大いに立てた。鈴ヤクニンは小兎、タクチュンの首に付けられた。毛織りの帽子ゴチョクは卑き［子］に身に付けられた。［そんなふうに］羊飼いをさせられていたのです。卑き子は逃げて参りました」［と言いました］。母君は「そんなふうに無道と言うなら、夜晩に調べましょう。おまえは扉の影に隠れよ」［と言いました］。［母が］夜晩によく御覧になってみれば、娘が言ったことは何でもかんでも正しく、肉は生で食べられ皮は生で身に付けられたというようになっていたが、母は悪魔と暮らした通りにして国は悪魔の国へと参ったのであった。

［娘は］ゲルナムパの言葉で、鳥はマの鳥のマリ、小鳥はマの小鳥のティンツン、プゲルプーの言葉では王蔵鳥（?）[11]のダプタ［に］御名前が改められたのだった。草原の隠された洞窟に入れられ、残されたのだった。しばらくして尾が白い鷲と尾が黒い鷲がうっかり現れた。尾が白い鷲の尾に掴まったのであるが、空の果て、天の端、隠された洞窟の中で老祖母ナムチ・グンゲルモは、その御目は皮をもって、御鼻は紡錘鼻の皺をもって、御口は紡錘口の皺をもって、顎は紡錘の箒の草をもって召していた。老祖母ナムチは「子よ、何処から何処へと至らんとするのか? 何者か?」［と言いました］。［娘は］「ああ、人、卑き子は、父君の御名はトンテー・ニェトゥ、母の名

はシャクテー・ガルジャム、卑しき者めらは三姉妹［でした］。悪魔の国、ナクパ・グスルから悪魔ナクパ・グチョクが参りまして、父も生の肉として食べ、姉も生の肉として食べ、生の皮として身に付けた。母は、国は悪魔の国、ナクパ・グスルに参りました。人、卑しき子は尾が白い鷲の尾に掴まって逃げて参りました」［と言いました］。［老祖母ナムチは］「それなら、子はとても辛い」とおっしゃった。［娘は］ここから彼方へと九の峠を越え、九の浅瀬を逃れた。

小王国ミクロンとその王家

物語の舞台はミクロン Myig long なる小王国であり、そこを治める一族にスポットが当たっている。父のチベット名はチャロンギ・ゴタンジェ Bya glong gyi lGo dang rje であるが、この名前の前半と後半は gyi という属格助辞、日本語の「〜の」に相当する語により結び付けられている。つまり「チャロンのゴタンジェ」という名前である。

実はチャロンはミクロンの別名と見うる。両語の後半のロン（g）long は通常ルン（k）lung（s）と綴られるものであり、物語の語り手あるいは聞き取り手の訛を反映しているようである。意味は「谷」であり、先に示したユル yul の同義語である。そしてチャ bya は「鳥」、ミク myig は「目」の意味であり、敦煌チベット語文献の史伝のひとつ、「ディグムツェンポ伝説」［12］に登場した鳥人族の娘を彷彿させる。

この伝説は古代チベット帝国の王家の祖先、ディグムツェンポとその息子たちの物語である。ディグムツェンポは不思議な力を備えた現人神であったが、戦を欲し、家臣のロガムタジに決闘を申し出、計略により敗北し殺され、遺体を川に流される。そして遺体は川に住む竜の腹に納まるのであるが、ディグムの忠臣の一族の生き残り、タルラケーが苦労の末、竜と取り引きすることに成功し、遺体を取り戻す。その折りに竜の出した条件が鳥のように目が下から上へ閉じる娘を代わりに差し出すことであり、タルラケーは方々旅して何とかそのような鳥人族の娘を探し出したと伝えられているのである。

ミクロンあるいはチャロンという谷、またはそのモデルとなった谷が実在するとしたならば、固有名詞のオリジナルはチベット語ではなくナム語の方のようであるから、ナム人居住圏内にあった一渓谷なのであろう。ゴタンジェという名の末尾のジェ rje は「王」の意味であり、小王国クラスの王に対する呼称によく使用される語である。

その小王ゴタンジェは三姉妹をもうけた。彼女たちの名にはチベット語名が与えられていないが、チベット語では「姉」をチェンモ gcen mo と言うし、先に述べたように、属格助辞としてギ gyi などが用いられるので、彼女らの名の前半のツェンギ tseng 'gi がおそらく「姉妹の」の意味であることが即座に知れる。ナム語とチベット語は語彙や文法に似通った部分があるようである。この王家の人間関係を図示すれば次のようになろう。

トンテー・ニェトゥ
（チャロンギ・ゴタンジェ）
シャクテー・ガルジャム

ツェンギ・バガ	
ツェンギ・バクシン	
ツェンギ・ベガ	

錯綜した筋を読み解く

その長女バガが父に化けた悪魔に食べられたあと、次女バクシンが羊飼いに出て、小兎に出会い、事態の真相を聞くわけであるが、母のいる宮殿に逃げ帰ったのは末妹ベガとなっており、そのままでは理解しがたい内容となっている。これはおそらく語り手が話を飛ばしてしまったためであろう。バクシンもおそらくは悪魔の餌食となり、ついにベガも羊飼いに出されたが、彼女だけはうまく逃げ果せることに成功したと考えれば辻褄が合う。

またベガと小兎との契りについても、小兎の言葉とベガの母への報告とのあいだで相違がある。前者においては、小兎は帽子と鈴の両方を身に付けたとあり、後者においては、鈴は小兎、帽子はベガに身に付けられたとある。後で訳文を示すところの［TJ］七三二においても小兎が両方を身に着けるから、そちらの方が伝承としては正しいのであろう。語り手はベガの母への報告を語る段になって、契りとは互いに物を贈り合うものという通念が頭をもたげて来たため、そのように話を変えてしまったのではあるまいかと思われる。

ベガはその名を鳥としての名に改められ、草原の洞窟に一人残されるが、名が改められた理由はどこにも述べられていない。白い鷲の尾に摑まって洞窟から抜け出し、「紡錘」と形容されるほど皺だらけの老婆、老祖母ナムチ・グンゲルモなる者と天界で出会ったあと、九の峠、九の浅瀬を越えて行く。その老婆がベガに同情を示したことはわかるが、そこに何の意味があるかも特に示されていない。そこからなぜかいきなり大旅行である。どういうことなのであろうか。

上記訳文の箇所のあと、罠猟で鳥を捕らえようとしていたギムポ・ニャクチクの服の袖の中に小鳥が入って来て、彼はその小鳥を妻とするというように話が展開する。そのような展開から考えると、娘はいつの間にか小鳥になっていたようである。変身のための最初のステップは名前の人名から鳥名への変化であろう。

他の多くの地域でもそうであろうが、名前には呪力があると古代チベットの人々は考えていた。たとえば、先述の「ディグムツェンポ伝説」の主人公はディグム Dri gum（魔のもとで死ぬの意）という悪い名の影響により戦を欲し、破滅へと向かう[13]。筆者が以前和訳した土着宗教儀礼説話[14]では、仔馬が死者の伴侶として犠牲とされるとき、セルガンゲル Ser ngang 'ger「黄色がかった赤銅色の鹿毛馬」と名を改められる。この場合は名を立派なおとなの馬を表すものにすることにより、仔馬をおとなに変身させようという意図からではないかと思われる。

しかし改名だけでは娘は変身できなかったようである。彼女は天界に行くために自分で飛行するのではなく、白い鷲を利用した。おそらく鳥への変身は天界で老祖母ナムチ・グンゲルモが憐みをかけたおりに起こったのであろう。そう考えれば、それに続く大旅行が違和感なく理解できよう。鳥の飛行能力を用い、独力で長大な距離を旅したのである。

筆者は、教義本質の違いのため、インドのバラモン教とヒンドゥー教とを区別するように、古代チベットの土着宗教とポン教とを区別する立場を取っているが、神々や悪魔、儀式などの一部をポン教が受け継いでいるのはたしかであり、このナムチ・グンゲルモもそうした継承物に該当する。S・G・カルメイ Karmay はこの女神について次のように概述している[15]。彼女はポン教においては「世界の女王」(Srid pa'i rgyal mo)の別名を持つ重要な女神である。

ポン教の神話では、創世のおりに九兄弟、九姉妹の神々が現れ、それぞれが役割を分担し、世界の創造と運営に当たったとされているのであるが、九姉妹の長女こそがナムチ・グンゲルモであり、世界の頂点に君臨し、穢れを清める儀式で用いられる薬草などの供物を自身の唾から生み出し、ライチョウを使い、地上に散布する。しかし、力溢れる肉食のウェルモ dbal mo という部類の女神たちの一人でもある。

慈母的側面も獰猛な側面もあり、薬をもたらし、鳥を使者にする女神と言えば、森雅子の研究[16]を読んだところ、中国神話の西王母がそうなので、西王母のチベット版とする見方も取りうるかもしれない。ともかく、そのような強力な力を持つ女神ならば、娘を鳥に変身させる援助者役となりえよう。

マの鳥とは何か

しかし娘はどんな鳥に変身したのであろうか。「マの鳥」、「マの小鳥」の名に改名したとあるから、それらが変身した鳥の種類を示すものと考えられる。マ rma とは今のチベット語では「孔雀」を意味するが、孔雀は小鳥とは言いがたく、飛行能力もそれほどない。

すでにスタンが説明しているが[17]、このジャンルにおいては「人」を示すのに最もありふれたチベット語、myi が使われるだけではなく、smra と rma の語も使われる。そしてその両語の名詞としての「人」の意味は、動詞としての意味からの拡張である可能性がある。今日のチベット語辞典には、smra は動詞として「話す」を意味し、rma は古語の動詞として「問う」を意味するとあり、双方とも言語活動を示す動詞となっている。おそらく古代においては両語とも「話す」を意味したに違いない。人には言語活動を行うという特質があるので、「話す」→「話す者」=「人」という語義拡張に至ったと説明できる。

ならばマ rma の鳥あるいは小鳥とは、話す鳥あるいは小鳥ということではないだろうか。中央チベット東部から東チベットのカム地方にかけての地域は言語学習力のあるオオダルマインコの生息地である。オオダルマインコの外貌で目立つ点は背から長い尾羽にかけての緑色の羽毛であるが、その点についてはチベットの東南隣、雲南のマクジャクもそうである。ただし体長については、前者は四、五〇センチ程度、後者は一、二メートルぐらいである。上記の外貌の類似点により雲南のマクジャクの方もマと呼ばれるようになり、インコはそれとの区別のため、マの小鳥とされたが、ついにはそうとも呼ばれなくなったということではないだろうか。

現在、インコやオウムの類はチベット語でネツォ ne tso と呼ばれている。この語は古代の文献にも地名の一部などに見えているので、古くから存在する語であることはたしかであり、古代でも同様の意味で使われていそうであるから、「人」を意味する古代のチベット語の場合と同様、こちらの方が「インコ」を示すありふれた言葉であり、マ rma はその発語能力に着目したところから来た呼称と考えうる。それゆえ同語からインコの意味が消失しえたのかもしれない。ともかく娘が変身した鳥とはオオダルマインコであろうと筆者は考えている。

このように解き明かしても、なぜ改名がなされなければならなかったのか、なぜ鳥になって大旅行しなければならなかったのかわからないと問う読者も多いことであろう。筆者が思うに、たとえそれらの疑問の答えがこの説話に書いてあったとしても、それは後付けの添加物に過ぎない。娘がそうなり、そう行動するという筋でなければならないから、そうなっているのである。

おそらくこの説話の背後にあるのは、V・プロップ Propp やC・ギンズブルグ Ginzburg が説話分析で説明したような加入儀礼の類である[18]。一人前の大人となるためなり、一人前のシャーマンになるためなり、種々さまざまな加入儀礼があるが、総じて、そこで新参者はいったん死に、そして新たな存在としての再生を体験する。改名させられ、指導を受け、鳥のように魂を死後の楽園に飛翔させる、この説話は本来そのような加入儀礼体験の反映だったのであろうが、おそらくは土着宗教の祭官によりナム人のところから取材され葬儀用の説話に改作されたのであろう。

さて、本論集のテーマ的にもギムポ・ニャクチクとインコ娘との新婚生活の描写が期待されるところではあるが、その箇所の語彙や表現には現代に未知のものが多く、筆者の手には負いかねるので、残念ながら示すことができない。しかし次の ITJ 七三二のヴァージョンは、破損により途切れ途切れにはなるが、そのあたりの訳文をある程度示しうる。

3　ＩＴＪ七三二の和訳と解説

この写本は前半が破れて失われているので、一家の生き残りが娘一人になっている状況でいきなり始まることになる。なお欠損で読めない箇所は長短に関わらず…で示す。

訳

…［悪魔ゴヤ］ゴプにより食べられていない。［悪魔は］母の抜け殻に入って、今晩、末娘ベクガベク［シを］…。［娘は］「…殺された肉の肝臓よ、男子一人が多くの種火が暖める中で焼かれたなら、…煮えているなら、六人の子、父とで七人、母［とで］八人が食べられたことになるが、肝臓は私のものだ」と言いました。肝臓は天へ上方へと至った。

今や夜が明けて、ベクガベクシは帽子ツォク［シュ］…［鈴チャ］ガを付け、羊飼いに出向いていた。悪魔ゴヤゴプが母の抜け殻に入って、羊…向こうの方に参りますと、ベクガベクシは羊のこちらの方に逃げ、悪魔ゴヤゴプが羊のこちらの方に参りますと、ベクガベクシは羊の向こうの方に逃げておりました。そこで山辺の小兎がそこに参りまして、「おまえの鈴チャガをもって私［に］付けよ。帽子ツォクシュをもって私［に］被せよ。自分自身は偽のマの小鳥に変身…ここから向こうに行き、草原における迷路（？）の向こうへと越えれば、虚のあるマの木がありまして、木の上の方の炉端（?）にマの小鳥の六兄弟がいますから、そこに発てよ」［とおっしゃった］。ベクガベクシはマの小鳥に変身して、飛んで行った。山辺の小兎は帽子ツォクシュを被り、鈴チャガを身に付けた。悪魔［ゴヤ］ゴプは、「［あれは］ベクガベクシですわね」と思い、こっそりこっそり近づいて、「捕まえた」と言いましたとき、山辺の小兎は帽子ツォクシュを捨て、鈴チャガを捨てて、逃げて行きました。悪魔ゴヤゴプはマの羊をくちゃくちゃと食べて帰った。

国は人の国キティンにキゲルプーの言葉で父君テンゲンギ・ニェルワ、ゲルナムパの言葉で父君ゲルデー・トゥルトムには、大小の二人の妻があらせられました。妻の大なる方はデウ氏の女のディンメンキュル、妻の小なる方はケク氏の女の［ディンテ・］ヤルモツン［と言いました］。［デウ氏の女のディンメンキュルが］子作りしたところの御子息には、息子、右家六兄弟、ケク氏の女のディンテ・ヤルモツンには、御子息、ギムポ・ニャクチク［があらせられました］。

しばらくして、［積雪］高き多くの雪が空から降って、息子、右家六兄弟は絹の網を備えて小鳥を狩った。ギムポ・ニャクチクはヤギの毛の網を備えて小鳥を狩った。右家六兄弟が小鳥を狩りに発ったとき、ギムポ・ニャクチクの網にマの小鳥がくくり付けられていた。［右家六兄弟は］ヤギの毛の網から［マの小鳥を］抜き取り、絹の網にくくり付けてから戻り、「ギムポ・ニャクチクよ、網を見張りに行こう」とおっしゃった。［しかし彼らが］小鳥用網を見張りに行っているときには、絹の網からは失われ、再びマの小鳥はヤギの毛の網にくくり付けられてございました。［右家六兄弟は］ギムポ・ニャクチクに「小鳥一羽をやろう」と言っても［マの小鳥を得ることが］叶わず、「小鳥三羽をやろう」と言っても叶わず、「十羽、百羽をやろう」と言っても叶わなかった。

［ギムポ・ニャクチクは］マの小鳥を昼のあいだは扉の裏にくくり付け、夜のあいだは御子宮として召した。交わりの夢で、「年齢若く、美しく御髪を伸ばした者を御子宮として召した」と夢見た。母、ケク氏の女ヤルモッンが芋掘りに出かけ、子がヤギ飼いに出かけ、お戻りになると、［母子は］「子作りしても自身…それならこの者はどんな極上の衣服（？）を編むのか？」と［思い］、扉の裏に隠れていらっしゃると、美しく御髪を伸ばした者が現れて、糸玉から…「マの小鳥の抜け殻よ、集まれ」と［言うと、マの小鳥の抜け殻が］集められ、妻の鳥はきちんとくくり付けられ…と子作りしていらっしゃいました。

父君テンゲンギ・ニェルワは老いて天に行かれた。鳥は老い、妻は…

肝臓昇天の意味

上記訳文後段に見える「人の国」、別ヴァージョンの方に見える「悪魔の国」のように、主たる居者名を「国（yul）」の語に冠して国名あるいは国のエピセットとすることがこのジャンルには多く見られ、そのような場合、たとえば別ヴァージョンの「悪魔の馬」のように、その国の事物全般もその主たる居住者名が冠せられる。娘ベクガベクシの国は、その地の生物が「マ（rMa）の」と形容されていることから、マの小鳥、すなわちインコが主に居する「マの国」であると推断できる。そうであるならば、住人が鳥人族であることを仄めかす別ヴァージョンのミクロンの谷にもよく符合する。

しかし家族構成は別ヴァージョンとは大きく異なり、こちらは父母、六兄弟、末娘というメンバーからなる家であったことがベクガベクシの言葉から読み取れる。冒頭の部分でベクガベクシは、最後に殺され調理された兄の肝臓に対し、家族は悪魔にすべて殺され、食われた、すなわち悪魔の手に渡ったが、その肝臓だけは自分のものだと言っているようである。その言葉で兄の肝臓は昇天したという。

昨今巷ではアニメ作品『鬼滅の刃』の美しい兄妹愛が注目を集めているが、この説話のベクガベクシの想いの場合は、兄に対する恋愛感情であるかもしれない。彼女は兄のことを bu khyo（「男子」）と呼んでいるが、bu は「息子」、khyo は「一人前の男」も意味するだけでなく、「夫」の意味でも使われる語である。

勘繰り過ぎではないかという読者もいるかもしれない。後で軽く触れるが、兄妹間の恋愛が疑われるような説話が他にもいくつかこのジャンルにはあるから、そう思えるのである。実は筆者は、悪魔が親の皮を被ってその子を食べるということは、許し難い親子間近親相姦のタブー違反を言っているのではないかと考えているが、兄妹間については古代チベット社会で許されなくもない程度のことだったのではないだろうか。

古代チベットの支配階級の者が兄妹間で婚姻したような事例は史料に見えない。しかしそれは政治的な理由からそうなっているのであり、史料に記録されないような一般庶民の間では兄妹婚が普通になされ、支配階級の間でも裏でそのような恋愛がなされていなかったとは限らない。

ともかく兄の雄々しい精神の象徴である肝臓は、悪魔に汚されることなく、妹の愛で昇天したと語られていたのかもしれない。中国や日本で肝臓、すなわちキモは勇気などの精神性の象徴であるが、古代チベットでも同様であるかを見うるような史料記事を筆者は知らない。しかし、中国西隣の古代チベットでもそうであった可能性は高かろう。

脱走劇と結婚生活

その翌日、娘は、別ヴァージョンでは父であったが、母に扮した悪魔に追いかけられる。そこで小兎が身代わりを買って出て——別ヴァージョンでは小兎に友情の証の品として贈られたのであるが——娘が身に付けていた帽子や鈴を身に付ける。小兎が悪魔を惹き付け、娘はマの小鳥、すなわちインコに変身して逃げる。別ヴァージョンでは娘に初めからそんな不思議な力はないが、こちらではマの娘であるからマの鳥に変身できるという論理が働いているようである。

今日でも行われるポン教の招福の儀式では、福を招くに先立ち、禍祓いがなされる。長野禎子によれば[19]、まず麦焦がしをバターと練って、野ウサギとそれを取り巻く悪魔たちの偶像をそれで作製する。そして野ウサギの背に替身物品を詰めた黒い袋が置かれ、それらの偶像とともに置き台ごと外に運び出されることが禍祓いとなる。土着宗教儀礼説話における囮役の小兎が、直接的にではないにしても、この招福の儀式に採用されていると見て間違いないだろう。

小兎はマの小鳥の六兄弟のところに行くように助言していたが、娘はマの国を離れ、人の国まで飛び、キゲルプーの一地域のキティン sKyi mthing のギムポ・ニャクチクの網罠に入る。ここで彼の家族関係を図示すれば次のようになる。

デウ氏女ディンメンキュル
　　　　　　　　　　右家六兄弟
テンゲンギ・ニェルワ
（ゲルデー・トゥルトム）
　　　　　　　　　ギムポ・ニャクチク
ケク氏女ディンテ・ヤルモツン

雪が大量に降り、それで罠猟を始めるという文脈は、狩猟生活から離れた現代人には理解し難いであろうが、実は鳥に対する罠猟の絶好のチャンスなのである。鳥は樹木だけではなく、地表にエサを探すが、雪に降り積もられたらば、エサはすべて埋もれてしまう。真冬で樹木には果実も実っていないとなれば、鳥にとって絶望的状況である。もしそのような状況のおりにエサが置かれたならば、鳥たちはそこに殺到する。つまりエサを置き、網罠などを仕掛ければ、易々と鳥を捕らえられるというわけである。

ギムポ・ニャクチクとの結婚生活以降の記述はテキストの三分の一から二分の一行ほどが失われているため、断片的であるが、娘は人前では小鳥のままでおり、夢の中で妻として件生活をなしており、一人だけのとき人間の姿に戻り、編み物などしていたことが読み取れよう。容姿の特徴は美しく伸ばした髪であるが、オオダルマインコの閉ざされた緑の羽から尾羽が長く伸びているような様であるのかもしれない【図2】。

別ヴァージョンではギムポ・ニャクチクの父の死後に小鳥が嫁入りしたのであるが、こちらでは結婚後、小鳥が老いるまで時間が過ぎたところで、父が死ぬ。トーマスやスタン、ベレッツァなどが紹介する別の土着宗教儀礼説話に馬が人間の従者となった起源を語る神話があるが[20]、主人の死において犠牲馬として殉死し、主人とともに冥界へと発っている。破損で先が読めないが、こちらの説話もおそらく同様の結末であろう。つまり、インコも老いて妻の役を終え、義父の死に際し、犠牲の小鳥として義父とともに冥界へ行ったというような記述がなされていたのであろう。これは古代チベットにおいてもインコが死後の伴侶にされるほど愛好されていたことの反映ともみなしうる。

【図2】オオダルマインコの緑の尾羽

おわりに

エロスと暴力のテーマに適いそうな他の古代チベット土着宗教儀礼説話も簡単に示しておこう。フランス国立図書館が蔵するペリオコレクションのひとつ、PT 一二八五表[21]は大部な説話集だが、毒とその解毒というテーマの神話が集められており、そのいくつかにおいては不適切な縁組により不幸に陥った美しい姫君が父に毒を盛り、復讐するという筋になっている。

先に言及した兄妹間の恋愛を匂わす説話とは、スタンが紹介するものの内にある二点の神話である[22]。PT 一〇六八第二部はシンデレラ型の説話であり、継母に虐められた兄妹のうちの妹が、髪が逆立った状態で死んでしまう。それで妹を安らかな状態にするために、兄がかなりの労を払って、さまざまな整髪料を試すのであるが、シンデレラにおける、王子が娘を探すため、娘たちに靴を履かせてまわる筋と見事に対応している。正しい整髪料を適用され幸福になる娘と靴により探し当てられ幸福になる娘、娘を探す王子と整髪料を模索する兄というわけである。

このような対応関係はPT 一〇六八第二部の兄妹が恋愛関係にあることを仄めかす。また、PT 一一三六第二部では政略結婚で他国に嫁に出される姫君がヤクというチベットに生息する牛のような動物の尾で自らの首を絞めて自殺するのだが、なぜか死体からその尾が外れなくなってしまう。そこで妹を安らかにして弔うため兄王子が方途をさまざまに探索するわけであるが、これも兄妹恋愛臭い筋であろう。男性同士の恋愛を仄《ほの》めかす神話(PT 一一三六第一部)もある。少なくとも筆者には、美しい双子の兄弟の片方がヤク狩りに出て、逆にヤクにより粉々にされ、残りの片方が葬儀をするという筋であると解しうる[23]。

このように古代チベット土着宗教儀礼説話は多くのヴァリエーションをもってエロスと暴力を提示する。こういう類の神話は多くの地域では口頭伝承で伝わり、そう古くない時代に書き落とされたものが多かろう。敦煌チベット語文献の書写年代が八世紀後半から一〇世紀であるということを鑑みれば、ユーラシアに散布されたエロスと暴力の神話の古型がそこにあるとも言えなくもないのではないか。それらに対する訳註の確立が第一ではあるが、その上でさらに比較文学的、比較神話学的探究が必要とされるように思われる。

†註

[1] URL. https://otdo.aa-ken.jp.（最終確認日、二〇二一年四月一〇日）。

[2] Rolf Alfred Stein, Du récit au ritual dans les manuscrits tibétains de Touen-houang, in A. Macdonald ed., *Études Tibétaines dédiées à la mémoire de Marcelle Lalou* (Librairie d'Amérique et d'Orient Adrien Maisonneuve, 1971).

[3] 手嶋英貴「古代インドにおける「物語テクスト」成立の一背景――ブラーフマナ文献に見られる説話要素の変遷をめぐって」（水野善文『多言語社会における文学の歴史的展開と現在――インド文学を事例として』私刊、二〇〇八年）の第四節。

[4] 次の図書の第一、二章である。Frederick William Thomas, *Ancient Folk Literature from North-Eastern Tibet*, (Akademie-Verlag, 1957). スタンの研究（註2参照）や、近年のJ.V. ベレッツアBellezza の*Zhang Zhung: Foundations of Civilization in Tibet* (Österreichischen Akademie der Wissenschaften, 2008) の第三部第八章第五節における考察が続いた。

[5] 石川巌「「チベット」「吐蕃」及び「プー」の由来について」（『中央大学アジア史研究』三五号、二〇一一年）。

[6] Frederick William Thomas, *Nam, an Ancient Language of Sino-Tibetan Borderland* (Oxford University Press, 1948).

[7] Ikeda Takumi, Highlights in the Decipherment of the Nam Language, in Nathan W. Hill ed., *Medieval Tibeto-Burman Languages IV* (Brill, 2012).

[8] 原文のこの箇所は長女の名と同名になっているが、おそらく名が似ているので、誤ったか、母音記号の-eを付け忘れたためであろう。

[9] 夫に化けた悪魔は自身のことを「赤ん坊」、つまり何もできない無能者と表現し、そうした者が遅れてやって来たなら、追い払われるだけだが、娘が遅れてやって来るのなら狼煙を上げて歓迎されるだろうから、次女を羊飼いに出すようにという趣旨で言っているのであろう。

[10] タクチュンsTag cung は「小さな虎」の意味。チベットノウサギ（woolly hare）の外貌はたしかに小さな虎を思わせるものがあ

り、小さいが勇気ある者とみなされうる。

[11] OTDOではkhab yoとなっているが、khab yoなる語は今日未知である。しかしこの写本のチベット文字SはままYのような形状に綴られるからkhab so「王蔵」と解してみた。ここで「王蔵鳥」の称は「マの鳥」、「マの小鳥」に対応しているから、それらと同じくオオダルマインコを指すことになる（後述）。H・シェーファーSchaferによれば、隴山付近にかつて生息したオオダルマインコの亜種は西域神鳥と呼ばれ、中世において愛玩用動物として乱獲され、絶滅したという。そのような珍重さからオオダルマインコが「王蔵鳥」と呼ばれても不思議はなかろう。エドワード・H・シェーファー『サマルカンドの金の桃――唐代の異国文物の研究』（吉田真弓訳、勉誠出版、二〇〇七年）一七四頁参照。

[12] 山口瑞鳳「チベット史文献」（山口瑞鳳『敦煌胡語文献』大東出版社、一九八五年）で全文の和訳が示されている。

[13] 後代のヴァージョンも今日の定説的な解釈でも「剣のもとで死ぬ」の意とするが、敢えて筆者は異説を主張している。詳しくは「古代チベット葬制史考」（『中央大学アジア史研究』四三号、二〇一九年）の末節を参照。

[14] 石川巌「マミテツンポとマミデツンポ――古代チベット土着宗教儀礼説話に見る分身の神話」（篠田知和基『分身の神話・その他』楽浪書院、二〇一八年）。なお、この筆者の翻訳よりも前にスタンが紹介しており（註2参照）、近年になってベレッツァも概要を示している（註4に挙げた彼の著書の第三部第八章第六節参照）。

[15] Samten G. Karmay, A General Introduction to the History and Doctrine of Bon, in Samten G. Karmay, *The Arrow and the Spindle: Studies in History, Myths, Rituals and Beliefs in Tibet* (Mandala Book Point, 1998) の第五、七節及び、Queen of the World and her Twenty-seven Daughters, in Samten G. Karmay, *The Arrow and the Spindle: Studies in History, Myths, Rituals and Beliefs in Tibet*, vol. III (Mandala Book Point, 2014).

[16] 森雅子『西王母の原像』（慶應義塾大学出版会、二〇〇五年）。

[17] 註2参照。

[18] ウラジミール・プロップ 斎藤君子訳『魔法昔話の起源』（せりか書房、一九八三年）、カルロ・ギンズブルグ『闇の歴史――サバトの解読』（竹山博英訳、せりか書房、一九九二年）。

[19] 長野禎子「チベットの「ヤンを呼ぶ」儀礼」（長野泰彦『チベット・ポン教の神がみ』千里文化財団、二〇〇九年）。

[20] 註4のトーマス著書の第一章、ベレッツァ著書の第三部第八章第六節及び註2のスタン論文参照。

[21] 筆者が学術エッセイ中に取り上げている。石川巌「闇に関する遠古の記録――古代チベットの土着宗教とヨーロッパの暗黒」（『東方』二九号、二〇一四年）。

[22] 註2参照。

[23] 註14参照。

第5章

インドネシアの神話

——秘するべき男女の愛、愛すべきものへの暴力

内海敦子

はじめに

インドネシアは東南アジア最大の領域と人口を持つ国である。ジャワ島、スマトラ島、カリマンタン島、スラウェシ島の四つと、ニューギニア島の西半分を占めている。そのほかに有人、無人合わせて一万三〇〇〇以上の島がある。人口は二〇二〇年の調査では二億七〇〇〇万人近い。インドネシア語が国家語として全国の教育機関で教えられているが、その他に七〇〇前後の言語が話されている。

八〇万年以上前から人類が住んでいる歴史の古い土地であるが、今から五〇〇〇年ほど前よりオーストロネシア系の人々が移住してきた。これらの人々がインドネシアに住んでいる主な人々である。

紀元前一世紀ごろからは貿易を通じてインドからの文化的・言語的影響を受け、ヒンドゥー教王国や仏教王国が栄えた。スマトラ島のシュリーヴィジャヤ王国は七世紀から一二世紀にかけて中国やインドとの貿易を中心に力をつけて広い版図を誇り、初期は仏教の東南アジアにおける中心でもあった。一三世紀にはヒンドゥー王国のマジャパヒト王国がジャワ島で台頭したが、同時期にイスラーム教が、やはり貿易を通じてアラブの商人たちからもたらされ、イスラーム化が進んだ。

大航海時代のヨーロッパ諸国もインドネシア地域に目を付け、ポルトガルをはじめ、フランスやイギリスなどが版図を争ったが、一七世紀以降はオランダが東インド会社を設立し、事実上のオランダの植民地として支配することになった。大変短い間だが、日本軍も一九四二年から一九四五年までインドネシアを支配下においていた。

このような歴史的な経緯から、インドネシアの神話や民話にはさまざまな文化の影響が認められる。

基層にはオーストロネシア民族のアニミズム的な思想があり、そこに仏教・ヒンドゥー教文化、イスラーム文化が積み重なり、通商を通じて中国文化、植民地時代にはヨーロッパ文化が入ってきた。インド文化は特に深く入り込んでおり、マハーバーラタやラーマーヤナの一部に似た話が多くみられる。仏教説話のジャータカの影響もみられる。イスラーム教を通じてアラブの話に似たものや唯一神アッラーの超人的な力が語られる話もある。ヨーロッパからはイソップ物語やその他ヨーロッパの民話に似た話をとり込んでいる。

インドネシアの口承文学は、神話と民話の境界線がはっきりしない[1]。祖先の話や土地（山、川、島など）由来が述べられているものは「伝説」とされ、動物が活躍する話は「おとぎ話」と呼ばれることが多いようであるが、どちらも「民族の話」というジャンルで語られることがある。

本章では「神話」を広義に捉え、伝説、おとぎ話を含めることとする。また、インド、中国、アラブ、ヨーロッパから来ていることが明らかな話は避けた。イスラーム化やキリスト教化のずっと前から語り継がれてきたのではないかと考えられるものを中心として取り上げた。例えば、それぞれの土地の由来や創世について語った話、オーストロネシア語族に共通の伝説、自然崇拝などの思想がうかがえる話、超人的な力が示されていたり、天と行き来したりするような話である。

それでは多様性に富んだインドネシアの神話・民話世界から、エロスと暴力が大きな柱となっている物語の数々を以下に紹介しよう。著者が必要と思われる部分を要約して呈示する。

1 愛情の始まり――男女が出会うとき

インドネシアの口承文学に出てくる男女はどのようにして出会うのだろうか。一つには高貴な血を持つ男女が超自然的な力で結び合わされるというものがある。もう一つは「白鳥乙女」あるいは「羽衣伝説」と言われるモチーフがあらわれているものがある。

最初に、高貴な男女（少なくとも一方が高貴）が出会う話を見てみよう。ヌサ・トゥンガラ諸島のスンバワ島の話には、高貴な男性が夢で結ばれるべき女性を知るというモチーフがでてくる「夢で見た娘　サリ・ブーラン」〔2〕がある。

スンバワ島にはパンダイという名の王がいた。ある晩、サリ・ブーランという美しい娘と結ばれる夢をみた。そこで家来を引き連れて船を出し、その娘を探す旅に出た。あちこち探したが見つからず、六七二日めに立ち寄った島で、王が隠れて様子を見ていると、父親に連れられたサリ・ブーランがやってきた。夢で見た通りの美しさだった。そこで結婚を申し込み受け入れられた。

この後、妊娠したサリ・ブーランは悪霊にさらわれ目をくりぬかれたりするのだが、産み落とした息子が目を見つけて、元のように目が見えるようになり、息子のさらなる活躍でパンダイ王と再会できて元通りの幸せな生活に戻る。

類話にスマトラ島パレンバンの「ボンスゥ・アランの話」〔3〕〔4〕がある。

昔、スマトラ島のビラー河のほとりに、ある両親と美しい娘が住んでいた。娘はボンスゥ・アランという名だった。他国の王、ヌロンは彼女の美しさを聞きつけ、結婚を申し込んだ。ボンスゥ・アランは、王が七つのライムを取ってきたら結婚するといった。その条件を満たして晴れてヌロン王はボンスゥ・アランと結婚した。

このあと、嫉妬深い侍女にだまされ、妃の座をとってかわられてしまうのだが、結婚の条件として王から与えられたライムのおかげで元に戻ることができる。

ロンボク島の「ラデン・ウィタサリ王子とラトナ・アユ・ウィドラディンの伝説」〔5〕においては偶然が呼び起こす運命の出会いが描かれる。

ロンボク島のインドラパンディタ王には九人の王女がいた。末のラトナ・アユ・ウィドラディンの美しさは際立っており、姉たちの嫉妬をかってしまった。姉たちは父王に讒言《ざんげん》をし、末の王女を侍女を一人付けただけで王宮から追放した。王宮から離れたあばら家で生活をしていたラトナ・アユ・ウィドラディンには絵や詩の才能があったので、追放されてからは絵や詩を書いて暮らした。あるとき、自画像と美しい詩を布に書いた。それを干しているとき、強い風が吹いてジャワ島まで飛ばされてしまった。その布はインドラスカル王の庭に落ち、長男の王子であるウィタラサリ王子の眼にとまった。実はインドラスカル王とインドラパンディタ王は兄弟だったので、ラトナ・アユ・ウィドラディンはウィタラサリ王子のいとこだった。ウィタラサリはその絵に描かれた美しい娘に恋し、書かれた詩を読んで彼女の置かれた悲しい状況を理解し、船をしたてて出かけた。

この後、いろいろな話が挿入されるが、二人はさまざまな障害をしばしば魔術を使って乗り越え結ばれる。同様に、スラウェシ島南部に伝わる「イ・マンダラク姫」[6]では、王子が自分が釣り上げた大魚の腹を注意深く裂いてイ・マンダラク姫を救い出す。

高貴な身分の人が人知を超えた力で運命の相手と出会うというモチーフは、さまざまな伝説にみられるのだが、スラウェシ島の「ボス王女」[7]における出会いは大変衝撃的である。

ボス王女は両親から大変に愛されて二階の部屋に住んでいた。あるとき、ラ・マンジュアリという名の王子が興味を持ち、真夜中に王女の部屋までよじ登った。すると、王子の短剣が滑り落ち王女の胸を突き刺し、王女は死んだ。ラ・マンジュアリは両親に罪を告白し、ボートに王女と自分を乗せて海へ流してほしいと頼んだ。すると、ボス王女は少しずつ生気を取り戻し、生き返った。

出会ったとたんに男が女を殺してしまうという衝撃的な場面から始まるこの物語は、この後、王女が他の王に目をつけられて結婚を申し込まれるが、ラ・マンジュアリの魔力と策略で取り戻すことができ、故郷に戻って幸せに暮らすところで終わる。エロスとタナトゥスが組み合わさっており印象深い。

これらの「高貴な人」が経験する、偶然とも必然ともいえる結婚相手との出会いは、上に挙げた話のように、幸せに暮らす結末を迎えることが多い。

さて、もう一つの出会いについても見てみよう。

「天」の住人との出会いが描かれる「白鳥乙女」「羽衣伝説」のモチーフは、インドネシアの津々浦々に見られる大変ポピュラーなモチーフである。インドネシアの民話における「天」というのはどのようなものか、明確に述べている話はない。空の上の方に住んでいるのが「天の人」で、神通力を持っている人が多くいる。「天」の人々は地上世界に降りてくることがあるが、地上の人間は特別なことがない限り「天」に行くことはできないのが普通である。天の人々は「鳥」の姿形をとることもある。これらの話の登場人物は男性の側が人間で、女性が人間以外の「天女」「鳥」である。男性は高貴な人物のことも、庶民のこともあり、「貧しい」と明確に語られることもある。

いずれにせよ、出会いの場はほとんどが「水浴び場」である。泉、川、池などさまざまだが、男性が狩りに森にやってきたときに偶然遭遇するケースが多い。美しい乙女たちを男性は積極的な意図をもって覗き見する。この場面はあっさりと語られるが、男性の女性たちに対する性的な興味を示唆しておりエロティックである。その後男性はそのあたりにあった「スカーフ」「羽」「服」などを一つ持ち去る。そのため元の世界に戻れない女性と男性は結婚する。子供が生まれるケースが多く、その場合は民族の祖先あるいはある特定の村の祖先となる。第二節で取り上げる「古代のタラウド」や第三節で取り上げる「マンバン・リナウという娘」はこの類話に属する。

これらの類話では、男性が高貴な身分の場合も庶民の場合もいったんは「天女・鳥」と結ばれる。しかし、その後はたいてい、夫婦が別れてしまう結末を迎える。男性が「覗き見する」「服など持ち去る」といったタブーをおかしており、元々他の世界に属する女性側はあまり積極的に結婚するわけではない。だから、別れという結末になるのは仕方のないことなのかもしれない。

面白いのは、いくつかの神話（スンバワ島の「天女」[8]、ジャワ島の「ジャカ・タルブと美女ナワン・ウーラン」[9]）では夫婦に生まれた子供の世話をするために天女あるいはその侍女が一定の間隔で訪れるという話になっていることである。夫やその他の人間と天の住人が接触しないように特別な小屋とか屋根で世話をすることになっている。

2 禁じられた愛情——きょうだい・親子のあいだの強い愛情

東南アジアの諸言語では、夫が妻に対して「年下のきょうだい・妹」を表すことばで、妻が夫に対して「年上のきょうだい・兄」を表す言葉で呼ぶことが多い[10]。国家語のインドネシア語だけでなく、インドネシアで話されている民族語のほとんどもそうである。夫婦が疑似的な兄妹としてふるまうように見えるが、しかし、血のつながった兄と妹、あるいは姉と弟は、本来結ばれてはならない存在である。実はインドネシアの神話の中にはこのようなきょうだい間の強い愛情を描いたものが散見される。これらの禁忌となる関係はインドネシアの神話ではどのように扱われているのだろうか。本節ではいくつかのパターンを見ていきたい。

最初に紹介するのは兄妹間の愛情が植物の誕生譚となっているものである。熱帯に分布する有用な植物にサトウヤシがある。サトウヤシは砂糖を作るために大々的に栽培されている。樹液は発酵させるとヤシ酒になり、煮詰めると砂糖になる。実をシロップ漬けにして食べることもできる。樹皮は屋根に使い、繊維は箒などを作るのに使える。このサトウヤシの起源を語ったスマトラ島北部の伝説「タレ・イルとブル・シボウの話」[11]を見てみよう。

あるところに二人のきょうだいが両親と暮らしていた。兄はタレ・イル、妹はブル・シボウという名前だった。両親は必死に働いてきょうだいを育てたが、過労がたたって亡くなってしまった。きょうだいは孤児となりおばに預けられた。タレ・イルは「大きくなったら一生懸命働いて家族を養い、妹を幸せにするぞ」と決心し成長すると町に行って働くことにした。タレ・イルは一生懸命働いたが、給料を少ないと感じ、賭け事で増やそうとしてやめられなくなった。ついには賭け事のためにした借金を返せなくなり牢屋に入れられてしまった。

ブル・シボウは、愛する兄が帰って来ないので心配になり探しに出かけた。すると町の人が「彼は牢屋に入っているがどこかはわからない」と教えてくれた。ブル・シボウは「愛するお兄さん、牢屋にいるって本当なの」と毎日泣いて暮らした。老人が泣いているブル・シボウを見て、「高い木に登って、歌い、兄の名前を叫びなさい。そうすれば人々が聞き伝え、どこにいるかがわかるだろう」と助言を与えた。ブル・シボウは助言に従って高い木に登った。てっぺんにつくと「タレ・

イル、私のお兄さん、どこにいるの。帰ってきて。お兄さんをとらえた人、お兄さんを解放してください」と叫び続けたが、何も起こらなかった。それで神様に祈ることにした。「神様、あなたのしもべがお兄さんに会えるよう、力を貸してください。その代わり私の涙、髪、体を、お兄さんが借金した人たちのために捧げます」

神はその願いを聞き届けた。突然強い風が吹き付け、激しい雨が降り、稲妻が光り、地が轟いた。ブル・シボウは突然アレンの木（サトウヤシ）に変化した。食べられる実をつけ、樹液は人々の飲み物となり、トゥアク（ヤシ酒）にもなった。髪は屋根をふくことができる葉となった。

この話には尋常でない兄と妹の強い愛情が描かれており、明確には述べられてはいないものの、禁じられた恋情が感じられる。

カリマンタン島の「巨人と兄妹」[12]も、兄妹の関係を語っている。

両親をなくした、兄と妹の二人の兄弟が人里離れたところに仲良く住んでいた。稲が実るころ、二人がいつものように田んぼへ働きに行き、見張り小屋から稲を食べる鳥を追い払っていたところ、美しい羽根の鳥が舞い降りた。妹に頼まれて兄はつかまえようとしたが、鳥はすばやく逃げて森の奥へ兄をおびきよせた。この鳥はラクササ（巨人）のしかけた策略であった。ラクササは小屋に近寄り、妹の体をずたずたに裂き、血を吸いつくしてから住処へ戻った。

兄は鳥をつかまえられずに戻ると、妹の体や骨がばらまかれているのを見て、何が起こったかを悟った。兄は神にラクササの持っているような魔法の力を授けてくれるように祈った。その祈りは聞き届けられ、兄は強い体を得、死んでしまった妹を生き返らせた。翌日、また小屋にやってきたラクササと兄は激しく戦い兄が勝った。二人はしっかり抱き合い、妹は兄に深く感謝した。

ここでも、兄の妹に対する強い愛情が超人的な力を得ることにつながり、最後は二人が幸せな生活を取り戻すことになっている。

北スラウェシのバンティック族に伝わる話に「バラロゴドとウヘイティネンデン（筆者採録）」がある。この話には明確に兄と妹の禁忌の関係が描かれている。

昔、バラロゴドという兄とウヘイティネンデンという美しい妹がいた。バラロゴドは年頃になり、女性を探す旅をしたが、妹ほど美しい女性に出会うことができなかった。ウヘイティネンデンはある男と結婚する予定だったが、帰ってきたバラロゴドは無理やり妹を手籠めにした。妹は嘆いて「神様、雷を落として、私たちの乗った船を沈めて」と祈った。突然あたりは暗くなり、雷が轟き稲妻が光った。バラロゴドとウヘイティネンデンは石像に変わってしまった。

この話は兄妹の近親姦がタブーであることを示しており、禁忌をおかしたら天罰が下るという結末になっている。その前に紹介した、妹がサトウヤシに変わってしまう「タレ・イルとブル・シボウの話」も、兄妹の関係には幸福が訪れないことを示しているのだろう。

スマトラ島（バタック民族の地域）には姉と弟の間の強い愛情がテーマの話「シ・タンドゥッ・パンジャン」がある。

昔、貧しい夫婦と娘が住んでいた。娘が大きくなると、男の子が欲しいと祈った。やがて男の子が生まれたが、角が生えていたので、蓋つきの箱に入れて川に流した。一個の卵と一つかみの米を入れてやった。姉は弟が捨てられるのを見て悲しみ、家を出て川を流れる箱を追って歩き続けた。弟の泣き声が聞こえると「お腹がすいたら米を一粒食べなさい」などと言ってあやした。何か月ものあと、ついに箱が岸に近づき引き寄せることができた。出てきたのはハンサムな若者で、角はもうなかった。卵も孵って立派な雄鶏になっていた。「お姉さん、ずっと付き添ってくれてありがとう」と若者は言った。若者はシ・タンドゥッ・パンジャン[13]と呼ばれた。姉はその若者が弟だとは信じられなかった。

彼らはある村に向かって歩き、そこに住みたいと思ったが、そこでは闘鶏が行われており、勝てばたくさんの金を得ることができた。姉弟は雄鶏を闘鶏に出したが、雄鶏は強くてすべての鶏に勝った。姉弟は十分な金を得た。姉弟は村から村を渡り歩いて闘鶏をして賞金を稼いだ。ついに生まれ故郷の村に帰りたくなった。

この話では赤ちゃんだったときに捨てられた弟が、あっという間に姉と同じくらいの年齢に成長しており、両者の間の強い愛情が描かれている。姉弟が夫婦のようにして二人きりで暮らし、幸せな結末を迎えることになっている。

次に、親子間の関係を描いた物語をみてみよう。北スラウェシの民話には「トアル（あるいはトアダ）とルミムウトゥ」という話（筆者採録）がある。これは民族の起源を語った話である。ここでは母と息子の禁忌であるはずの関係が描かれる。

昔、カランと呼ばれる岩があった。暑い季節にカラン岩から汗が噴き出ると美しい娘が現れた。カレマという名だった。カレマは「偉大な神よ、私に仲間を与えてください」と祈った。すると岩が二つに割れ一人の娘が現れた。カレマは「あなたをルミムウトゥ[14]と名付けましょう。あなたの子孫は栄えるでしょう」と言った。カレマはルミムウトゥに西の方角を向かせ祈るとルミムウトゥは妊娠した。生まれたのは男の子でトアルと名付けた。トアルが成人すると、カレマはトアルとルミムウトゥに「二人とも世界に出ていきなさい。ここに同じ長さの杖を用意しました。伴侶となれそうな異性を見つけたらその人と自分の杖を比べなさい。長さが異なっていれば結婚して子孫を残しなさい」。トアルは北へ、ルミムウトゥは南に向かった。トアルの杖は伸びていったがルミムウトゥの杖は同じ長さのままだった。

ある満月の夜、トアルとルミムウトゥは出会い、持っている杖を比べると長さが異なっていたので結婚した。二人はカレマを探したが二度と会うことはできなかった。二人は子供を生み、一世代ごとに九倍に増えた。

「トアルとルミムウトゥ」は岩から人間が生まれ、それが民族（ここではミナハサ民族）の起源となったことが示される。岩から現れた女性がさらに岩に人を生むように祈り、その結果生まれた女性が、自身が生んだ息子と結婚する。その親子間の結婚という禁忌を避けるためのモチーフとして「杖の長さ比べ」が挿入される。杖の長さが異なったら、親子の血縁の禁忌から解放されるということが示唆されている。

もう一つ、同じく北スラウェシのタラウド諸島から類話「古代のタラウド」（筆者採録）を紹介しよう。

昔、タラウドの最初は島の上に寝ていて、カニのような形をしていた。長い間にそれは現在の人と同じ形になった。あるとき、この最初の人間の男は狩りに出かけ、九人の妖精たちが水浴びをしているところに出くわした。彼は吹き矢で妖精たちの脱ぎ捨てた服の一つを吸い寄せた。一番年若の妖精は水浴びのあと、自分の服がないので困ってしまった。男は彼女の前に姿を現し、「妻になってくれるなら服を持ってくるよ」と言った。妖精は自分の国に行くなら結婚してもいいと答えた。人間は賛成し、天の国についていった。到着した夜には立派な町が見えたが、朝になると町が消え森になっていた。天の住人は鳥の形をして木に停まっており、彼の妻も昼間は鳥の姿をしていた。彼の妻はしばらくして妊娠したが、出産するとき「わたしたちの子供を見てはいけません。見たらこの場所からけりだされて追い払われるでしょう」と言った。しばらく男はその約束を守っていたが、どうしても見たくなった。妻がいない隙に子供を見ると、なんとそれは人ではなく卵だった。妻は男が卵を見たことを悟り、怒って男と卵をけりだした。男は卵と地上の世界に落ちていった。そして彼が起き上がると、目の前にきれいな女がいるのが見えた。卵から孵ったのは人間の女だった。彼は彼女を養って育て、しばらくして結婚した。二人の間には一人の男の子が生まれた。

「古代のタラウド」はタラウド民族の始まりを示す話である。「白鳥乙女・天女の羽衣」類型の一つでもあるこの話では、卵の父が、卵から孵った女と結婚する。孵ったばかりのときの年齢ははっきりと語られていないが、まだ適齢期ではなかったように描かれる。従って、血の上でもつながりはあるし、育ててもいるので正真正銘の父親といってよい。しかし、彼らは結ばれ、子供をもうける。

このように創世譚には、親子が結婚するという話が時々見られる。近親姦が禁忌であるからこそ、祖先が特別な存在であることを示すためにこのモチーフが挿入されるのではないだろうか。

3　愛の結末——結ばれるはずのなかった関係が終わるとき

天の住民と地上世界の住民は、異なる世界に属しているので本来結ばれることはできない。それが何かのきっかけで結ばれることがある。しかし、その関係には必ず破綻がつきものである。動物と人間も異なる種であるから、本来結ばれることはできない関係で、破綻が生じる。では、その破綻はどのようにして生じるのであろうか。

スマトラ島にはトバ湖という大きな美しい湖がある。そのトバ湖ができたいわれにこんな話がある[15]。

北タパヌリの集落に貧しいトバという名の男が住んでいた。あるとき、一匹の大きな魚を釣り上げ、喜んで家に持って帰った。大きなたらいに魚を入れてから、台所で火を起こし、たらいに戻ると金貨で満ちていた。驚いて台所に行くと長い髪の美しい女性がいた。女性は「わたしを家に連れ帰ってくれたので人間に戻れました。あなたの奥さんにしてください」と言った。男は喜んでその女性をめとることにした。女性は「一つ約束があります。私が魚にかえられていたことを誰にも言ってはいけません。もし誰かにこのことをもらしたら、大きな災害がこの村を襲うでしょう」。男は誰にも言わないと誓って、二人は結婚した。

しばらくして男の子が生まれ、サモシルと名付けられた。あるとき大きくなったサモシルが父親にお弁当を運ぶことになったが、おいしい匂いにまけて弁当を食べてしまった。父親は空の弁当箱を見てサモシルに「お前はなんて行儀が悪いんだ、この魚の子め！」と怒鳴りつけた。サモシルは泣き泣き家に帰り、母親に父親に言われたことを訴えた。母親もそれを聞いて「ああ、誓いが破れてしまった」と泣き、サモシルに「さあ、高い峰に登りなさい」と言った。それから激しい雨が降り、強い風が吹き、雷がいくつも落ちた。洪水となり村全体が沈んだ。そして湖ができた。これがトバ湖である。サモシルが逃げた峰はサモシル島として知られている。

魔術師の呪いが解けて、晴れて一緒になった夫婦だが、夫が妻との誓いを破ったがために、災害が起こった話である。

第一節で述べたように、「羽衣伝説」「白鳥乙女」といった名称で知られる類話は数多いが、同じくスマトラ島近くに位置するリアウ島の民話には「マンバン・リナウという娘」[16]というものがある。

一人で暮らしているブジャン・エノッという男が森に行くと、大きな毒蛇がやってきた。ブジャン・エノッが杖でなぐりつけると死んだ。家に帰るとおいしいごはんが用意されていた。翌日隠れてみていると、七人の美しい娘がごはんを用意しているところが見えた。娘たちは毒蛇を殺してもらったお礼に用意していたのだ。ブジャン・エノッはそのうちの一人が気に入り、彼女たちが水浴びしている隙にその娘のオレンジ色のショールと服を隠した。他の娘たちが水浴び後、服を来て上空へと飛び立っていったが、一人だけ服を探し続けていた。ブジャン・エノッが「服を返す代わりに結婚してほしい」というと、マンバン・リナウという名のその娘は「わかりました。でも、一つだけ約束してください。私に踊りを強いてはなりません」と答えた。ブジャン・エノッは承諾し、二人は結婚し幸せに暮らした。

ブジャン・エノッの勤勉さが王の耳に届き、村長に任命されることになった。王の開く宴会に呼ばれることが増え、ある時、すべての村長の妻が踊ることになった。ブジャン・エノッは王を怒らせたくなかったので妻を踊らせた。すると飛び立ち天へと帰ってしまった。ブジャン・エノッは悲しんだがどうすることもできなかった。

これも、天に住む女性と地上界の男との悲しい別れを記した話である。妻の「一つだけ約束してください」という願いを打ち捨てたために別れを余儀なくされる。前節で紹介した「古代のタラウド」でも、同じように天の国に住む昼は鳥の姿をした妻とかわした「決して生まれた子を見てはいけない」という約束を破ったがために、地上に落とされて夫婦の関係は破綻する。

悲劇的な結末を迎える夫婦の話もある。スラウェシの北にあるタラウド諸島の話、「ナポムバルー島の成り立ち」[17]がその一つである。

カバルアン島に住むラウォンゴという若者がいた。あるときダマウの国で出会った美しい娘と結ばれた。幸せに暮らしていたある夜、野豚を狩る夢を見た。格闘したあげく、腰の短刀で腹を刺して殺した。その翌日、妻を起こさずに朝早く狩りに出たラウォンゴは、短刀が血まみれなのに気づく。悪い予感がして家に帰ると、妻が血まみれになって死んでいた。野豚と間違えて夢の中で殺してしまったのだ。深く悲しんだラウォンゴは、集まった親戚の者にいった。「二人で入れる棺桶を作って私も一緒に埋めてください。私が呼吸できるように空気穴をあけ、管を差しておいてください。私が生きている限りは笛を吹きます」。三日目に笛の音は聞こえなくなった。ラウォンゴの親戚の女性はある夜夢を見た。ラウォンゴが「海岸へ行け。水平線に不思議なものを見るだろう。それを指さしてはいけない」と言うのだ。次の日、女性が海岸へ行くと白いものが近づくのが見えた。周りの人に教えるために指さすと、それはサンゴの島になった（タラウド語でナポムバルーは「珊瑚になったもの」という意味）。

夢を見ている間に誤って妻を殺してしまい、それを悔いて夫は一緒に埋められることを望む。やがて二人は珊瑚に変化し、島となった、という島の誕生譚である。愛が悲劇的な結末を迎えた男女は、土地の人々の注目をあびる自然物に変化して、その愛の永遠が示唆される。

4 危険な関係：暴力が支配する家族のありかた

きょうだい間の愛情や親子の愛情が語られる話がある一方で、激烈な虐待、時に死につながる暴力が散見されるのもインドネシアの口承文学の特徴である。まず、古今東西にみられる遺産争いの話「遺産の独り占め」[18]から見ていこう。

昔、ひとりの金持ちが三人の息子を残して死んだ。長男と次男は父から受け継いだ畑で働いたが、三男は遺産をすべて商売の元手にしようとし、たびたび争いが起きた。兄たちは末の弟を殺そうとし、末の弟は兄たちを殺そうと機会をうかがっていた。ある日、兄たちは末の弟を市場に買い物に行かせ、家の中で待ち伏せして帰ってきたところをこん棒でたたき殺した。末の弟は末の弟で、市場で買った食べ物の中に毒を仕込んでおいた。二人の兄たちは末の弟が死んだことを喜び、弟が買ってきた食べ物を食べたが、その中の毒にあたって死んでしまった。

遺産を平等に分けないと悲劇が訪れる、あるいは天罰が下るという話になっている。兄弟間の争いが殺人にまで至るが、同じような話は姉妹間でも語られる。第一節で述べた「ラトナ・アユ・ウィドラディンの伝説」では、末娘の美しさを妬んだ姉の王女たちがとことん末娘を不幸にしようと何度も悪だくみをしかける。「リンキタンとクソイ」[19]というスラウェシ島ミナハサ半島の話にも似たようなモチーフが出てくる。

昔、ある海辺の村に九人の美人ぞろいの娘をもつ漁師がいた。ある日、クスクス（有袋目の動物）が娘のうちの一人と結婚したいといってきた。八番目の娘までは「あんな動物と結婚するなら死んだ方がまし」と答えたが、リンキタンという名の末娘だけは結婚を承知した。クスクスは実は凛々しい若者で本来の名はクソイだった。姉たちはクソイが立派なので妬んだ。クソイは船に乗って出稼ぎにいったが、帰ってくるという知らせがきた。姉たちはリンキタンと海岸まで一緒に迎えに行き、リンキタンをブランコに乗せて遠く海まで飛ばして殺そうとした。リンキタンは大木の枝に引っ掛って助かり、クソイの船に助けられた。リンキタンとクソイは仲良く暮らした。

クスクスの本来の良さに気づかなかった姉たちは、気づいて幸福になった末娘を妬む。妬みから妹を殺そうとするとは、理解しがたい話だ。中部スラウェシの伝説「ひょうたん」（小沢俊夫、前掲書）

も同様で、みなしごの若い男の良さを見抜いて結婚した末娘を六人の姉が妬み、末娘をブランコに乗せて海の向こう側に飛ばす。夫が見つけて幸せに暮らすという結末であるが、ここでも姉たちが妹を殺そうするのである。

この類話はいくつもある。「メラ・メグ」[20]というアチェ（スマトラ島北部）の伝説もその一つで、これは兄弟間の妬みの話である。この話の末息子、メラ・メグには同情を禁じ得ない。彼の祖母は彼の宝物を横取りして、兄たちからは殺されかける。両親だけは助け出してくれるのだが、その他の家族からの敵意には驚かされる。

親が子に対して殺意を抱く話も散見される。なかでも「プチュク・カルンパン」[21]はすさまじい。

昔、一人の百姓がいた。百姓は一羽の闘鶏を飼っており、ジュルクと名付けてとてもかわいがっていた。ジュルクは米やトウモロコシの他に肉も好きだった。農閑期に百姓は臨月の妻を置いて町へ出稼ぎに行くことにした。妻には「男の子なら大事にしろ。女の子ならすぐに殺してその肉と後産をジュルクに食わせろ」と言いおいた。妻は女の子を生んだが、かわいそうで殺すことなどできず、助産師のおばあさんの助言どおり、後産のみジュルクに食わせた。おばあさんは女の赤ん坊をプチュク・カルンパンと名付け、森の中で大切に育てた。

百姓は帰ってくると妻から赤ん坊が女の子だったことを聞き、ジュルクに「赤ん坊はおいしかったか」と尋ねた。するとジュルクは「後産しか食べていない」と答えたので、百姓は妻にものすごい勢いで怒ったが、妻は赤ん坊の居所を決して洩らさなかった。何とかごまかすうちにプチュク・

カルンパンは成長した。が、あるとき夫はナイフを何ダースも研ぎだした。そして妻に娘を見つけ出すように命令した。妻は仕方なくプチュク・カルンパンを連れて帰った。百姓は研いだナイフで高いはしごを作った。プチュク・カルンパンは父親に自分が織ったサロン(腰巻)を差し出したが、父親はそれをはしごの下に敷くと、はしごを上るように娘に命令した。娘ははじめの段を踏むと足のかかとが切れて血が噴き出した。娘は「おかあさん、この足の赤いものはなに」ときいた。母親は「金の足輪だよ、おとうさんが買ってきてくれたんだよ」と答えた。ひざが切れると「ひざバンドだよ」、腰が切れると「金の腰巻だよ」、胸が切れると「金のピンだよ」、首が切れると「金の鎖だよ」と母親が答える。とうとうプチュク・カルンパンの頭が落ちた。闘鶏のジュルクは体のすべてを食い尽くした。

百姓の妻は泣きながらわが子が織った血まみれのサロンに骨を包んで森の中で手厚く葬った。

この後、話は場面を変え、嫁探しをしている領主が、部下の魔法使いと偶然プチュク・カルンパンの墓を見つけ、彼女をよみがえらせる。そして結婚し、育ての親のおばあさんと母親を呼び寄せて幸せに暮らすという良い結末を迎える。父親は流刑となり、闘鶏のジュルクは殺された。

バリ島の民話「ニ・トゥウン・クニン」もこの類話[22]であり、父親は娘の死後、後悔して闘鶏をやめるという筋になっている。プチュク・カルンパンの話は、父親に殺される過程が詳しく描かれており非常に残酷だ。娘を殺すためにナイフを何ダースも研ぐ父親とは一体どんな存在なのだろうか。執念深く娘の死を願う酷薄さは、異常としか言えない。母親も抵抗はするものの、最終的には娘を殺す補助をしてしまう。DV夫に抵抗できない妻の姿を彷彿とさせる話だ。
こんどは父親が息子を殺そうとする話を紹介しよう。ヌサ・トゥンガラ諸島に「サブ島のベロド」〔23〕という話がある。

昔、人間が火を起こすことを知る前のこと、サブ島にアマジャウィライ〔24〕という父親とジャウィライという息子が仲良く暮らしていた。ある日親子はイノシシを捕まえた。そのイノシシは家の前のムルンガの木に縛り付けておいた。次の日、獲物がつかまらず、疲れて狩りから帰ってくると灯がともり、食事の支度がしてあった。食べ物はどれもおいしく、二人は満腹になるまで食べた。次の日も同様だった。三日目に狩りに行くふりして隠れてみていると、イノシシが美しい若い娘に変身して食事の支度をしていた。親子はそのベロドという名の娘と三人で暮らすようになった。父も息子も娘を独り占めしたいと思い始めいさかいが増えた。ついに父親は息子を殺そうと考えた。ムルンガの木の下に穴を掘り、息子を高い木の上の方まで登らせ、木をゆすって穴に落とし埋めて殺した。

この話の後半は別のモチーフが挿入されていくが、前掲部分は暴力の描写に満ちている。父親が息子と仲良く暮らしていたにもかかわらず、美しい女が現れるとそれを独り占めにしたいばかりに息子を殺すのである。
マドゥラ島の「ク・ルサブ」〔25〕にも父と子の愛憎が描かれている。

昔、マドゥラ島西部のサンビランガンに王国があった。このあたりはタユブ踊り［26］がさかんで、王はよくお忍びで見にいった。あるとき、美しい村長の姪の娘が踊るのを見て気に入り、側女にしたが、王は二度と訪れなかった。正妻である王妃が妊娠したので側女に興味を失ったのだった。妊娠した娘は王に会おうとしたが、かなわなかった。しばらくして生み落とした男の子にはク・ルサブという名を付けた。ク・ルサブは自身を捨てた父親に恨みを持ち、仕返しをしようとした。ク・ルサブはまずググル山の頂で苦行をし、魔法のクリス（短刀）［27］【図1】を手に入れた。そのクリスは戦闘中に敵を選んで飛んで追いかけることができたが、「処女である女性に触れられてはならない」という禁忌があった。

　ク・ルサブはサンビランガン王と王国を滅ぼすために供のものと出発した。王はク・ルサブが実の子だということを聞き知ったが、ク・ルサブの母親は身分が低かったので実子だと認めたくなかった。ク・ルサブがやってくると、タユブ踊りの催しを開き、ク・ルサブを大いに酔わせた。そして王は自分の美しい娘にク・ルサブと組んで踊らせた。踊っているときに処女である王女にクリスが触れて神通力を失ってしまった。そして床に落ちた。王の兵士たちはク・ルサブを取り囲

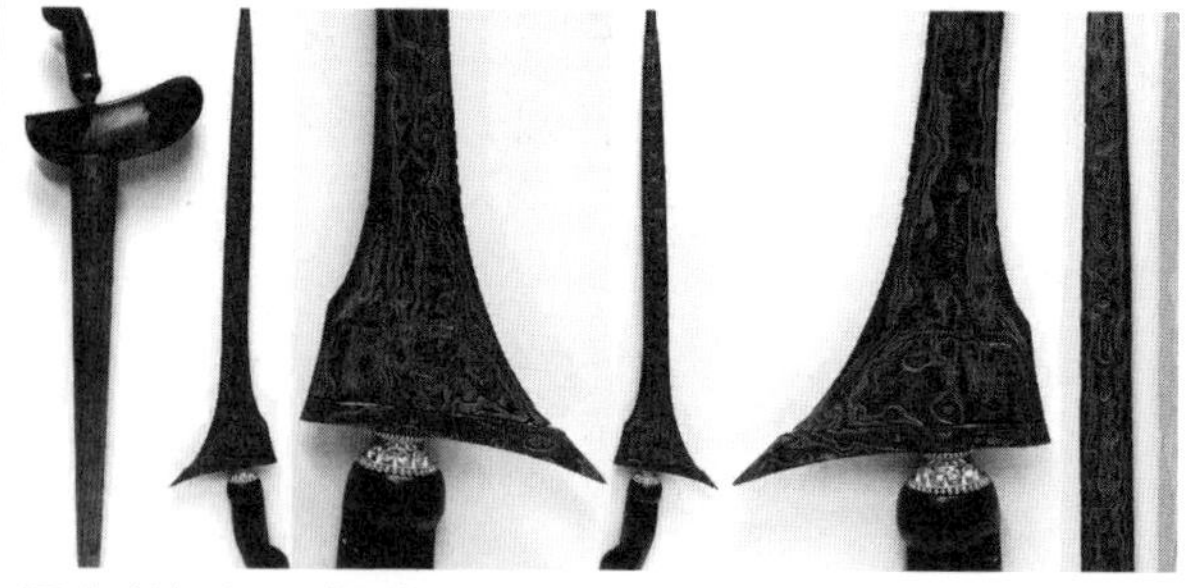

【図1】魔法のクリス（短刀）

んだ。王は床に落ちているク・ルサブのクリスを取り上げると背後から彼を刺し殺した。

この話に出てくる王は、自分が気に入って側女にした相手を一切顧みず打ち捨てるだけでも卑怯な男であることがうかがえるが、その側女の身分の低さ（そうはいっても村長の血縁なのだが）を理由にク・ルサブを実子であることを認めたくないとは、度量が狭い。それだけでなく、この世から抹殺しようとし、自ら手を下すとはあまりに残酷な子殺しである。

本来、インドネシアに伝わる話にはこのような暴力描写に満ちた、残酷な話が多い。近年、子供に読ませたり読み聞かせをしたりするための民話の本が出ているが、上記のような話はなかなか選ばれない。現地に行って収集するか、一九世紀から二〇世紀前半に採集された記録を探すかすると、多くの残酷な話が見つかる。

5　呪いによる暴力——年長者の忠告と悲劇

インドネシアでも、東アジア地域と同様、両親や年長者の言うことに従うのが美徳とされている。それでは親の言うことに従わなかったらどうなるのか。インドネシアの伝説の世界では、しばしば人間以外のものに変化してしまう。

最初に「姥捨て」のモチーフが出てくる「親の言うことを聞かなかった子供」（筆者採録）を紹介し

よう。これはタラウド諸島の物語である。

あるところに両親と五人の子供がいた。子供たちは自分たちの力を示したいと思い、両親を殺す計画を立てた。うち一人の子供は両親を敬っていたので洞窟に隠した。あるとき、たくさんの品物を載せた船がやってきた。船主は自分が出す謎を解いたら船荷をやると約束した。四人の子供はその謎がとけなかったが、両親をかくまった一人は、両親から知恵を借りて謎を解き、船荷を手にした。

この話では、船荷を手に入れられなかった子供たちも改心することになっているが、そもそも両親を殺そうとするところが怖い。「姥捨て山」とは異なり、両親が老いたとは語られず、あくまでも子供たちが両親をうるさがっているというように解釈できる。結末では悲劇でなく幸運が親孝行な子供(性別はわからない)に訪れる。

次に悲劇が訪れる話をロテ島(東ヌサ・トゥンガラ諸島)〔28〕から二つ紹介しよう。まず、「子供たちがねずみになった話」を挙げる。

あるところにおばあさんが二人の孫と一緒に暮らしていた。ある日おばあさんは孫たちに「ココヤシの入れ物に水をたくさんと米を一粒入れて煮るように」と言いおいて海岸に魚をとりに出かけた。孫たちは一粒ではとてもおなかがいっぱいにならないと思い、たくさんの粒を入れて煮始めた。

するとごはんは鍋からあふれ、川へ流れ、海まで流れていった。おばあさんはそれを見て何が起きたかを悟った。家に帰って孫たちに「どのくらい米を入れたのか」と聞くと、兄は「たくさんだよ。弟のやつがいっぱい入れろと言ったんだ」と言い、弟は「ちがうよ、兄さんがたくさんお米を入れたんだ」と罪をなすりつけあった。それを見て棒で孫たちの頭をなぐりつけた。すると孫たちはねずみになってしまった。

同じく、ロテ島には子供たちが鳩になった話がある。

昔は地上の人間が天に昇ることができ、行き来するための木の階段があった。天の階段の降り口近くに、おばあさんが二人の孫息子と住んでいた。あるとき、孫たちに地上へおりて火を取って来いといった。兄弟は階段を下りて燃えている木炭を見つけ、持って帰ろうとしたが、熱くて持てない。毛布にくるんでようやく運べるようになったが、階段を上がる間に炭火が毛布に燃え移ったので、思わず投げすてると階段が焼けてしまった。おばあさんは階段が燃え落ちたのを見て何が起こったのかを悟り、孫息子たちを呪った。すると子供たちは鳩に変化した。そして天はずんずん高くなっていった。鳩になった子供たちは天へ向かって飛んで行ったが、天はずっと高くなっていってしまい辿り着けなくなった。二羽の鳩は地上に戻り仲良く暮らした。その後鳩は数千羽に増えた。

教訓としては「姥捨て」と同じで、年長者の言うことをきかない子供たちに罰が下るという結末になっている。右の二つでは、「ねずみ」と「鳩」に変えられてしまっている。しかし、一粒の米で鍋いっぱいのごはんが炊けるとは通常考えられないし、「火」の運び方を教えられていなければどうしていいかわからない。年長者が子供に十分な情報を与えなかったことが失敗につながるのに、子供だけが責められる。現代的な観点からは相当不合理な話で、「どんなことがあっても年長者にそむくな」というメッセージには同意しにくい。

次は魚に変わる話である。「ジュルニー河地方の伝説」[29]はスマトラ島の話である。

ある村に小さな兄と妹の子供たちと母親が住んでいた。父親は何年か前に亡くなっていた。ある日、近くの村の祭礼に着飾って三人で出席したときのこと、二人の子供はある出し物に飽きて、「遠くへ行ってはだめ」という母親の忠告を忘れ、他の出し物を見るためにずいぶん遠くまで来てしまった。池を見つけた二人は水浴びをしたところ、魚に変身してしまった。

これはジュルニー河村に、池の神聖さを示す本当の話として語り伝えられている。母親は、老人の助言に従って池に握り飯を投げ込むと、美しい魚に変身した子供たちに会うことはできたが、どうにもできなかった、という悲しい親子の別れが描かれる。

親子ではないが、悪いいたずらをした子供たちが動物になる話がある。「天国への道」[30]はジャワ島の民話である。イスラーム教の影響を受けて成立した話で、ここでいう天国はイスラーム教のもので、他の伝説に出てくる「天」とは概念的に異なるはずであるが、似たように高い方に行けば到達できると思わされる話になっている。

ある畑に年とった夫婦が住んでいた。二人はいつか死ぬときのために、天国に行けるようにコーランを学んで信仰を深めたいと思った。しかし、宗教学校には行けないので悲しんでいると、ある時、宗教学校から戻ってきた生徒たちが訪れ、食事をめぐんでもらえないかと言った。夫婦は喜んでもてなし、「天国へ行きたいので、コーランを勉強したい」と言った。生徒たちはばかにして笑い、「畑の周りに空まで届く竹やぶがありませんか。その竹のてっぺんまで登れば天国への階段につながっていますよ」と冗談を言った。夫婦はつるつるした竹に苦労しながらてっぺんまで登ると強い風が吹き消えてしまった。生徒たちは「この竹やぶは本当に天国につながっているんだ!」と登り始めた。ずいぶん高くまで来たとき、強い風がふいた。生徒たちはみんな猿になってしまった。そして畑の作物を荒らした。

このように、老人を敬わず、馬鹿にしたりすると天罰が下るという筋になっている。どの話も、年長者のいうことを聞かなかった子供(多くの場合は二人)が、何らかの動物に変身してしまい、もとには戻れないことが描かれる。親や祖父母のいうことを聞くようにという教訓話めいているのが特徴である。最後に「マリン・クンダン」[31]という西スマトラ地方の話を紹介しよう。これは成人した息子の話である。

昔、スマトラ島の西海岸の港近くに母親とマリン・クンダンという男の子が住んでいた。マリンは成長すると港で働いているとある商人に「外国で働けばたくさん稼げる」と誘われる。母親がとめたにも関わらず、マリンは外国に行って働くことにした。金持ちになって帰ってくると、ボロを着た母親が会いに来た。マリンは「母親はずっと前に死んだはずだ、ボロ布をまとったお前が母であるはずない」と突き飛ばした。母親が「よくもそんなことを。岩になれ」と呪ったところ、マリンはついに岩になってしまった。

これらの「年長者のいうことをきかないと悪いことが起こる」というたぐいの話では、いうことを聞かない子供が、人間であり続けることが許されない。人間の世界に存在する直接的な暴力ではないが、呪いによる年長者による苛烈な罰が描かれているのである。親が子供に投げつける言葉は、驚くほど長い間子供の人生に影響する。貶められ続けると自信を無くしたり自傷行為に至ったりすることもある。そのような人生の真実を映しとっているともいえるかもしれない。

おわりに

インドネシアは東からも西からもさまざまな文化の影響を受けてきた。口承文学においても多くの影響が見受けられる。これまでに示した物語の数々は世界の多くの地域に見られるモチーフを含んでいる。その中に多くのエロスと暴力が含まれている。

「白鳥乙女・羽衣伝説」の類話はインドネシアのどこでも必ず見つかるが、その出会いの場面には必ず水浴びが出てくる。女性の裸体を覗き見るというモチーフから惹起されるエロスがある。禁忌となるべき関係も禁じられているからこそ惹起されるエロスを感じる。その関係は天罰を受けることもあれば、創世譚につながることもある。出会いが一方の死から始まる話はエロスとタナトゥスをセットで提示していて興味深い。

暴力は愛情とセットで語られることがある一方、家族間の暴力が出てくる話には愛情が欠落している。きょうだい間の嫉妬が一方の死、あるいは危険を招くことがある。母親や祖母がいうことをきかない子供を呪って人間以外のものに変えてしまうことがあれば、父親が子供殺しを執念深く計画立てて遂行することもある。悲痛さを禁じ得ないが、現実世界の本質を突いているからこそ、語り継がれてきたのかもしれない。

†註

[1]インドネシア語では「伝説（インドネシア語でlegenda、ヨーロッパ語からの借用語）」とか、「民族の話（cerita rakyat）」とか、「おとぎ話（cerita dongeng）」と呼ばれている物語の数々は、明確にジャンル分けされていない。「おとぎ話」とここで訳したcerita dongengは、英語の訳として'legend'、'fable'、'folklore'などいくつかが与えられている。

[2]和知幸枝『サブ島のベロド』（株式会社優しい食卓、二〇一六年、三二〜四三頁）。

[3]横山幸夫（編著）『インドネシア群島民話集』（文芸社、二〇一二年、九〇〜九九頁）。

[4] Bongsu AlangのBongsu（標準インドネシア語ではbungsu）は末っ子という意味。この話では彼女には上のきょうだいがいたが、

すでに亡くなったことになっている。

[5]横山、前掲書、二〇三～二一二頁。

[6]横山、前掲書、一四一～一五一頁。

[7]小沢俊夫（編訳）『新装世界の民話22　インドネシア・ベトナム』（ぎょうせい、一九九九年、一四六～一四九頁）。

[8]和知、前掲書、一八～二五頁。

[9]横山、前掲書、一三～二四頁。

[10]インドネシア語やオーストロネシア系の民族語の多くにおいては、年長の区別のみが必須で、性別は付け加える必要があるときのみ付け加える。たとえば、kakakは兄か姉を指し、adikは弟か妹を指す。姉であることを示す必要があるときはkakak perempuan（年上のきょうだい・女）と表現する。呼びかけるときは短縮形のkakとdikを用いることが多い。夫と妻の間で呼び合うときも、きょうだい間で呼び合うときも同じ語形を使う。なお、夫婦間においては、どちらが年上かに関わらず、夫は妻をdik、妻は夫をkakと呼ぶ。

[11]百瀬侑子『インドネシア民話の旅』（つくばね舎、二〇一五年、四四～四九頁）。

[12]小沢、前掲書、一三～一五頁。

[13] Si Tanduk Panjang.「シ」は名前を呼ぶときに付ける「さん」「ちゃん」といった意味。Tandukは「角」、panjangは「長い」で、「長い角ちゃん」といった意味になる。

[14]北スラウェシ半島の民族語で「汗をかく」という意味。

[15] Asal Usul Danau Toba「トバ湖のいわれ」から抄訳: http://www.gobatak.com/asal-usul-danau-toba/

[16]百瀬侑子『インドネシア民話の世界』（つくばね舎、二〇一三年）。

[17]横山、前掲書、一五一～一五七頁。

[18]「遺産のひとり占め」、小沢、前掲書、一〇七～一〇九頁。

[19]百瀬、前掲書、一一二～一一七頁、二〇一三年。

[20] Cerita Rakyat dari Aceh, Jakarta: Grasindo, 1995.

[21]小沢、前掲書、六三～八四頁。

[22]百瀬、前掲書、二〇一三年、八四頁。

[23]和知、前掲書、四七～五五頁。

[24]アマは父を意味し、「アマジャウィライとはジャウィライの父」という意味。長子の名をもとに両親が「〇〇の母」「〇〇の父」と呼ばれる風習はオーストロネシア語族に広くみられる。

[25]横山、前掲書、二五〜三三頁。
[26]ジャワ島の踊りの一つで結婚式や割礼式のときなどに踊られる。
[27]インドネシア語でkrisという。腰に差すもので、三〇〜五〇センチ程度のものが多い。装飾が凝っていたり、刃が波打った形になっているものがあったりする。しばしば実用を超えた呪術的・装飾的な意味合いが付与される。
[28]小沢、前掲書、一六三〜一六五頁。
[29]横山、前掲書、七四〜七九頁。
[30]小沢、前掲書、五七〜六三頁。
[31]百瀬、前掲書、二〇一五年、一八〜二四頁。

第6章

『ホルスとセトの争い』

——同性愛と暴力

深谷雅嗣

【ヒ1】
［セト陛下は］ホルス陛下に［言った］。「お前の尻はなんと魅力的なのだ」と。
ユニバーシティ・カレッジ・ロンドンパピルス32158より

【ヒ1】

はじめに

冒頭の一文は、一八八九年に中エジプトにあるラフン【図1】で発見された第一二王朝後半（紀元前一九～一八世紀）のパピルス文書の一部だ。解読者であるイギリス人研究者F・グリフィスはこれを目にしたとき、即座に文脈を摑めなかっただろう。ずっとあとの一九三一年に同じイギリス人のA・ガーディナーがダブリンにあるチェスター・ビーティパピルスⅠを公刊するまで、それが神話『ホルスとセトの争い』に含まれる奇妙な物語の一部だとは誰も知らなかったのである。とはいえ、一八二二年にフランス人J－F・シャンポリオンがヒエログリフを解読してから充分な時間が過ぎていた。グリフィスは高名なドイツ人言語専門家A・エルマンの力添えも得て、文章を正確に訳すことができたが（後述）、内容ゆえにためらいがあったのだろうか。この部分だけラテン語にして一八九八年に出版した。

およそ半世紀後、イギリスとフランスがドイツに宣戦布告する直前の一九三九年六月に、イギリス人研究者P・スミザーがコプト語の小さな羊皮紙文書［1］を発表した［2］。紀元後六世紀に書かれたそれは、片想いする相手を自分に惹き寄せるための呪符だった。その持ち主パパポロはプヘロに向けて次のように祈る。

「彼の心と思考を手に入れますように。彼の身体すべてを支配しますように」

パパポロはこの呪符を小さく折り畳んで、相手の家のドアの隙間かひび割れに差し込んだ。はたして、彼の願いは届いただろうか。おそらく、簡単ではなかっただろう。なぜなら、パパポロもまた男性だったからだ。彼はルースという神に向かって「今、今！　早く、早く！」とせき立てる。一九四三年に若くして病没したスミザーはこの文書を'embarrassing'（困惑）と表現したが、コプト・キリスト教時代も異教の呪術は盛んだったことがわかる。これと似た恋愛成就の呪符はラムセス朝（紀元前一三～一一世紀）にもあり、王朝時代からの連続性を窺わせる［3］。

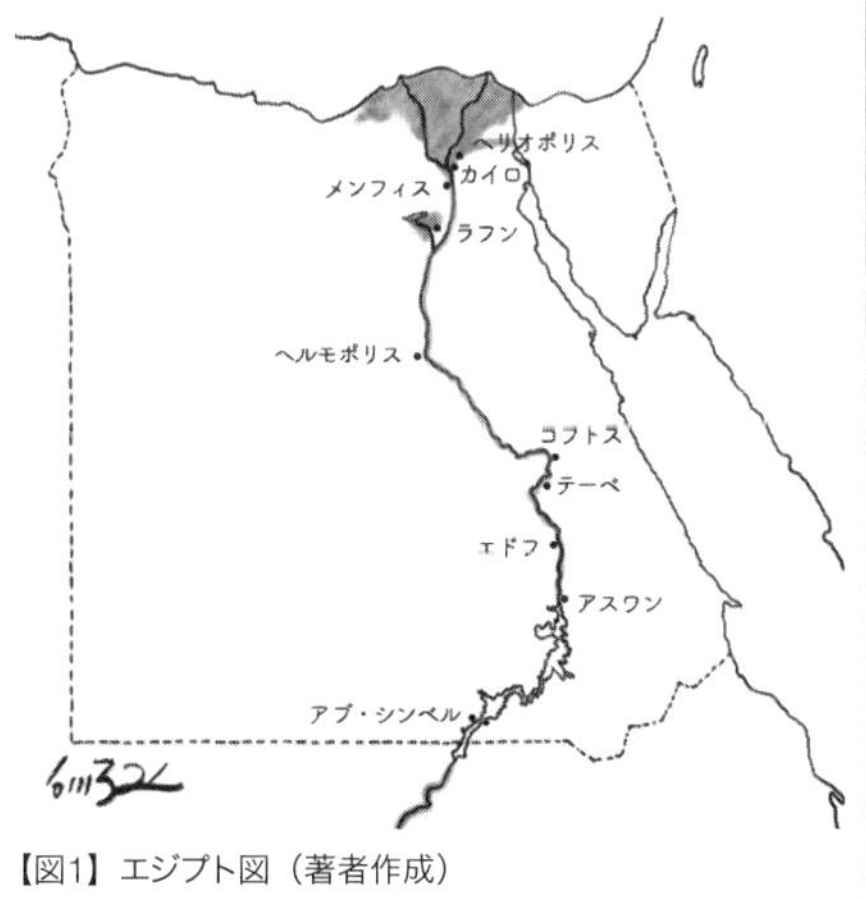

【図1】エジプト図（著者作成）

エジプト学における同性愛研究の萌芽は、大戦を過ぎても相当後だった。一九六五年にイギリス人T・ディーキンが発表した雑誌論文"Evidence for homosexuality in ancient Egypt"が「同性愛」を冠した初めての研究だった[4][5]。性的マイノリティーが世界的に声を上げ始めた時代とちょうど重なる。一九七七年に西ドイツで出版された事典*Lexikon der Ägyptologie*の第二巻には、W・ヴェステンドルフが執筆した"Homosexualität"(pp. 1272-4)の項目はあるが、たったの三頁しか割かれていない。

この間、ある墓が発見されて話題になった。一九六四年、メンフィスの墓地サッカラで第五王朝時代(紀元前二五～二四世紀)のニアンククヌムとクヌムヘテプの合葬墓が見つかったのだ。一九七七年に出版された図版[6]を見て、二人の墓主が同性愛者だったのではないかという憶測が学術界内外でにわかに起こった。鼻頭を接するほど密着して抱き合う男性同士の姿は前例がなかった。彼らは妻帯者でもあり子供もいた。

しかし、墓の銘文には彼らの称号は登場しても、関係を明示する記述がなかった。それで、同性愛者探しが始まり、二一世紀になっても未だに続いている。結論からいうと、二人は双子だった可能性が高い。そもそも、墓碑に性的関係をわざわざ書き残すはずもない。この墓を巡る解釈は現代人の思考の反映でしかないと警告する暇もなく、あっという間にこの二人は有名になった。

一九九五年の雑誌論文"'Homosexual' desire and Middle Kingdom literature"の中でR・パーキンソンは、「(古代において個人の)性指向は周知されても、それは食べ物の好き嫌いが認識されるのと同じことで、それによってその人を人間の種類として分類することはない」と至極真っ当に述べている[7][8]。

もちろん、出自や職業以上に性はアイデンティティを決定する大切な要素だろう。役所の書類でも当然のように男か女かの記入を求められる。それは婚姻や家族を単位にする現代社会に生きる上での便宜なのだ。しかし、そうやって成立した男と女の区分は、そうでない人たちのアイデンティティも余計に刺激する。こうして、同性愛という言葉は一九世紀後半にドイツで「発明」され、今や「LGBTQ」の語は広く知られるようになった。それは、一九四八年にイスラエルが建国されることによって、周辺にもともと住んでいたアラブ人が「パレスチナ人」を自認し、係争のもとが新たに増えた構図とも似ている。

そして、男が男の尻を愛でる記述を古代人が残してから実に四〇〇〇年後の二〇〇一年、エジプト憲政史上初めて同性愛者が司法によって裁かれ、禁固刑に処される事件が起きた（後述）。ギリシャ・ローマ支配、コプト・キリスト教化、イスラーム化を経た長い時間の間に何かが変わったのか、あるいは何も変わっていないのか、チェスター・ビーティパピルスIなどを手がかりに、改めて見つめることによって、男性らしさ、女性と社会階層、その中に潜む性愛の序列と暴力の構図を可視化するのが本論の目的だ。また、そこに通底する人間の心と性愛の普遍性を考えるきっかけにもしたい。

ちなみに、ここでいう同性愛とは男性間の関係であって、レズビアニズムやジェンダーのあり方には踏み込まない[9]。というのも、後に触れるように、挿入行為が暴力の構図を生み出すことが本章の議論の出発点だからだ。『ホルスとセトの争い』の物語は、少なくとも二五〇〇年の間人々に親しまれた。その背景にある神話世界と宗教や信仰のあり方を次の章でごく簡単に紹介してから、主題に移りたいと思う。

1 古代エジプトの神話世界

古代エジプトでは、非常に多くの神が崇拝された。天地の神々だけでなく、動物、植物、岩山から、豊穣や真理などの概念まで信仰の対象だった。象徴的な形のままの場合もあれば、人の形で表現されることもある。ライオンの頭と人間の体を持つ神をどこかで見たことがある読者もいるだろう。

主な神々には化身となる動物が存在し、神殿では聖なる獣が飼育され、ミイラにした動物を奉納することもあった。役割の似た神々は容易に習合したり、同じとみなされたりした。たとえば、新王国時代以降に至高神として全土で崇敬を集めたアメンという神は、「隠れる者」を意味し、はじめ際立った個性を持たなかった。しかし、太陽神ラーと習合したアメン・ラーとして事実上の太陽神として振る舞った【図2】。そのような組み合わせによって神は際限なく増え、神話世界は常に雑然としていた。

秩序だった系譜はほんの一部の神々だけに与えられたが、万神の集合体は

【図2】穀竿を持って右腕を高くあげるアメン・ラー。頭上には二枚の羽飾りを載せる。黒ずむ勃起した男根が目を惹く。人々の好奇心を誘い、撫でられた結果だろうか。削り取られる事例もある。背後のプランターには背の高いレタスが茂る。豊穣神ミンの特徴が色濃い。テーベのルクソール神殿最奥域のレリーフ。第18王朝時代（著者撮影）。

常に意識されていた。それはペスジェトと呼ばれ、「九柱神」と訳される。字義通り、九の神々が登場することもあるが、普通は「すべての神々」と理解してよい。数字の三は「複数」という意味を併せ持ち、それだけで集合体を表す。さらに、三の平方数である九は「無数」を象徴した。つまり、九柱神はギリシャ語の「パンテオン」に相当する。日本語では「八百万《やおよろず》」が類語として挙げられるだろうか。

普通、大きな都市の神殿には三柱の神々が祀られ、至聖所も三つに分かれていた。これをまとめて三柱神と呼ぶ。夫婦・親子関係を持つ場合が多く、宗教都市テーベでは主神アメンと並んで、妻であるムウトと息子であるコンスウが信仰された[10]。しかし、系譜はこれ以上広がらず、他の都市との関連はとても希薄だった。これに対し、テーベよりずっと歴史のあるヘリオポリスとメンフィスでは、神々の血統は数世代続き、それぞれが世界の始まりを語る上で欠かせない存在だった。

とくに、ヘリオポリスの神話は、プルタルコス（紀元後一〜二世紀）が『イシスとオシリスの伝説について』としてまとまった記述を残した上[11]、古王国時代にまとめられた『ピラミッド・テクスト』などの古い文書も断片的に多く伝わる。『ピラミッド・テクスト』は、王がまだピラミッドに埋葬された時代に、死後の安寧を願って玄室などの内壁に彫刻された七五九の呪文から成る文書群である。

やがて中王国時代になるとその呪術は広く一般に使用されるようになる。それが『コフィン・テクスト』である。一一八五の呪文で構成され、墓に納められた棺に記された。そして新王国時代からはそれがパピルス文書に挿絵とともに筆記されて、一八九の呪文から成る『死者の書』（エジプト語で

『日毎に出る（ための）書』）へと発展した。死者を埋葬するときに副葬品として納められ、非常に多くの写本が今に伝わる。本稿の本文、脚注ともにこれらの呪術文書を多く引用するので、大まかな年表（すべて紀元前）を示しておく。

初期王朝時代（第一王朝～三王朝）三〇～二六世紀
古王国時代（第四王朝～六王朝）二六～二二世紀、『ピラミッド・テクスト』の登場
第一中間期（第七王朝～一〇王朝）二二～二〇世紀、『コフィン・テクスト』の登場
中王国時代（第一一王朝～一二王朝）二〇～一八世紀
第二中間期（第一三王朝～一七王朝）一八～一六世紀、『死者の書』の登場
新王国時代（第一八王朝～二〇王朝、このうち第一九王朝と第二〇王朝をラムセス朝と呼ぶ）、一六～一一世紀、
　チェスター・ビーティパピルスⅠの制作
第三中間期（第二一王朝～二五王朝）一一～七世紀
末期王朝時代（第二六王朝～三一王朝）七～四世紀、ギリシャ人の入植
プトレマイオス朝時代（マケドニア朝）四～一世紀
ローマ帝国属州時代、一世紀～、コプト・キリスト教の流入

後述するように、ヘリオポリスの神話はエジプトの神話世界と王権観の祖型であり、死生観の根幹でもあった。ヘリオポリスこそが、エジプトの宗教中心地だったといっていい。メンフィスに伝わる

創世物語はやや抽象的で、職能の神であるプタハは和合ではなく、言葉を発することによって神々を産み出したとされる〔12〕。研究者は、それぞれの神話をヘリオポリス系神話、メンフィス系神話と呼ぶ。

このように、神話は都市によって異なった。私たちに伝わるのは、そのごく一部に過ぎない。それらを集成、伝承する努力はあったと想像できるが、日本の記紀神話のような体系化はおそらく実現しなかった。また、宗教上の教えをまとめた正典は存在せず、民衆が教条的に生活を送った様子もない。この意味で、神道のような多神教的宗教観と似ている。

しかし、実践的な宗教行為のうち、呪術を除く神殿儀式や葬送儀礼などの場で言及されるのは特定の神々に限定されていた。その数はせいぜい二〇から三〇といっていいだろう。そして、その多くはヘリオポリス、メンフィス、テーベの神々の系譜に属する。ラムセス朝になると、この三都市の主神をまとめてエジプト全土の三柱神とみなすようになる。

エジプトの多神教世界観における収斂性は、究極的には天空神（太陽神）にたどり着く。時代を下るに従って、ホルス、ラー、アメンと姿は変えても、至高神の背景には常に太陽があった（ホルスは「上にある者」を意味する）〔13〕。その傾向が顕著に現れたのが、第一八王朝の王アクエンアテンのアマルナ宗教改革だった。肥大化するテーベのアメン信仰勢力を嫌い、一神教崇拝に大きく舵を切った彼もまた、アテン（「円盤」の意）という名の太陽神に頼らざるを得なかった。彼の試みは失敗に終わったが、チェスター・ビーティパピルスⅠ（第二欄九行〜一一行）にも至高神ラーには「上下エジプト王ラー、アトゥム、トトに愛されし者、ヘリオポリスの両土の主、その光で全土を照らすアテン（円盤）、溢れる偉大なハピ（ナイル）、ラー・ホルアクティ」などと別称が列挙される。

性質の似た神だけでなく、ときに職能が違う神も包摂して、エジプトの世界観を余すことなく象徴できる一つの神格にまとめる傾向はたしかにあった。実際の祈りの場では、そこに祀られる個々の神々を理解することよりも、人智を超えた偉大な何か、あるいは集合体に意識を集中させることもあろう。そのような心のあり方を前提に考えると、多神教や一神教という枠組みは便宜的なものに過ぎないといえる。

さて、ヘリオポリスの創世神話はおよそ次のように再構成できる。

それは、男神ヌンの存在から始まる【図3】。天地が創造される前にあらゆるものがまだ形を成さずに水のようにあったことを彼は象徴する[14]。その始源の水から丘が生じ、その上にアトゥムが座っていたとも、丘自体がアトゥムだったとも伝わる[15]。この神は、ウナギやヘビの姿で表されることがあるように、水と陸の境界を這い、未だに曖昧な世界の一部だった。一方で、ベヌウという聖なる鳥として輝く存在でもあった[16]。また、同じ太陽神であるラーと比べられるとき、落日を象徴した。

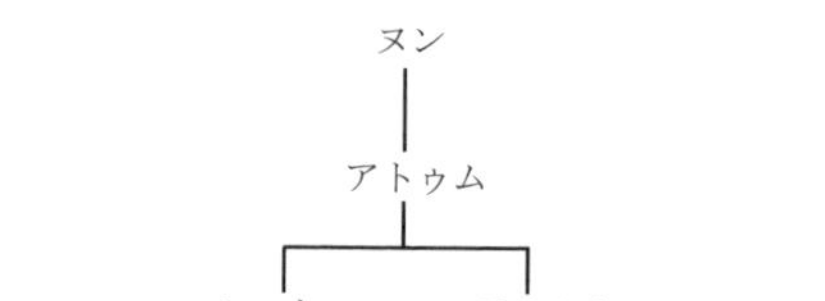

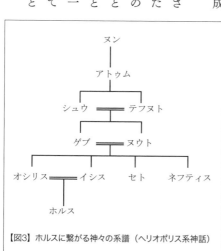

【図3】ホルスに繋がる神々の系譜（ヘリオポリス系神話）

その後、自慰行為[17]、あるいは吐くことによって男神シュウと女神テフヌトを生む[18]。アトゥムは独りで子を成したことから、両性具有の「高貴な男女《おとこおんな》」と呼ばれた[19]。シュウは光を、テフヌトは湿気を司る。この二人は和合して大地の男神ゲブと天空の女神ヌウトを産む。この二人もまた夫婦となり、男神のオシリスとセト、女神のイシスとネフティスの四人を産んだ。オシリスとイシス、セトとネフティスはそれぞれ夫婦となった。オシリスは地上の王となり、神話上で人間と関わりを持つ初めての存在となった[20]。

子を成したのはオシリスとイシス夫妻だけだった。それが隼神ホルスだった。彼を除いたアトゥム以降の神々がヘリオポリスの九柱神である。セトはオシリスを殺し、後継者争いをホルスと繰り広げた。オシリスの死骸は数十の部分に切り刻まれて各地に捨てられた[21]。イシスはそれを懸命に探し集め、夫の身体を復元したが[22]、一部だけは見つけることができなかった。それは彼の陰茎だった[23]。一説によると、彼女は自らその陰茎を作り出し、起立させせて和合した結果、ホルスを宿したともいう[24]。

セトに見つからないように大切に育てられたホルスは長じて、勝利を収めて王となった。これにちなみ、エジプト王は「ホルス名」と「黄金のホルス名」を持つ。五つある王名(他、「上下エジプト王名」、「サ・ラー名」、「二女神名」)のうち、もっとも古くから知られるのが「ホルス名」だ。ホルスは支配者の化身であり、王が即位するときに玉座を譲るとされた。

イシスとネフティスは献身的にオシリス父子を支え、良妻、母性、姉妹愛を象徴する。オシリスが死と再生を背負って冥界の神となり、ホルスに王権を譲る場面は、儀礼上欠かせない演出となった。

とくに、王の即位式、王位更新祭（セド祭）、コイアク祭、新年祭などは、この神話に基づく死生観が色濃く反映される。理念的には、年の変わり目だけでなく、季節、月、週、日毎に世界は更新されると考えられ、その都度、死者に供物を捧げるための供養文も知られている。これを古代の円環的な時間観の代表例として挙げることもできよう。

セトは秩序に挑戦し続ける混乱と争いの神と理解される。その頭は尖り曲がった鼻先と四角く長い耳を有し、想像上の姿を有す【図4】。おそらく、ホルスとセトの争いは、政治的あるいは、宗教的な史実に基づいている。というのも、初期王朝時代に「ホルス名」が「セト名」に取って代わられたことが確認されているからだ。そこから、異なる神を信仰する地方勢力同士が衝突しながら、エジプト全土が統一された過程を見出す研究者もいる。

そのような背景からか、セトは異端と破壊を具現化した存在だった一方、下エジプトを象徴するホルスに対して、上エジプトを司った。また、黒い豊かな耕作地に対し、乾いた砂漠の赤い土地や外国も象徴する。エジプト全土を二元的に捉える場合、セトは対立要素を請け負う不可分の存在だった。善と悪という単純な枠組みでは語れない性格ゆえに、宗教学ではしばしばトリックスター（いたずら神）と位置付けられることもある[25]。セトが持つ危うさは、珍奇な事柄を語る上で大いに重宝されただろう。その一つがホルスとの同性愛行為だ。

【図4】セトの姿。頭部はロバにもジャッカルにも見える。尖った口と四角い耳が特徴で、想像上の動物だと考えられている。

2 チェスター・ビーティパピルスI

ホルスとセトの物語は、ダブリンのチェスター・ビーティ図書館に所蔵されているチェスター・ビーティパピルスIのおもて面にヒエラティック（神官文字）で書き残されている【図5】[26]。第二〇王朝時代のものと推定される。最初に「ホルスとセトの判決」と表題が記され、伝統的に『ホルスとセトの争い』と訳される。それによると、太陽神ラーは当初、オシリスの後を継ぐべきはセトだと考えていた。しかし、神々の意見はまとまらない。ハトホル女神が女陰を披露して不貞腐れる彼の機嫌を直したとも語られる。万事そんな調子だったため、ホルスとセトの鍔迫り合いは加熱し、逸脱していく滑稽さすらある。それは主に八つの小話に分かれる。このうち、六番目（第一一欄一行〜一三欄二行）にあるのが、次のようなホルスとセトの性交の顛末だ[27]。

(XI, 1) セトはホルスに言った。「いらっしゃい、私たちのために素敵な日を (XI, 2) 私の家で過ごしましょう」。ホ

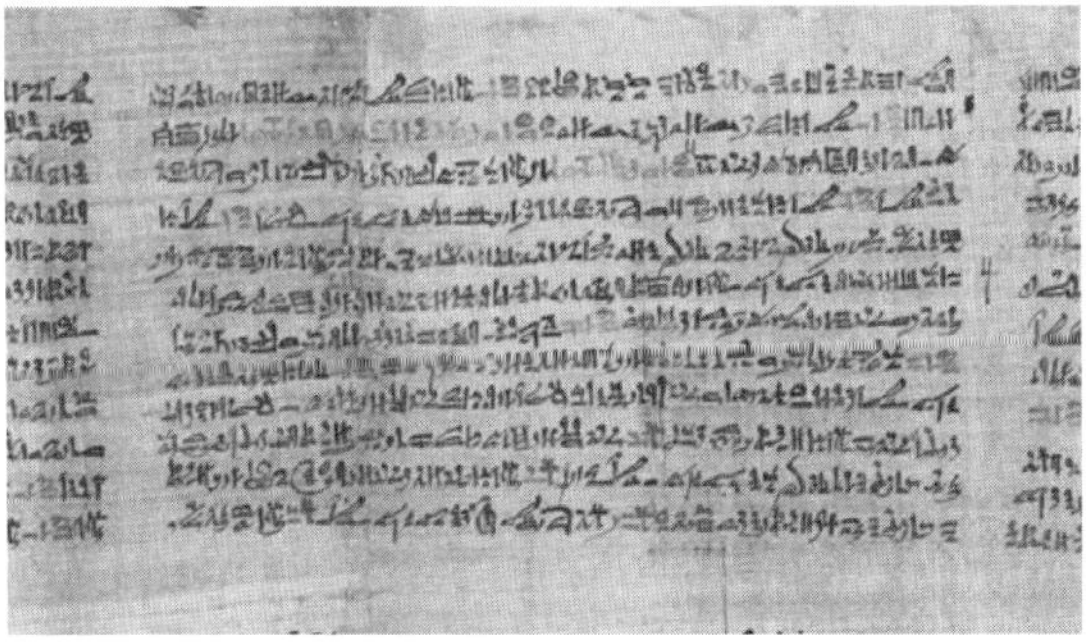

【図5】チェスター・ビーティパピルスI（CBL Pap1）の第11欄。内容の転調がある箇所は、文頭が朱書きで記される。第20王朝時代。ダブリンのチェスター・ビーティ図書館蔵。©The Trustees of the Chester Beatty Library. Dublin

ルスは彼に言った。「そうしましょう。ええ、そうしましょう、そうしましょう」。夜更けになって彼らのために寝台が用意された。(XI, 3)(そして、)彼らは二人して横になった。夜中になってセトは彼のイチモツを硬くし、それをホルスの両太腿[28]の間に入れた。(XI, 4)(しかし、)ホルスは彼の両手を彼の両太腿の間に添え、セトの精液を受けとめた[29]。

ホルスは(XI, 5)彼の母であるイシス(のもと)へ行って言った。「私の母上よ、私(のところ)へ来て下さい。セトが私にしたことを来てご覧になって下さい」。彼は彼の手を広げ、(XI, 6)セトの精液を彼女に見せた。彼女は大いに驚いて声を上げ、自分のナイフをとって彼の手を切り落とした。(そして、)彼女は(XI, 7)それを水へ放り投げた[30]。彼女は彼のために新しい手を作った。そして、彼女は甘い軟膏を少しとり、ホルスのイチモツに塗った。(XI, 8)彼女はそれを硬くさせ、容器を添えた。彼はそれに向けて彼の精液を落とした。

朝にイシスはホルスの精液を(XI, 9)セトの庭に持って行った。彼女はセトの庭師に言った。「ここで(XI, 10)「ここであなたとともにセトが食すのは何の野菜か」と。庭師は彼女に言った。「ここでは私とともに彼は如何なる野菜も召し上がりません。(XI, 11)レタスを除いては」。(そこで、)イシスはホルスの精液をそれにかけた。セトは普段通りやって来て、(XI, 12)まさにいつも食べるレタスを口にした。彼はホルスの精液で妊娠した。

セトは行ってホルスに言った。(XII, 1)「いらっしゃい、急ぎましょう[31]。私はあなたと法廷で対決しましょう」。ホルスは彼に言った。「そうしましょう。ええ、そうしましょう、そうしましょう」。そうして、彼らは(XII, 2)二人で法廷に行った。彼らは偉大なる九柱神の前に立った。

彼らは「話せ」と告げられた。セトが言った。「私に（XII, 3）支配者――生命、繁栄、健康――の地位をお与え下さい。ホルスに関して、私は彼を犯したのですから[32]」。九柱神は（XII, 4）大いに驚いて声を上げげた。彼らはホルスの顔に唾を吐いた。ホルスは彼らを嘲笑した。ホルスは（XII, 5）神に誓って言った。「セトが述べたすべてのことは嘘です。セトの精液を呼んでみて下さい。それが応えるのをご覧にいれましょう。（XII, 6）（そして）私の（精液）も呼んでみて下さい。それが応えるのをご覧にいれましょう」。そこで、言葉の主、九柱神の真なる書記であるトトが（XII, 7）ホルスの腕に手を置いて言った。「出でよ、セトの精液よ」。それは（XII, 8）茂みの中にある水から応えた。そして、トトは彼の手をセトの腕に置いて言った。「出でよ、（XII, 9）ホルスの精液よ」。すると、それは彼に言った。「私はどこから出ればよいのか？」。そこで、トトはそれに言った。（XII, 10）「彼（セト）の耳から出でよ」と。それは彼に言った。「私が彼の耳から出るのか？　私は神の子種[33]であるぞ？」と。（XII, 11）そこで、トトはそれに言った。「（ならば、）彼の頭頂から出でよ」。そして、それは一つの黄金の円盤としてセトの頭上に姿を表した。（XII, 12）セトは大いに怒り、黄金の円盤を掴むために彼の手を伸ばした。そこで、トトはそれを彼から取り上げ（XIII, 1）、それを冠として彼（自身）の頭上に載せた。そして、九柱神は「ホルスは正しく、セトは間違っている」と述べた。セトは大いに怒った。（XIII, 2）彼らが「ホルスは正しく、セトは間違っている」などと言ったので、彼は大いに驚いて声を上げたのだった。

冒頭の「素敵な日を過ごそう」というセトの誘い文句は、すでに性的である[34]。しかし、この物語の官能性はせいぜいその程度だ。母イシスによって射精の介添えまでされたホルスは、自分では何もできない若者だ。事実、第三欄八行目で、セトとの係争に決着が見えないラーは、ホルスに対して苛立ちを隠さず、「汝、体の貧弱な者よ。この責務は汝には重すぎる。若造よ。口の生臭い者よ」と罵る。また、第四欄八行目では、「若造」（*ʿḏd*）のホルスに対し、セトは「兄」（*sn ʿ3*）と称される。第八欄七行目でも、ホルスが「弟」（*sn šri*）と呼ばれるのに対し、セトは「兄」（*sn ʿ3*）である。叔父と若い甥の性関係はこうした年齢差を匂わせることによって、暴力の構図が際立つ。

翻訳部分の物語は精液を出す側と受ける側の間に序列があることを前提に、躍起になって自分の精液を相手に入れることに終始する。それを万神の前で暴露することで勝敗を決めるというわけだ。ここには、当時の男女の性役割に対する差別意識も透けて見える。第一八王朝時代に創作されたと考えられる『アニの教え』には、「女は夫の存在によって価値が決まる。男は地位によって価値が決まる」と当たり前のように記される[35]。また、ヌビア王ピアンキ（第二五王朝）がエジプトを征服したとき、その屈服するさまを「雄牛を女（のごとく）にした」と表現したのはそんな差別意識の反映だと考えられる[36]。

3　その他の史料

ホルスとセトの同衾は、本稿の冒頭で一部だけ紹介したラフン出土の中王国時代のパピルス文書にもごく一部が残る[37]。第二〇王朝時代に書かれたチェスター・ビーティパピルスIより七〇〇年も古い第一二王朝後半に記されたものだと考えられている。F・グリフィスが発表した写真、翻字、訳[38]をもとに訳すと次のようになる。

（28）［…］セト陛下は言った。（29）［彼は］ホルス陛下に［言った］。「お前の尻（*ph.wy*）はなんと魅力的なのだ。両脚を伸ばせ（？）［…］」と。（30）ホルス陛下は言った。「謹め！　私は［私の母イシスにこれを告］げるぞ」と。［……］（31）彼らの宮殿へ。ホルス陛下は彼の母イシ［ス］に言った。「［……］セトが来て（32）私を性的に知りたがっている」と[39]。彼女は彼に言った。「注意して。そのことで彼に近づかないように。次に彼があなたにそれを言うときは、（33）あなたは彼に言うのです。『それは私にはまったく苦痛なのです。あなたは私より重い（*dns*）のですから。（34）私の力（*ph.ty=i*）はあなたの力（*ph.ty=k*）と肩を並べません』とあなたは彼に言うのです。彼があなたに力（*ph.ty*）を行使したときは、（35）あなたはあなたの指をあなたの尻に当てがうのです。ああ、［…］彼に。報告（36）［…］ああ、彼の心にはそれはとても甘美だろう［…］（37）彼の男根から出た［精］液を。ラーにそれを目撃させないように」と。

この文書は古いだけでなく、物語がすでに様式化している点でとても興味深い。たとえば、【ヒ2】（*ph*）という語が四度も登場する。これは「尻（*ph.wy*）」と「力（*ph.ty*）」の二つの意味を持つ。エジプト人が好んだ同音語の言葉遊びだが、尻の支配が二者の力関係を決めるため

【ヒ2】

に使われる。「尻」でなく「両太腿（*mn.ty*）」という語が使用されるチェスター・ビーティパピルスにはない技巧だ。しかし、「両太腿」を発音が似ている戦いの神メンチュウ（*Mntw*）と置き換えてこの物語を伝える事例がある。カイロ考古博物館と大英博物館が所蔵する呪術暦パピルスには特定の日に控えるべきことを次のように警告する［40］。

「洪水季、第二月五日：凶凶凶：汝はこの日汝の家から出てどこへも向かってはいけない。女を抱いてはいけない。（この）日に供物を捧げよ。この日へジュプタハの男根はメンチュウへ（当てがわれる）。この日に生まれた子は性交がもとで死ぬ」。

大意は、この日が大凶なので家で子作りもせずじっとしていなさいということなのだが、なぜこの日なのか、なぜ織布の男神へジュプタハがセトの役割を仮託されているのかわからない。よほど人気があったのか、エジプト人はこのような韻文をずっと伝え続けた。最後の土着の王朝である第三〇王朝時代に作られたメッテルニヒ・ステラには、サソリの毒から身を守るための呪文に次の一文が含まれる［41］。

「汝の尻（*ph.wy*）は汝のためにある。ホルスよ。セトの力（*ph.ty*）が汝に及ばぬように。汝の男根は汝のためにある。ホルスよ」。

中王国時代にはすでに、誰かの尻に自分の股間を当てることが序列を示す慣用表現になっていたようだ。『コフィン・テクスト』呪文六三五には「アトゥムは（死者）に対して力を持たない。（死者）は彼の尻（ʿrt）を犯す（nk）」とある。また呪文七〇〇には「彼（ゲブ）の男根は彼の息子である後継者の尻（hpd.wy）にある」と記される。

セトはレタスを好んだが、その成分が白く滲み出すことから、精液との関連が指摘される。そして、もっと頻繁にレタスと一緒に登場する神がいる。それは豊穣の神ミンだ。コプトスで崇拝されたこの神の歴史は古く、勃起した男根を持つ姿で描かれる。図2にあるように、アメン・ラーも勃起した陰茎を持つが、両神は習合してミン・アメン・ラーと呼ばれることもあった。そんなミンに王が供物を捧げるエドフ神殿のある場面には、次のようなプトレマイオス朝時代の銘文がある[42]。「レタスを捧げる（場面）。美しく青々とした野菜。庭の野菜。あなたの心がそれを見て悦びますように。あなたの精液が敵の身体に与えられ、彼が妊娠し、あなたの子が彼の額から出てきますように」。

その後、セトはどうなっただろうか。チェスター・ビーティパピルスⅠの最後にアトゥムに命じられたイシスがセトを捕らえる場面がある。セトは「囚人として枷で縛られて」尋問されたが、神々は彼を特別に処遇した。第一六欄二行〜四行には次のようにある。

(XVI, 2) イシスは大いに叫んで、彼女の息子ホルスに言った。「あなたは麗しき王だ。私の心は喜びに満ちている。あなたはその輝きで地を照らすだろう」と。(XVI, 3) そして、偉大なるプタハ——彼の壁の南、メンフィスの主——は言った。「セトについてはどうしようか。ホルスが父オシリスの座を与えられた今となっては」と。(XVI, 4) ラー・ホルアクティは言った。「ヌウトの息子セトは私と共にあり、私の子とさせよう。彼は天空で咆哮し (*hrw*)、彼は畏れられるだろう」と。

セトはこうしてホルスと並ぶ神格を保った。むしろ、身体性においてホルスはセトを越えられなかった。これまで見てきた文書では、セトはホルスの *sn* ꜥꜣ (セン・アア)「兄」であり、体格はホルスより重く、肩を並べることのできない大きな存在だった。ついには、ꜥꜣ *ph.ty* (アア・ペフティ)「力大いなる者」という別称を持つようになる。ꜥꜣ (アア) は「大きな」という意味があるが、興味深い動物とも関係する。それは後述するとして、次章では神話から離れた地平にある性愛や身体性にまつわるエジプト人の認識を少し考えてみる。

4 エジプトのエロティシズムと同性愛

ここまで紹介した物語では、男性同士の性交に結局は男と女の役割が持ち込まれ、侮辱や暴力の手段として利用されたに過ぎない。その意味で同性「愛」ではなく、単なる同性「暴力」といえる。そこにはギリシャ世界の同性愛のような官能性もロマンティシズムもない。また、ギルガメシュとエンキドゥ、あるいはアキレウスとパトロクロスの友情関係のような英雄性 [43] もない。それを広義な同性愛とするならば、エジプトの神話は肛門性交を伴う狭義の同性愛だ。狭義のそれを追い求めざるを得ない理由もある。弁証法的な問いとして、絵画や文学において、身体性を表現しない限り、同性愛は単なる親密な関係と片付けられ、明確に伝えられないことも考慮しなければならないからだ。しかし、広義であろうと狭義であろうと、同性愛は作り話に押し込められ、否定されていたと容易に結論づけることはできない。

性の悦びをエジプト人は *ndmndm* と呼んだ[44]。これは *ndm*「甘い（こと）」という語から成っている。この文脈で語ることのできる「同性愛」を示唆する文学作品として二つの事例が挙げられる。ルーブル美術館が所有するパピルス文書には『王ネフェルカーラーと将軍サセネト』の物語の一部が残る[45]。ネフェルカーラーとは古王国時代、第六王朝のペピ二世のことである。その概要は次のようだ。「いつからか、王が夜な夜な独りで宮殿を出ていくのが噂になっていた。チェティはそれを確かめるために、ある晩に王を追ってみた。すると、王は将軍サセネトの家に入っていった。陛下は彼と一緒に望むことをしたあと宮殿に帰っていった」。この話は他にも写本が確認されていて、物語として広く親しまれたと考えられる。残念なことに、今に伝わる文書がすべて断片的であるため、話の始まりや展開どころか、王と将軍が何をしていたのかも不明だ。

情緒的な恋愛詩も存在した[46]。『ホルスとセトの争い』はチェスター・ビーティパピルスⅠのおもてに記されたが、裏にも複数の文学作品が残る。そのうち、七連からなる恋愛詩『大いなる悦びの言葉』の第三連は次のように綴られる[47]。

「第三連：私が彼女の家にいるときも私の心は彼女の美を目にできない[48]。道で若い男たちとチャリオットに乗るメヒを私は見かけ、私は彼の前から去ることができない。ふらふらと彼の前を通ろうか[49]。ああ、河が道のようだ。脚が浮く[50]。私の心はちっともわかってくれない[51]。どうしてメヒに構うかって？[52]もし私が彼の前を通ったら、私がぐるぐるするのを彼に伝えよう[53]。さあ、私は彼のものだ。（そう）彼に言おう。彼は私の名を叫ぶだろう。彼は私を取り巻きの一番にしてくれるだろう」。

メヒは高貴な若者なのだろう。主語の「私」は性別がはっきりしない[54]。この詩を初めて刊行したA・ガーディナーは女性と捉えたが、男性の可能性が高い。というのも、この詩は連ごとに語り手が男性と女性に置き換わるよう構成されているからだ。第二連と第四連の主語は女性なので、この第三連は男性でなければならない。第三連の「三」と美を目にできないの「できない」と最後の「取り巻き」の語は *hm.t* (*h.t*) という語で韻を踏む。すべての連はそうやって緻密に構成された韻文なので、書記が順番を取り違えた可能性もない。紛れもなく、女性に関心のないある男性の張り裂けそうな想いが綴られている。

このように、彼らの官能性の本質は現代人のそれときっと変わらない。羞恥心を催す淫猥な絵画もいくつか残っている[55]。とくに、トリノにあるエジプト博物館が所蔵する通称「エロティック・パピルス」はその最たる事例だ[56]。そこには一二組の男と女がさまざまな体位で交わる様子が描かれる。【図6】は巨根を持つ禿げた髭面の小男のそばで、化粧をしながら両脚を広げ、膣に円錐の物体を挿入する女の姿である。小男は左手で女の隠部を指差し、右手で円錐を支える。ラムセス朝時代のものと考えられるが、その真の創作意図は判らない。

ありふれた日常にも性は姿を表す。英国ケンブリッジ大学のフィッツウィリアム博物館が所蔵する石灰岩のオストラコン〔57〕には、無精髭の男が描かれている【図7】。このような石片や土器片は、絵師や書記の手習いに使われたあと捨てられた。ノミと棍棒を握って前屈みになる様子から、仕事中の石工だと考えられる。腕は短く、鼻が大きい。顎の肉が豊かで、いかにも頑丈な首と肩を持つ。カツラを被る細くしなやかな身体のエリートとは違う、汗して労働に励む半裸の男の姿だ。半開きの口からその没頭ぶりが窺える。あるいは、歌を歌っているのか。ノミを持つ左手は逆手になるなど、未熟な描写だが、生命力に満ちている。絵師の意図とは関係なく、見る者を魅了する何かが溢れていないだろうか。

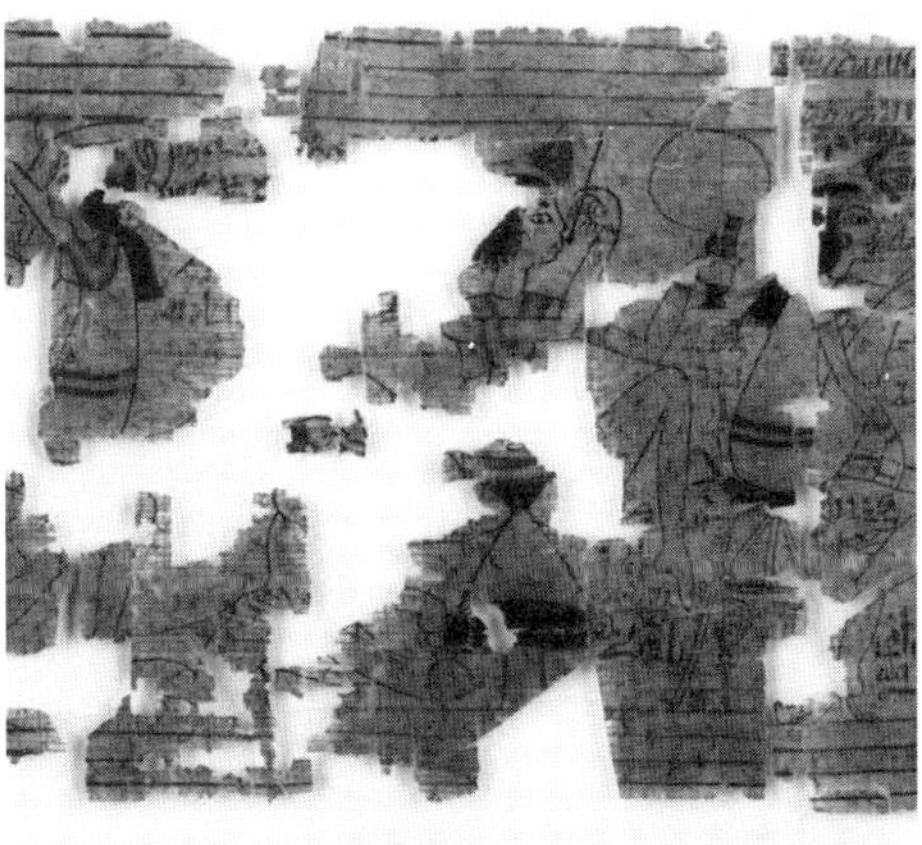

【図6】トリノのエジプト博物館が所蔵する通称エロティック・パピルス（P. Turin Cat. 2031）の一部。ラムセス朝時代。Photograph by Nicola Dell'Acquila and Federico Taverni, Museo Egizio

当たり前だが、何を官能的と思うかは人によって異なる。社会的に許容されるものとそうでないものを区別することも容易ではない。同性愛もその一例である。そこには公認されるかどうかではなく、相変わらず忌避されるものの、秘匿を前提に容認される行為が重なる。法や権利が絡む現代では、違法かどうかが基準になるが、たとえば、小児性愛が児童虐待を理由に違法とされても、その行為の原因となる個人の願望や衝動は規制の対象にするべきか、あるいは矯正が本当に可能なのかどうかは現代社会が向き合う難題の一つである。そして、その衝動が現代だけの病理だと断定することはできない。近現代以前の人類社会のほとんどでは、同性愛や小児性愛だけでなく、異常性愛は社会の境界をさまよい続けてきたのだろう。

エジプト文明の特質は、境界に存在するものを表現すること自体がタブー視されず、時として聖化された点にある。男性性や女性性が強調されることも、混ざり合うこともあった。その好例が宗教改革を試みたアクエンアテンの肖像だ[58]。彼の細長い顔と体、切れ長の目、分厚い唇、膨らんだ腰は、明らかに異様を意図し、強調されたものである【図8】。彼はそれを使って既存の宗教と対立させた。お互いに身体を触れ合うなど、家族と親密に過ごす様子を好んで描かせたことでも知られる。

そのうち、若い息子（あるいは弟？）スメンクカーラーとの仲睦まじい姿を手がかりに、王は男性も性的に愛したとする研究まである[59]。ずっと前の古王国時代には軟骨無形成症（小人症）の人物が好んで高官として登用された[60]。ラムセス朝時代に作られた『アメンエムオペの教え』の第二五条に

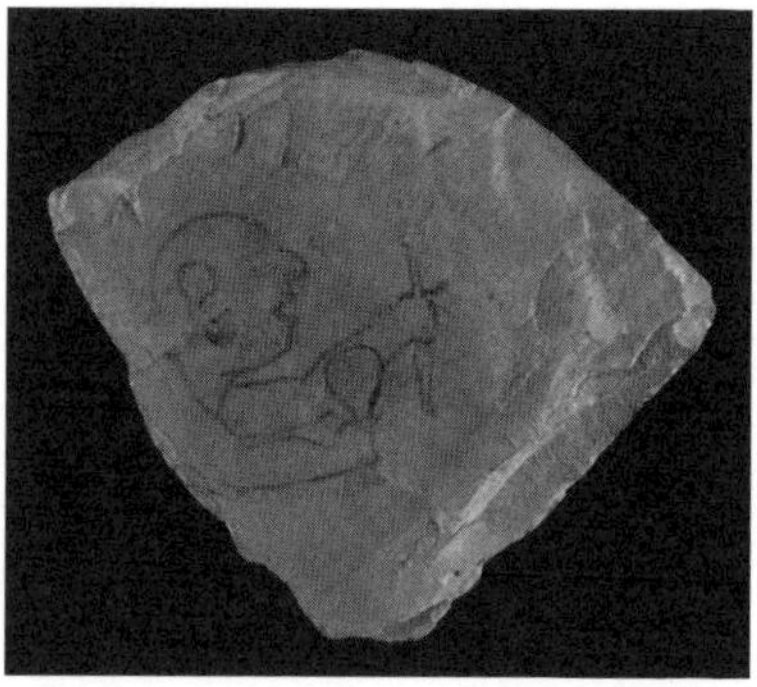

【図7】デール・エル＝メディーナ出土の石灰岩のオストラコン（O. E. GA. 4324a. 1943）。第19王朝時代。縦15・5センチメートル、横14センチメートル。ケンブリッジ大学フィッツウィリアム博物館蔵。©The Fitzwilliam Museum, Cambridge

は「盲者を笑うな。小人(*nm*)をからかうな。不具者に当たるな。神の手のうちにある者をからかうな。失敗を咎めるな。人間は粘土と藁であり、神が形作ったのだ」という教訓も残されている。異質な存在は許容され、利用されてきたのである。

では、神話や文学とは離れた世俗に存在した同性愛に私たちが出会うことは可能だろうか。結論からいうと、とても難しい。『旧約聖書』のレビ記(第一八章)には、ヤハウェがエジプトを脱出したモーセに「あなたがたの住んでいたエジプトの国の習慣を見習ってはならない」と告げて近親姦、月経中の女性や人妻との交わりを戒めたあと、男性の同性愛と獣姦を槍玉に上げる。

【図8】トゥーナ・エル=ゲベルにあるアマルナ境界碑no. A。無数の腕が伸びる太陽円盤アテンに向かってアクエンアテンと王妃ネフェルティティが祈る。細長い頭部、首、腕に対して、腰が異様に発達した姿で描かれる。背後には二人の王女メリトアテンとメケトアテンがいる。第18王朝時代(著者撮影)。

それ以外にも、異常な性行為(ソドミー)に言及する史料は少なくない。たとえば、不貞(後述)、売買春、レズビアニズム、両性愛、集団性交、小児性愛、屍姦、獣姦、強姦、聖娼(神殿娼婦)などはエジプトの記録に残る。詳細は控えるが、このほとんどはギリシャ・ローマ時代以降のもので、それより前の時代のものはわずかだ。なかでも、日常生活にまつわる禁忌として圧倒的におおく言及されるのは不貞だけだ。それと同じくらいありふれた存在だったはずの売買春や同性愛を否定的に位置付けるどころか、その存在を特定する史料はあまりにも少ない。
これは当時の社会の寛容か、あるいは無関心か。少なくとも、禁止されていたとはいい難い。同性愛もエジプト社会の周縁でふらつきながら、肯定も否定もされなかったのだろう。しかし、一つだけ例外がある。それは、『死者の書』の第一二五章だ。そこには死者があの世で生前の四二の悪行を否認する記述がある[61]。殺人や盗みなどに加えて挙げられるのが、寝盗りだ。通常、「私は誰かの妻を抱かなかった」とごく短く語られるだけなのだが、写本によってはもっと具体的な記述が並ぶ。大英博物館が所蔵する第一八王朝時代のヌウの『死者の書』[62]には、

【ヒ3】*n nk=i ḥm.t ṯ3y*「私は誰かの妻を抱かなかった」[63]

【ヒ4】*n d3d3=i*「私は欲情（自慰？）しなかった」[64]

【ヒ5】*n nk=i nkk*「私は抱く者を抱かなかった」

と記される。ここにはタブー視された性行為が並ぶ。特筆すべきなのは最後の一文である。性的交わ

りを指す語のうち、*mr*「愛する」、*smꜣ*「統合する」、*nhp*「生き返る、交わる」などの語とは違って、【ヒ6】*nk* は使用される頻度が高く、否定的な行為も含めた広い文脈で使用される[65]。男性が主体の行為を指し、「挿入する」と訳すこともあるが、ここでは「抱く」と理解するとよい。「抱く者（*nkk*）」とは、（女性を）抱く男の意味であろう。つまり、「男性が男性を抱く」ことが否定されているわけだ。

「男を抱かなかった」と単純に表現しないことから、「抱く者」には「男」だけではない含意がある。そこで、研究者によってはこれを「同性愛者」と訳すこともある。しかし、*nk* が「抱く」という意味の一般的な動詞であることを考えれば、そこまで飛躍した解釈は避けるべきだろう。そもそも、第一二五章が本当に同性愛に言及するのか断定できない。ひょっとしたら、性行為のうち、生殖を伴わない自慰、膣外射精、フェラチオなどをたしなめるだけかもしれないのだ。同性愛の文脈は、非常にあやふやな語彙解釈に頼ったまま、研究者の間で広く受け入れられてしまっているのが実情なのである。

【ヒ6】

そして、この他にも理解が難しい語はいくつかある。たとえば、第一八王朝時代のネブセニの『死者の書』[66]には、*n nwḥ=i (n) nk=i nkk*「私は *nwḥ* をしなかった。私は抱く者を抱か（なかった）」と記される。動詞【ヒ7】*nwḥ* も規範に収まらない性行為を指すと考えられる[67]。*nk* と同じくらい第一二五章によく登場するが、正確な意味は判らない。さらに、男性名詞に女性形の語尾（あるいはその逆）が確認される事例をもとに[68]、去勢やレズビアンの存在を議論する研究

【ヒ7】

まである[69]。性行為はそれほどに記述するのも解釈するのも難しいのだ。私の愛用書である*Ancient Egyptian literature*を著したM・リシュタイムも『プタハヘテプの格言』、第三二条にある（おそらく子供と水に関わる）性行為に触れる部分だけは、翻訳せずに匙を投げている。

そんなわけで、同性愛（者）を指す言葉を探すのは難しい[70]。それどころか、古代エジプト人は親子以外の二人の関係を指すとき、*sn*「兄（弟）」、あるいはその女性形の*sn.t*「姉（妹）」という言葉ばかりを多用した[71]。血縁で繋がる兄弟、甥、叔父、いとこだけでなく、友、同胞、ライバル、恋人、果ては夫まで*sn*と呼ぶことがあった[72]。民衆全体のことを*sn.w*「兄弟たち」と表現する事例も知られる[73]。外交においても、エジプトの周辺にあった友好国の君主は兄弟と呼ばれ、その外交は*snsn*「兄と弟（の関係）」と表現された[74]。困ったことに、*snsn*は誰かとイチャイチャするという文脈でも使用される[75]。他に「兄弟」の意味に近い*hnms*（女性形は*hnms.t*）という語があり、深い情で結ばれる関係が示唆されるが、「友」と解釈されるのが一般的だ[76]。

アラブ化した現代のエジプトがどこまで古来の伝統や価値観を受け継いでいるのかふと考えるときがある。それは非常に興味深い問いだが、明確な答えを導き出すのは難しい。イスラームの宗教観が支配的であり、なおかつ欧米のカウンターカルチャーを自認する一部の中近東諸国においてはなおさらだ。エジプトに限っていえば、同性愛は違法ではない。『クルアーン』には同性愛（*liwat*）を禁じる文脈が存在するが、これが現代法に直接反映されるわけではない。一部の社会学者は、マムルーク朝時代のエジプトを取り上げて、家父長的社会が女性を隔離すればするほど、男性性はますます強調され、その副作用として男女問わず同性愛が横行したと考える[77]。一部の者がおおくの女性を所有することで生じる不均衡と人間関係の縮小が原因だ。その場合、女性の移動の自由をどこまで認めるかが鍵となる。

古代エジプトでは、女性が夫の家に入って婚姻関係が成立したが、彼女たちが文字通り「家内」に徹したとはいえない。ナイル川のもたらす豊かさに頼っていたエジプトは古来農業社会だった。女性も労働者として日常的に畑に出たのである。また、巡礼などに際して独りで旅をすることもあったようだ[78]。第二〇王朝のラムセス三世は、自分の事績として「私はエジプトの女性が路上で誰かに襲われることなく、望むまま遠くの（？）場所へ行けるようにした」と誇らしげに語っている[79]。これは治安が向上したことを意図し、女性の移動はもとより許されていたと考えられる。

男性についていうと、髭をたくわえた贅肉のない理想像は存在し、伝統的な王の肖像に採用された【図9】。しかし、カツラを被り、偽髭と偽尻尾を紐で縛り付けた細くしなやかな肉体は、大きな筋肉と顔の半分を覆う髭を強調するメソポタミア

【図9】アメン・ラー（右）に抱擁される王トトメス4世（左）。両者とも長い偽髭をたくわえ、腰から偽尻尾を下げる（いずれも王と神にしか許されなかった）。体色は赤茶。すべて男性性の象徴。のちのラムセス朝の王たちはもっと細く描かれる傾向がある。神との身体的接触によってその力や加護を得たのだろう。カルナク神殿に屋外展示されるトトメス４世の列柱広間。第18王朝時代（著者撮影）。

の君主像とはかけ離れている。その高度に様式化した姿は、神や王以外に適用されることはなく、エリートでも髭をたくわえて描かれることは少ない。

温暖なので人々は半裸や薄着で過ごし、身体の輪郭を強調するきつい、あるいは透けた衣装も好まれた。おそらく、身体性が強く制限されることもなかっただろう。これらの意味でエジプト社会は寛容と中庸に特質があったといえるかもしれない。そもそも、家父長社会、移動の自由、身体性に関わらず、同性愛は存在したからこそ神話や文学に取り入れられたのだ。世俗では隠れていたとしても、存在しなかったわけではない。

おわりに

エジプト憲政史上初めて同性愛者が司法によって裁かれたのは、ナイルのクルーズ船クイーン・ボート号が男性同性愛者の社交場とみなされてカイロで摘発されたときだった。二〇〇一年のことである。

これは同時に世間が同性愛の存在を「発見」し、男性性が支配的な社会のあり方が再認識されたときでもあった[80]。六〇人の逮捕者は同性愛ではなく「宗教侮辱」と「堕落」の罪で裁かれたが、取り調べは自白、証拠写真、法医学調査の三点に絞られた。下着の色も調べられたという。伝統的に男性下着は白であるのに対し、それ以外を選ぶのは欧米の価値観に染まった同性愛者という理屈である。下着の色はさておき、重要なのは法医学的調査が肛門性交をしたかどうかの確認だった点である。

つまり、男性同士であることが非難されただけでなく、男性でありながら女性の役割を果たしたことが問題視されたのだ[81]。男性が持つ女性性はそれほど認め難いことなのかもしれない。これはおそらく風土的に古代と連続している。古代と現代の違いは、同性愛を暴力や侮蔑と捉えるか、法を理由に逮捕するかの違いしかない。しかし、これはすべて建前の話である。

最後に、ホルスを犯したセトの話が慣用表現に採用された事例を紹介して本論を締めくくりたい。先に触れたようにセトにはꜥꜣ（アア）「大きな」の形容がおおく使われるが、これはꜥꜣ（アア）「ロバ」と同音である。なるほど、セトの顔はロバに似ている【図4】。想像上の動物セトは中王国時代にはすでにロバと関連づけられた[82]。ラムセス朝になると、決まりを守らない者への警告として「ロバが彼を犯しますように」が登場する[83]。一見卑俗に映るこの表現は、第三中間期には勅令を記す石造の公式記念碑にまで採用された。

このたった一つの表現の中に『ホルスとセトの争い』の同性愛の物語、同音語で遊ぶ韻文の伝統、セトの異端性が内包する多様性がすべて凝縮されている。さらに、ロバを重ねることによってユーモアも加えた高度に洗練された古代エジプト文化の骨頂だ。それを極めて卑しい表現に昇華させたのも、彼らの望むところだったのだろう。

† 註

[1] Ashmolean 1981.940
[2] Smither 1939
[3] Smither 1941
[4] Deakin 1965
[5] この種の研究の黎明期については、Manniche (1977) が詳しく述べている。
[6] Moussa and Altenmüller 1977
[7] Parkinson 1995, p. 59
[8] この他、Schukraft (2007) が同性愛に関わる史料を収集した雑誌論文を発表している。
[9] 性別とジェンダーに関しては、Sweeney (2011) のわかりやすく優れた論考を参考にしてほしい。
[10] 個々の神については、松村一男ほか(編)『神の文化史事典』(白水社、二〇一三年)のうち、筆者が執筆した古代エジプトの項を参照して欲しい。
[11] プルタルコス(柳沼重剛 訳)『エジプト神イシスとオシリスの伝説について』(岩波書店、一九九六年)。
[12] 大英博物館所蔵のシャバカ石 (Lichtheim 1973, vol. 1, pp. 51–7)。
[13]「その似姿が地にあろうとも、この地の神は天にある太陽である」(『アニの教え』P. Boulaq IV, VII, 16)。
[14]「(わたしは)ヌンから生まれた。天が存在しないときに。地が存在しないときに。確固となるものが存在しないときに。騒ぎが存在しないときに」(『ピラミッド・テクスト』呪文四八六)。
[15]『ピラミッド・テクスト』呪文六〇〇。
[16]『ピラミッド・テクスト』呪文六〇〇。
[17]『ピラミッド・テクスト』呪文五二七。「ヘリオポリスで自身を悦ばせてアトゥムは現れた。彼は彼の男根を彼の拳に置き、自慰(字義通りに訳すと「自分に対して悦びをなす」)をしてシュウとテフヌトの二人の双子を生んだ」。
[18]『ピラミッド・テクスト』呪文六〇〇。*išš*と*tf*という動詞は、「吐く」を意味するとともに、それぞれシュウとテフヌトへ類音を重ねる言葉遊びでもある。
[19]【ヒ8】「私は高貴な男と女だ」(『コフィン・テクスト』呪文一三六)。

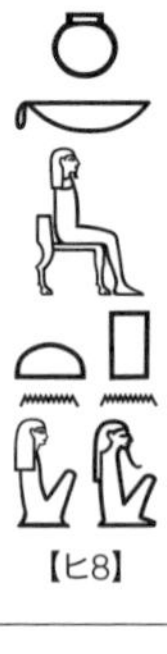
【ヒ8】

[20]チェスター・ビーティパピルスー（第一四欄七行～八行）ではオシリスが「原初の時に人間を発明した者」と記される。ディオドロス（紀元前一世紀）によると、オシリスは人肉食を止めさせて、農耕を人間に教えた（『歴史叢書』第一巻、一四章、一）。

[21]プルタルコスは一四の部分、ディオドロスは二六の部分に切断されたと伝える（『歴史叢書』第一巻、二一章、二）。

[22]『ピラミッド・テクスト』では、ホルスもオシリスの遺体を集めたと記述される。呪文三六四には次のようにある。「ホルスは汝（オシリス）が苦しまないよう、汝のために汝の部分を集めた。彼は汝を統一し、汝に乱れるところはなかった。ホルスは汝を立てた。揺らぐことなかれ」。

[23]「イシスは陰部を除いたすべての体の部分を見つけ、彼女の夫の墓所が密やかに、しかしすべてのエジプトの住民に崇められるように願った」（ディオドロス『歴史叢書』第一巻、二一章、五と二二章、六）。

[24]「汝（オシリス）の妹イシスは、汝の愛ゆえに歓喜して汝のところにやって来る。汝は彼女を汝の男根（*ḥms*）の上に乗せた。汝の精液（*mtw.t*）はシリウスのように尖って彼女に入る。ホルス・ソペドは、シリウスの中のホルスとして汝から出る」（『ピラミッド・テクスト』呪文三六六）。第二六王朝時代のP. Louvre I 3079（CX, 10）は、イシスが男性の役割（体位）をしてオシリスの精液を得たと伝える（Goyon 1967a, pp. 95 and 142）。プトレマイオス朝時代のP. Jumilhac（IV, 16 and 21）はオシリスの陰茎は発見されたと記す。

[25] te Velde 1968

[26] P. CBL 1, recto. 図版、翻字、英訳は、Gardiner 1931, pp. 8–26, pls 1–16に揃う。また、改訂版の翻字は、Gardiner 1932, pp. 37–60に収められる。もっとも入手が容易かつ信頼できる英訳は、Lichtheim 1973, vol. 2, pp. 214–23だろう。また、筑摩書房から一九七八年に出版された杉勇、三笠宮崇仁（編）『筑摩世界文学体系Ｉ：古代オリエント集』に、杉勇が訳した「ホルスとセトの争い」（四六八～四七九頁）の邦訳が収められている。

[27]近年では、二〇〇四年のA・アメンタの雑誌論文も若干の論考を提供する。

[28]【ヒ9】*mn.ty*「両太腿」。

[29]このエピソードは、ペピ一世の『ピラミッド・テクスト』（前室東壁col. P 233＋4）のごく一部に次のように示唆される。「ホルスは自分の体の眼のゆえに叫ぶ。[……一〇語以上欠損……九]柱神。セトは自分の両睾丸のゆえに叫ぶ。ホルスは自分の精液をセ[ト]の尻に入れ、セトは自分の精液をホルスの尻に入れる」（J. Leclant, p. 277, col. 30; Schukraft 2007, p. 310）。他の王の同テクストにこの一節は存在しない。

[30]『コフィン・テクスト』呪文一五八に「水へ投げて母が作ったのは、ホルスの両手である」とある。『死者の書』第一一三章にも同じ呪文が存在する。

【ヒ9】

[31]【ヒ10】*ḥn*「急いで行く」。既出の【ヒ11】*ḥnw*「男根」と同音の言葉遊び。

[32]「私は彼に対して漢（おとこ）(*ʿḥ3wty*あるいは戦士)の業を成した」。(Parkinson 1995, p. 65, n. 64)。この証言を受けて九柱神は驚き、ホルスを蔑む。『二人兄弟の物語』の第一九王朝の写本P. BM EA 10183（III, 6)には、兄嫁が弟を誘惑するとき、「彼女の心は漢（*ʿḥ3wty*)としての彼を知りたくなった」と記述する。

[33]これまで使用される*mtw.t*「精液」という語ではなく、*mw nṯry*「神の水」と表現される。

[34]「素敵な（良き、美しき)日」とは、葬送の文脈でも祭礼などの世俗の文脈でも使用される語だが、しばしば男女の和合を象徴するエロティシズムも含意する(Lichtheim 1973, vol. 1, p. 195; Darnell 2002, pp. 130–5)。

[35] P. Boulaq IV, VI, 14–5.

[36]ピアンキの戦勝記念ステラ（Cairo JE 48862, 47086–9)、一五七〜一五八行。また、ラムセス三世は征服したヌビア兵たちを「女たちのよう」にみなした（*KRI* V, 8: 7)。加えて、書記の手習い用の語彙集にも男女の序列が透けて見える（Gardiner 1947)。たとえば、最初に言及されるのが「男神」なら、「女神」はその次である。民衆に関しては、「成人男性」、「青年男性」、「老人」、「成人女性」、「青年女性」、「混成」、「少年」、「児童」、「男児」、「女児」の順である。「混成」(【ヒ12】*tp-šbn*)をどう解釈するか難しいが、興味深い事例だ。

[37]ロンドンのユニヴァーシティ・カレッジが所有するP. UC 32158（= P. Kahun VI. 12)。

[38] Griffith 1898, vol. 1, p. 4, vol. 2, pl. 3

[39]【ヒ13】*rḫ m=i*「私を知ろう（としている)」。「知る」という動詞に精液を漏らす男根の決定詞があるので、性的関心を含意する。

[40]ラムセス朝に制作されたP. Cairo JE 86637, recto, IX, 2–4とP. Sallier IV, recto, IV, 3–5 (Leitz 1994, vol. 1, pp. 67–70, vol. 2, pls 9 and 58)。

[41]ネクタネボ二世時代のStela MMA 50.85, ll. 153–55, Spell 12（Sander-Hansen 1956, p. 57)。

[42]聖舟祠堂の西外壁（PM VI, 146（219–20, 2nd reg.）; *Edfou* I, 82: 5–7, XI, pl. 247)。

[43] Halperin 1990, pp. 75–87

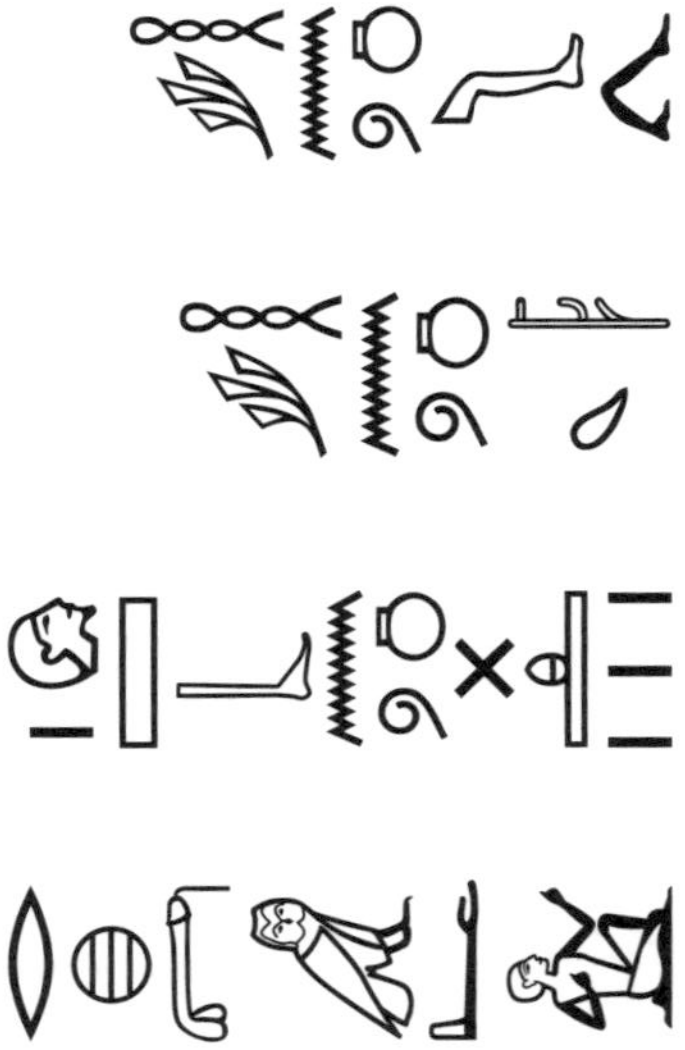

【ヒ10】【ヒ11】【ヒ12】【ヒ13】

[44] *Wb* II, 381; Wilson 1997, pp. 567–8.

[45] P. Chassinat I (Posener 1957; Dijk 1994). 制作年代は第一八王朝か第二五王朝かで研究者の意見が分かれる。

[46] Lichtheim 1973, vol. 2, pp. 180–93

[47] Gardiner 1931, pp. 31–2, pl. 23; Lichtheim 1973, vol. 2, p. 186, n. 4.

[48] *ẖm.t (w) ib=i r mȝȝ nfr.w=s* GardinerもLichtheimも否定形と解釈していないが、そうした方がいいだろう。

[49] *sni=i ḥr=f m wsṯn*「自由に動いて彼の前を通る」。

[50] *nn rḫ (=i) s.t rd.wy=i*「私の両脚の場所を（私は）知らない」。

[51] *ẖm.tw ib=i r iḳr*「私の心は全く知られない」。

[52] *wsṯn=k Mḥy ḥr iḥ*「あなたは何のためにメヒに構うのか」。*wsṯn*「構う」と前出の*wsṯn*「ふらふら」が韻を踏んでいる。

[53] *iw=i (r) ḏd n=f pḥr=i*「私の周回を彼に伝えよう」。

[54] この詩の七連すべての主語は男性形の【ヒ14】と表記される。

[55] Manniche 1977

[56] P. Turin Cat. 2031（= 55001）: Omlin 1973.

[57] E.GA. 4324a.1943

[58] Manniche 2010

[59] Deakin 1965, pp. 35–6

[60] ギザとサッカラには古王国時代の小人症の人物の墓が少なくとも五〇基確認されている。彼らは王宮で登用され、多くが衣装、宝飾、動物飼育、舞踊や音楽などの娯楽、育児、助産などの特定の任務に関わり、高位の「監督」の称号を有する者もいた（Kozma 2005）。

[61] Stadler 2008

[62] P. BM EA 10477

[63] 不貞に関しては、その代償として死がもたらされる（『プタハヘテプの格言』、第一八条（P. Bibliothèque Nationale 183–194, IX, 12））、誰かの妻を抱いた男は相手の家の玄関で殺されるか、自分の妻が代わりにレイプされる（『アンクシェションキの教え』(P. BM EA 10508, XXI, 18–9, XXIII, 7)）などと警告する例が知られている。これは規定として存在したわけではなく、男女関係で揉めても離婚することは可能だった（Eyre 1984, pp. 98–9; Griffith 1909, pp. 19–20, 27, 30）。

[64] 動詞*dȝdȝ*（あるいは*dydy*）の意味はよく判らない。目的語を伴わないので自動詞である。男女を問わずに使

【ヒ14】

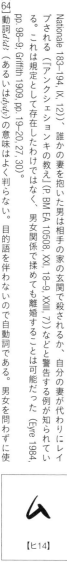

用される。乳房と関係するか。

[65]もともと暴力行為に関係する語だったと考えられている（Parkinson 1995, p. 62, n. 37）。『コフィン・テクスト』呪文五七九と六一九には、あの世でも妻との性生活が持続するのを願うときにnkの語が使用される。エドフ神殿では、川や運河が大地を潤す文脈で比喩的に使用される事例もある（Wilson 1997, p. 551）。コプト語では「不倫をする」、あるいは「浮気者」の意（Crum 1939, pp. 222–3）。

[66] P. BM EA 9900

[67] Goedicke（1967, p. 101）は口腔性交と解釈したが、飲む行為や酩酊と関係があるかもしれない（Wilson 1997, p. 498）。

[68]たとえば、プトレマイオス朝時代のイルティウルウの『死者の書』第一二五章には、「妻」に男性の決定詞が記される（P. OIM 10486: Allen 1960, pp. 199, 205, n. db, pl. 77）。

[69] Goedicke 1967, p. 99, nn. 22–3

[70]【ヒ15】*ḥm*も同性同士の異質な性行為を指し、セトと関連して使用されることが多い（*Wb* III, 80（6）; Wilson 1997, p. 650; Deakin 1965, p. 33; Parkinson 1995, pp. 66–7; Schukraft 2007, p. 307）。

[71] Campagno 2009, p. 3

[72] Revez 2003

[73]セヘル島に残る『飢餓碑文』三行目（Barguet 1953, , p. 15, pl. 3）。

[74]ラムセス二世とヒッタイト王ハットゥシリ三世の平和条約（*KRI* II, 277: 1–15）。

[75]不真面目な書記見習いに対して、*snsn=k tꜣ kꜣ-sꜣ*「汝はカッシートの女と戯れている」と嘆く記述（第二〇王朝時代のP. Lansing, VIII, 7: Gardiner 1937, p. 107; Blackman and Peet 1925, p. 291; Lichtheim 1973, vol. 2, p. 171）。

[76] Satzinger and Stefanović 2012

[77] Hatem 1986, p. 256

[78]デール・エル＝バハリにあるトトメス三世の神殿にはラムセス朝の巡礼者の残した落書きが多く残るが、女性が単独で記したと考えられる事例がある（Graffiti DB 27, 43, 56, 99, 113, and 115: Marciniak 1974; Sadek 1984）。また、DB 72に記録されるのは外国人女性であり、DB 124は女性三人が連れ立って書き残したと思われる。

[79] Erichsen 1933, pp. 95–6

[80] Pratt 2007, pp. 134 and 140

[81]挿入する立場が優れているとするphallocratic「男根支配的」な考えは、イスラーム世界に共通する

【ヒ15】

ようだ（Schmidtke 1999, p. 260）。
[82] Ward 1978
[83] デール・エル＝バハリにあるトトメス三世の神殿に残るラムセス朝の落書きDB 11（Marciniak 1974, pp. 70–1）と第三中間期のステラ（Spiegelberg 1903）。

†引用文献一覧

Amenta, A. 2004. "Some reflections on the 'homosexual' intercourse between Horus and Seth", *Göttinger Miszellen* 199, pp. 7–21.

Barguet, P. 1953. *La stèle de la famine à Séhel* (Bibliothèque d'Étude 24), Imprimerie de l'Institut Français d'Archéologie Orientale.

Blackman, A. M. and Peet, E. T. 1925. "Papyrus Lansing: A translation with notes", *Journal of Egyptian Archaeology* 11, pp. 284–98.

Campagno, M. P. 2009: Kinship and family relations, in E. Frood and W. Wendrich (eds), *UCLA encyclopedia of Egyptology*, pp. 1–8.

Chassinat, É. 1897. *Le temple d'Edfou* (Mémoires publiés par les membres de la mission archéologique française au Caire 10–1 and 20–31), 14 vols, Ernest Leroux.

Crum, W. E. 1939. *A Coptic dictionary: Compiled with the help of many scholars*, Oxford University Press.

Darnell, J. C. 2002. *Theban desert road survey in the Egyptian western desert I: Gebel Tjauti rock inscriptions 1–45 and Wadi el-Hôl rock inscriptions 1–45* (Oriental Institute Publications 119), United Graphics Incorporated.

Deakin, T. J. 1965. "Evidence for homosexuality in ancient Egypt", *International Journal of Greek Love* 1 (1): pp. 31–8.

van Dijk, J. 1994. The nocturnal wanderings of king Neferkarē', in C. Berger, G. Clerc, J. Leclant, and N.-C. Grimal (eds), *Hommages à Jean Leclant* (Bibliothèque d'Étude 106), Institut Français d'Archéologie Orientale, vol. 4, pp. 387–93.

Erman, A. and Grapow, H. 1926. *Wörterbuch der aegyptischen Sprache*, 7 vols, J. C. Hinrichs.

Eyre, C. J. 1984. "Crime and adultery in ancient Egypt", *Journal of Egyptian Archaeology* 70, pp. 92–105.

Gardiner, A. H. 1931. *The Library of A. Chester Beatty: Description of a hieratic papyrus with a mythological story, love-songs, and other miscellaneous texts*, Emery Walker.

Gardiner, A. H. 1932. *Late-Egyptian stories* (Bibliotheca Aegyptiaca 1), Édition de la Fondation Égyptologique Reine Élizabeth.

Gardiner, A. H. 1937. *Late-Egyptian miscellanies* (Bibliotheca Aegyptiaca 7), Édition de la Fondation Égyptologique Reine Élizabeth.

Gardiner, A. H.1947. *Ancient Egyptian onomastica*, 3 vols, Oxford University Press.

Goedicke, H. 1967. "Unrecognized sportings", *Journal of American Research Center in Egypt* 6, pp. 97–102.

Goyon, J.-C. 1967. "Le cérémonial de glorification d'Osiris du papyrus du Louvre I. 3079", *Bulletin de l'Institut Français d'Archéologie Orientale* 65, pp. 89–156.

Griffith, F. L. 1898. *The Petrie papyri: Hieratic papyri from Kahun and Gurob (principally of the Middle Kingdom)*, 2 vols, Bernard Quaritch.

Griffith, F. L. 1909. *Catalogue of the demotic papyri in the John Rylands Library, Manchester, with facsimiles and complete translations*, 3 vols, University Press.

Kitchen, K. A. 1975. *Ramesside inscriptions: Historical and biographical*, 8 vols, Blackwell.

Kozma, C. 2006. "Dwarfs in ancient Egypt", *American Journal of Medical Genetics* 140A, pp. 303–11.

Leclant, J. 1977. "Les textes de la pyramide de Pépi Ier (Saqqara): Reconstitution de la paroi est de l'antichambre", *Comptes Rendus des Séances de l'Académie des Inscriptions et Belles-Lettres* 121, pp. 269–88.

Leitz, C. 1994. *Tagewählerei: Das Buch HAt nHH pH.wy Dt und verwandte Texte* (Ägyptologische Abhandlungen 55), 2 vols, Harrassowitz.

Lichtheim, M. 1973. *Ancient Egyptian literature: A book of readings*, 3 vols, University of California Press.

Manniche, L. 1977. "Some aspects of ancient Egyptian sexual life", *Acta Orientalia* 38, pp. 11–23.

Manniche, L. 2010. *The Akhenaten colossi of Karnak*, American University in Cairo Press.

Marciniak, M. 1974. *Les inscriptions hiératiques du temple de Thoutmosis III* (Deir el-Bahari 1), PWN-Editions scientifiques de Pologne.

Moussa, A. M. and Altenmüller, H. 1977. *Das Grab des Nianchchnum und Chnumhotep* (Archäologische Veröffentlichungen (Deutsches Archäologisches Institut. Abteilung Kairo) 21), Philipp von Zabern.

Omlin, J. A. 1973. *Der Papyrus 55001 und seine satirisch-erotischen Zeichnungen und Inschriften* (Catalogo del Museo Egizio di Torino: Serie prima, Monumenti e testi 3), Edizioni d'Arte Fratelli Pozzo.

Parkinson, R. B. 1995. "'Homosexual' desire and Middle Kingdom literature", *Journal of Egyptian Archaeology* 81, pp. 57–76.

Porter, B. and Moss, R. L. B. 1970. *Topographical bibliography of ancient Egyptian hieroglyphic texts, reliefs, and paintings VI: Upper Egypt, chief temples*, 2nd ed., Alden Press.

Posener, G. 1957. "Le conte de Néferkarè et du général Siséné", *Revue d'Égyptologie* 11, pp. 119–37.

Revez, J. 2003. "The metaphorical use of the kinship term sn 'brother"', *Journal of American Research Center in Egypt* 40, pp. 123–31.

Sander-Hansen, C. E. 1956. *Die Texte der Metternichstele* (Analecta Aegyptiaca 7), Ejnar Munksgaard.

Satzinger, H. and Stefanović, D. 2012. "The Middle Kindgom xnmsw", *Studien zur Altägyptischen Kultur* 41, pp. 341–51.
Schukraft, B. 2007. "Homosexualität im alten Ägypten", *Studien zur Altägyptischen Kultur* 36, pp. 297–31.
Smither, P. C. 1939. "A Coptic love-charm", *Journal of Egyptian Archaeology* 25, pp. 173–4.
Smither, P. C. 1941. "A Ramesside love charm", *Journal of Egyptian Archaeology* 27, pp. 131–2.
Spiegelberg, W. 1903. "Die Tefnachthosstele des Museums von Athen", *Recueil de Travaux* 25, pp. 190–8.
Stadler, M. A. 2008: Judgement after death, in J. Dieleman and W. Wendrich (eds), *UCLA encyclopedia of Egyptology*, pp. 1–4.
Sweeney, D. 2011: Sex and gender, in E. Frood and W. Wendrich (eds), *UCLA encyclopedia of Egyptology*, pp. 1–14.
Ward, W. A. 1978. "The hiw-ass, the hiw-serpent, and the god Seth", *Journal of Near Eastern Studies* 37, pp. 23–34.
Westendorf, W. 1977: Homosexualität, in E. Otto and W. Helck (eds), *Lexikon der Ägyptologie, Harrassowitz*, vol. 2, pp. 1272–4.
Wilson, P. 1997. *A Ptolemaic lexikon: A lexicographical study of the texts in the temple of Edfu* (Orientalia Lovaniensia Analecta 78), Uitgeverij Peeters en Department Oosterse Studies.

第7章

メドゥーサはなぜペルセウスに殺されねばならなかったのか？

松村一男

1　ギリシャ神話にはエロスと暴力が多い

極論を言えば、ギリシャ神話はエロスと暴力という二つの対立的な観念を中心に成り立っているとさえ言えるかもしれない。

エロスが暴力を引き起こす例としてすぐに思い浮かぶのは、盲目の吟遊詩人ホメロスが作者とされる『イリアス』に謳われるトロイ戦争だろう。トロイの王子のパリスがギリシャ、スパルタ王の妃ヘレネを誘惑して祖国に連れ帰り（＝エロス）、ヘレネを取り返すためにギリシャの英雄たちがトロイを攻め、一〇年に亙る大戦争で両軍に多くの犠牲者を出して、最後には木馬の計略によってトロイは滅び（＝暴力）、ヘレネは連れ戻される。

『オデュッセイア』は帰還の途中に時々はエロスも混じるが（キルケ、カリュプソ）、だいたいは暴力の連続で、オデュッセウスの戦友たちは次々と命を落とし、オデュッセウスはたった一人になって帰国する。そして故郷でも妻に言い寄る求婚者たちを皆殺しにする暴力の後にようやく妻とのエロスの喜びを味わう。

ホメロスがギリシャ神話の基幹を据えたというなら、エロスと暴力の組み合わせがギリシャ神話の特徴だとさえ言えるだろう。テセウスがミノタウロスを退治してアリアドネを妻とするという神話もそうだ。ホメロスの二大叙事詩は紀元前八世紀以前に遡るだろう。テセウスのミノタウロス退治も、ギリシャ本土より先に栄えていたクレタ島を舞台にしているので、ホメロス以前かどうかは判断できないが、かなり古い神話であろう。

いいや、ヘシオドスの『神統記』こそ、ギリシャ神話の基本テキストだという意見もあるに違いない。ヘシオドスはギリシャ本土のボイオティア地方で前八世紀に生きていたとされるので[1]、そこに見られる神話伝承はホメロスと古さでは遜色ない。ではこちらでは何が語られているだろうか？

まず世界の原初要素の登場に続くのは、ティタン神族の誕生である。これはガイアとウラノスのエロスの交わりの産物である。しかしウラノスは生まれてきた子を暴力的に母の胎内に押し戻す。これに対してガイアは息子のクロノスに鎌を渡してウラノスの性器を切断させ、無力化する。そしてウラノスに代わってクロノスが支配者となる。しかしクロノスも妻レアとのエロスの産物である生まれてきた子供たちを自ら飲み込むという暴力をふるう。

そして末子のゼウスがリーダーとなって、クロノスら旧世代のティタン神族と戦い、その暴力によってオリュンポスの神々の支配が完成するのである。

ヘシオドスによる神々の秩序完成の神話についてもまた、エロスと暴力の組み合わせで成立しているという見方を否定するのは難しいだろう。ましてやクロノスによるウラノスの男性器切断という暴力の産物がエロスの女神のアフロディテの誕生をもたらしたとされているのだから。

また、そのアフロディテは鍛冶屋の神へパイストスという夫がありながら、戦の神アレス（＝暴力）と浮気をしている。これもエロスと暴力が無関係ではないという神話的表現だろう。

ギリシャ神話を例にしてエロスと暴力の繋がりを指摘したが、冷静になってみれば、これはギリシャ神話に限らず、世界中の多くの神話に当てはまる傾向かも知れない。今仮に傾向と言ったが、ひょっとすると「内在的本質性」かも知れない。

創造神話と英雄神話がよくある二つのタイプの神話なら（これを否定するのは難しいだろう）、『神統記』は創造神話におけるエロスと暴力の繋がりを示し、『イリアス』（そして『オデュッセイア』も？）は英雄神話におけるエロスと暴力の繋がりを示している。

ただしパリスによるヘレネ誘拐とその結果としてのトロイ戦争は、エロスと暴力の結びつきという点では英雄神話と同じだが、順序が逆であり（普通は暴力の結果というか、ご褒美がエロス）、アンチ英雄神話と呼ぶ方がよいかもしれない。

2 ペルセウスのメドゥーサ殺し

以下ではペルセウスのメドゥーサ殺しをエロスと暴力の組み合わせとして分析していく。神話の後半部では、エチオピアにおける海の怪物退治とアンドロメダの獲得が暴力とエロスのつながりを示している。しかし前半部ではどうだろう。メドゥーサ殺害はたしかに暴力である。ではエロスはどこにあるのだろう。もちろん、ゼウスが黄金の雨になってダナエに降り注ぎ、その結果としてペルセウスが生まれたという部分はエロスである。しかしメドゥーサ退治の暴力と黄金の雨のゼウスというエロスの間には神話論理としての必然性は見当たらない。メドゥーサ退治自体の中にエロスの要素があるべきなのだ。

最初にこの神話の前半部の構成要素で私が謎めいていると思うものを挙げてみる。

①なぜ女怪物なのか
②なぜ首を持ち帰るのか
③なぜ殺されると子供が出現するのか
④父親はだれか
⑤子供の特徴とその訳

これらにすらすら答えられる人は以下の文章は読む必要はない（笑）。

3 ストーリー

ペルセウスはメドゥーサ退治や、アンドロメダ救出などで知られる英雄で、アルゴス王アクリシオスの娘ダナエとゼウスの子。アクリシオスは孫に殺されるという神託を得たので、娘のダナエに男を近づかせないように、彼女を青銅の部屋に閉じ込める。しかし、ダナエに恋したゼウスが黄金の雨に変身して彼女に降り注いだため、ペルセウスが生まれた。

これを知ると、アクリシオスはダナエとペルセウスを箱に閉じ込めて海に流す。しかし幸運にも、箱は沈むことなくセリポス島に流れ着く。その島の王ポリュデクテスの弟のディクテュスが、ダナエとペルセウスを保護し、養った。

あるとき、ポリュデクテス王は親しい者たちを集めて贈り物を要求した。そこでペルセウスは、王の要望ならばたとえ見た者を石と化すというゴルゴンの首でも持ってこようと高言してしまう。ポリュデクテスはダナエに恋していたので、ペルセウスを疎ましく思っていた。そのため、これは厄介者払いができると喜んだポリュデクテスによって、ペルセウスは本当にゴルゴンの首を持ってくることを命じられる。

しかしゼウスの子であるペルセウスにはアテナとヘルメスから助けの手が差し伸べられ、ペルセウスはゴルゴン三姉妹のうち、唯一不死ではないメドゥーサを殺して首を切り落とすことに成功する。そしてメドゥーサの首を持ち帰る途中、彼はエチオピアで、王女アンドロメダが海の怪物の生贄にされようとしているところに遭遇した。彼は、アンドロメダを妻にするという条件で、怪物にメドゥーサの首を見せて石に変えて退治し、彼女を救出した。

故郷に帰ると、ポリュデクテスはダナエを強引に妻にしようとしていた。そこでペルセウスはメドゥーサの首をポリュデクテスと彼の仲間に見せ、石に変えてしまう。こうして、妻を得て、母を救い出したペルセウスだが、あるとき、円盤投げの競技に参加した際、投げた円盤によって観客席にいた老人を誤って殺してしまう。この老人こそがアクリシオスだった。ペルセウスは偶然とはいえ祖父を殺してしまったことを恥じ、祖父から受け継いだ王位を従兄弟と交換し、従兄弟の治めていたティリュンスの王となる。［2］

4 図像の豊富さ

この神話には図像が豊富に残っている。文字資料のほかに図像が残っていると、ある神話モチーフがいつごろからあったのか比較的確実に判断ができる。たとえば紀元前七世紀の神殿彫刻や壺絵にその神話モチーフが残っていれば、その時代にはすでに存在していたことになるし、神殿という信仰の場に置かれていたり、奉納された壺に描かれているなら、すでに広く知られていた神話であったと推測できる。また図像の分析から文字テキストにはない情報も読み取ることも可能である。

図像についてはカーペンター『図像で読み解くギリシア神話』の図版がまとまっていて便利なので、ぜひ参照いただきたい。参考までにそれぞれの場面と同書の掲載番号と推定製作年度を次に示しておく。なお本論考で掲載している図は同書とは別に用意し【図○】と表示する。

・ゼウスが黄金の雨になってダナエに降り注ぐ（図版一四四：前四一〇年頃【図1】、図版一四五：前四一〇年頃）
・箱に入れられ海に流されるダナエとペルセウス（図版一四六：前四七〇年頃）
・グライアイから目を盗むペルセウス（図版一四七：前四七〇年頃）
・ニンフたちから必要な品々を与えられるペルセウス（図版一四八：前五四〇年頃）

・メドゥーサ（図版一五五：前五八〇年頃、図版一五六：前六二〇年頃、図版一五七：前六〇〇年頃）
・メドゥーサの首を切るペルセウス（図版一五〇【図2】：前六六〇年頃、図版一五三：前四五〇年頃、図版一五四：前五四〇年頃）
・メドゥーサから有翼の馬ペガソスとクリュサオルが生まれる（図版一五四【図3】、図版一五七：前五三〇年頃）
・二人の姉妹から追いかけられる（図版一四九：前六七〇年頃）
・メドゥーサの首（ゴルゴネイオン）（図版一五一【図4】：前七世紀〜五世紀、図版一五二：後五世紀ローマでのコピー）
・怪物に喰われんとするアンドロメダ（図版一五八【図5】：前五六〇年頃、図版一六〇：前四三〇年頃）
・怪物と戦うペルセウス（図版一五九：前五三〇年頃、図版一六一：前四世紀半ば）
・ポリュデウケスとその仲間をメドゥーサの首で石にするペルセウス（図版一六二：前四三〇年頃）

神話の多くの場面が描かれていること（しかも数も多い）は、この神話と登場人物が、人気があった証拠である。図像の例は最も古いもので前六七〇年頃だが、それ以上どこまで遡れるかは残念ながらわからない。

【図1】ゼウスが黄金の雨になってダナエに降り注ぐ（ルーブル美術館蔵）

【図2】メドゥーサの首を切るペルセウス（ルーブル美術館蔵）

【図3】メドゥーサから有翼の馬ペガソスとクリュサオルが生まれる（アントニオサリナス地域考古学博物館蔵）

【図4】メドゥーサの首［ゴルゴネイオン］（フランス国立図書館蔵）

【図5】怪物に喰われんとするアンドロメダ（アルテス博物館蔵）

5　神話の後半部はワンパターン（ペルセウス・アンドロメダ型）

この神話は、「英雄（ペルセウス）が世界の果てに赴いて怪物（メドゥーサ）を退治して、王女（アンドロメダ）と結婚する」という一番普遍的に見られる、つまりワンパターンな英雄神話モチーフを採用している。日本神話でもスサノオはヤマタノオロチを退治してクシナダヒメを獲得している。少しひねっているけれど、オイディプスも怪物スピンクスを退治して、テバイの王妃イオカステ（でも実は自分の母なのだが）を獲得している。したがってこの普遍的＝ワンパターンの神話モチーフは通常「ペルセウス・アンドロメダ型」と呼ばれる。

これは「英雄と美女の組み合わせ」とか「英雄的行為のご褒美としての美女」といった、英雄神話の典型的タイプであり、こちらを主に論じても面白くないだろう（失礼！）。もちろん、アンドロメダが何でエチオピアの王女なのか？といった個別の要素についての検討は、神話成立の過程を推測するのに役に立つので、以下で行っている。

6　前半部こそ独自の構成要素——女怪物メドゥーサ

神話の前半部には独自な要素がある。それは殺される怪物が女だという点である。おそらくこの神話は二つの異なる由来を持つ神話素が一つにまとめられたものなのだろう。個人的には前半部こそが重要と感じている。

まずメドゥーサについて神話が伝えることを確認しておこう。

ゴルゴンはゴルゴーともいい、世界の西の果てに住む奇怪な姿の三人姉妹の怪物。醜悪な顔、ヘビの毛髪、イノシシの牙、空飛ぶための翼をもち、なによりその眼を見ると石になってしまうとされていた。三姉妹のうちメドゥーサだけが不死ではなかった。そしてメドゥーサは英雄ペルセウスによって首を切られてしまう。ギリシャでは邪悪な力の攻撃を避けるためにゴルゴネイオン（「ゴルゴンの頭」）という恐ろしい顔をしたお守りを壁面や武器（楯や鎧）に飾ることがあった。日本の家屋で邪悪な力の侵入を防ぐために鬼瓦が飾られるのと同じである。また顔のうちでも特に目の視線が重要とされていた。今でも「邪視」（イヴィル・アイ）という表現があるし、現在のギリシャではガラスで作った目の形をしたお守りがアクセサリーとしてよく見られる。[3]

以下の補足は主としてアポロドロス『ギリシャ神話』二・四・二―三による。そこに見られない伝承についてはヘシオドス『神統記』二七〇―二八七行によることを注記した。ローマ時代になるとオウィディウス『変身物語』第四書（六〇四―八〇三行）がこの神話を紹介したので、その後のヨーロッパ世界でも広く知られることになった。

A：海（ポントス）と大地（ガイア）の娘であるケートーと海の神ポルキュスは二組の三姉妹を生んでいる。一組は生まれた時から老婆の姿のグライアイ（「灰色の女たち」）で、世界の西の果ての太陽の上らぬ常世の国に住んでいたが、三人で一つの眼と一本の歯を共有し、互いに順に廻していた。

B：ペルセウスはメドゥーサ退治の前にグライアイたちのところに行って三人が眼と歯を渡そうとしていた瞬間に眼と歯を盗んで、それらを返す条件として、翼のあるサンダル（それで空を飛べる）とキビシスという魔法の袋を持つニンフたちのところに行くルートを教えるように求めた。そしてそれを教えてもらった後、グライアイに眼と歯を返した。そしてニンフたちのところに行って、サンダルとキビシスだけでなく、姿が見えなくなるハデスの帽子も貸し与えられた。さらにヘルメスから「アダマス製の鎌」を与えられた。こうして準備を整えて、空を飛んでゴルゴン姉妹のところに来た。

C：三姉妹でメドゥーサ以外の二人は不死である。なぜメドゥーサだけが不死身でないのかは説明されていない。彼女たちの姿は次のように記述されている。「竜の鱗で取り巻かれた頭を持ち、歯は猪のごとく大きく、手は青銅、翼は黄金で、その翼で彼女たちは飛んだ。そして彼女たちを見た者を石に変じた」

D：メドゥーサはポセイドンと床を共にした（ヘシオドス『神統記』二七七―九行）。

E：ペルセウスは眠っているメドゥーサに近づき、アテナに手を導かれ、顔を背けて青銅の盾の中を眺めながら首を切った。

F：するとメドゥーサから有翼の馬ペガソスとゲリュオンの父となるクリュサオルが飛び出した。「これはメドゥーサがポセイドンによって生んだのである」。ペルセウスはメドゥーサの首をキビシスに入れた。

G：残りの二人は目覚め、ペルセウスを追ったが、ペルセウスが姿を消す帽子を被っていたので捕らえられなかった。

7 魔除けの顔としてのメドゥーサの首

目に見えない邪悪な霊を撃退する魔除けやお守りとして威嚇的な顔を掲げることは、世界中で普遍的に見られたし、いまでも見られる。アイルランドのシーナ・ラ・ギグ、マオリ族の記念柱や威嚇のダンスの時の表情、アメリカ先住民のトーテム・ポールに彫られた大きな目と大きな口に舌を出した顔、そしてギリシャの神殿に見られるライオンの彫刻（正面からで大きな目と大きな口）、そして日本の家屋の鬼瓦などがそうだ。メドゥーサの首とされるゴルゴネイオンもそこに属する。

つまりこの神話の構成要素の一つは普遍的なものである。これらは一括して「邪視」と呼ばれることもあるが、魔除けの顔と邪視は重なる部分を有しつつも、必ずしもイコールではない。邪視については以下で述べる。

8 『ギルガメシュ叙事詩』の影響？

ゴルゴネイオンそしてペルセウスによるメドゥーサ殺害の神話のどちらについてもオリエントに類例がないかをまず確認した後でなければ、ギリシャ独自なのかの判断は慎まねばならない。

さてオリエントの文学作品『ギルガメシュ叙事詩』は、最初はシュメール語で書かれていたが、前二千年期前半には古バビロニア語版が成立し、後半には中期バビロニア語が成立した。後者はヒッタイトの遺跡ボアズキョイやパレスチナのメギド、シリアのエマルなどからも断片が出土している。またこの時代にはヒッタイト語版やフリ語版も作成されたという。そしてさらに時代が下った紀元前千年紀に今私たちが読んでいる標準版が成立した[4]。

この有名な叙事詩には、ギルガメシュが朋友エンキドゥとともに香柏の森の守り手であるフンババを殺害する場面がある。フンババについてはテキストに次のように描写されている[5]。

［フン］ババ［の声は大洪水、］
［その口は、火］その息は死だ

①フンババとされる、大きな目と大きく開いた口を持つ古バビロニア時代の顔がある大英博物館蔵）【図6】。

また、ギルガメシュとエンキドゥがフンババと戦っている場面を描いた作品も四点知られている。

②古バビロニア時代のテラコッタ、ベルリン、古代近東美術館蔵【図7】

③ルリスタンの青銅製長杯の打ち出し文様（前二千年紀後半）ベルリン、原始・初期歴史時代美術館蔵

④テル・ハラフ出土、前九〇〇年頃、ボルティモア、ウォルタース美術館蔵

⑤新アッシリア時代の円筒印章、大英博物館蔵【図8】

①のフンババの顔は顔中が線で埋め尽くされている。他の作例はそうではない。他の四例はいずれも同じ構図になっている。つまり中央にフンババがいて、両側からギルガメシュとエンキドゥの二人が攻撃して

【図7】ギルガメシュとエンキドゥがフンババと戦っている場面①（ベルリン、古代近東美術館蔵）

【図6】フンババとされる、大きな目と大きく開いた口を持つ古バビロニア時代の顔（大英博物館蔵© The Trustees of the British Museum）

【図8】ギルガメシュとエンキドゥがフンババと戦っている場面②（大英博物館蔵© The Trustees of the British Museum）

いるのだ。したがってこの場面を描く時には紀元前二千年紀前半の古バビロニア時代から前九〇〇年頃までの長期にわたり、この構図が継続して用いられていた可能性が高いだろう。

フンババの姿勢にも共通性が見られる。いずれでも両側の二人よりも低い姿勢なのだ。②では倒れそうであり、③では片膝をついている。④では両側の二人に手を押さえられ、頭を打たれ、両膝が曲がっている。そして⑤でもフンババは片膝をついている。こうした姿勢の共通性の他に、②、④、⑤では両側の二人が側面からの顔であるのに対して、フンババは正面からの顔であることも共通している（③ではフンババも横顔である）。こうしてみると、姿勢と顔の向きについても広い地域での長い間の構図の一貫性があったと考えてよさそうである。

『ギルガメシュ叙事詩』はギリシャ人にも知られていたらしいし、文学作品とは別に今紹介したようなフンババ殺害の場面のテラコッタ作品、青銅製の杯、円筒印章などがギリシャに伝わった可能性もある[6]。

ゴルゴネイオンのような正面からの威嚇する顔のモデルがオリエントに、それもフンババにあったのではないかという仮説は、以下に見る「走るメドゥーサ」の謎を解明してくれる。

9　邪視との関係

次に邪視との関連である。メドゥーサは首を切断されて死んだが、それでもその顔を見ると石になってしまうとされている。その場合、彼女の目は開いたままなのか、それとも閉じているのか? 答えは簡単でメドゥーサの首はすなわちゴルゴネイオンなのだから、ゴルゴネイオンがどうかを見ればよい。そしてゴルゴネイオンは一部の後代の芸術作品以外はみな大きく目を開いている(口も開いて、舌も出している)。これはいわゆる邪視(evil eye)の信仰とつながっている。現代風に言えば眼力(めぢから)とか「ガンをつける」である。

したがってメドゥーサの首の問題は、いくつかの他の問題とつながっていることがわかる。一つはギリシャの壺絵における顔が例外的に正面から描かれる場合があることの理由である。壺絵において正面から描かれる顔とは死者、意識のない場合(あるいは陶酔している場合)、笛を吹いている場合などである。メドゥーサの首はもちろん正面から描かれる(そうしか描けない)が、それは同時に死を示す顔である[7]。もう一つが邪視である[8]。

10 殺す理由としてのメドゥーサの首=ゴルゴネイオン

つねづね思ってきたのは、なぜメドゥーサは殺されねばならないのか、という点である。彼女と姉妹たちは世界の果てで没交渉でひっそりと暮らしている。そこにわざわざペルセウスが押しかけて寝ている間に殺すのだ。ペルセウスが自分の勇気を誇るため、メドゥーサの首だって取ってくると大言壮語したために自業自得でそうせざるを得なくなったという筋書きになっているが、それは後付けであろう。

ではこの神話で世界の果てにいて事実上は「無害」な女怪物を英雄が殺すのは何のためなのだろうか？　それは神話の成立以前にすでに「メドゥーサの首」が存在していたからであろう。このメドゥーサの首を誰がどのようにして胴体から切断したのかという関心から、メドゥーサ殺しの英雄神話が生まれたのではないか。そして説明のためには、よくある英雄による怪物退治の神話のフォーマットが手軽なので、それを利用したのだろう。首の切断の説明という「目的」が、よくある英雄神話のパターンの安直な利用という「手段」を規定したと思われるのだ。

11　鎌（ハルペー）による殺害

ここで注目されるのは、殺害の道具が「鎌」とされている点である。図像でも剣ではなく、鎌が描かれているものが少なくない。この武器は神話の成立を考える一つの手がかりになる。

ヘシオドスには武器の記述はないが、アポロドロスでは「アダマス製のハルペー（鎌）」となっている（二・四・二）。アダマス adamas は「堅固な」という意味で、実体はわからない金属である（実在しないものかも知れない）。

ハルペーという語はヘシオドス『仕事と日』五七〇行にも出てくるが、それは熟した穀物の穂先や果実を切り取る小鎌である。とはいえ、怪物の首を切断するのに小鎌では不足ではないか？　しかし、ペルセウスの図像でも小鎌を持っている姿があるので、この鎌には意味があると考えざるを得ない。

ギリシャ神話に関心がある人は、別の鎌が用いられる有名な場面を思い出すかもしれない。それは冒頭にも述べた、世界の創成時に母ガイアの命令で息子のクロノスが父ウラノスの男性器を切り取る場面である（切り取られた男性器が海に投げ込まれると泡だった中から愛と美の女神アフロディテが出現する）。切断に用いられたのは「アダマスで作られた大鎌」である（ヘシオドス『神統記』一六一―二行）。

ペルセウスの鎌とクロノスの鎌は同じかというとそうではない。ペルセウスの方はハルペーと呼ばれ小鎌だし、クロノスの方はドレパノンと呼ばれ、大型のもので牧草刈りに使うイメージだ（英語でscythe）。しかしどちらも「アダマス製の」と形容されているのは共通だ。

一方は小型で寝ている女怪物の首を切断する。するとそこから有翼の馬と男子が出現する。死から生命が生じている。他方、ウラノスはガイアと交わるために勃起させていたペニスを息子に大鎌で切除されている。そこからは愛の女神アフロディテが生じるが、その後ウラノスは無力化されて支配者の地位を息子のクロノスに奪われている。無力化は完全な死ではないが、ここでも暴力からエロスの権化が生じている。

このようにここにもエロスと暴力のテーマを読み取ることは可能だが、しかし同時に、ウラノスがクロノスに男性器を切除されて王権を奪われるというテーマはヒッタイト（それ以前はフルリ）の王権神話がギリシャに伝わったものだということが明らかにされている［9］。アダマス製の鎌を使うというテーマはギリシャ以外、つまりギリシャよりも先進地域であったオリエントから伝えられたものかもしれない。

また、ゼウスがテュポンと戦う時に鎌を武器としたという伝承もある。しかしゼウスはテュポンに捉えられ、逆に鎌で腱を切られている。後にヘルメスが腱を取り返し、ゼウスはテュポンを退治する。ただしその時にはもう鎌については語られない。もう武器として使われていないであろうか。ヘシオドス『神統記』のゼウスとテュポンの戦いには鎌は登場していない。このエピソードについてはアポロドロス『ギリシャ神話』(1.6.3)が詳しいので、そこから紹介しておく。

ゼウスがティタン族との戦いに勝つと、ガイアはタルタロスと交わってキリキア(小アジア半島南東部、キュプロス島と向かい合い、シリアに近い)で怪物テュポンを生んだ。テュポンが天に向かってくると神々はエジプトに逃げ出し、動物に姿を変えて見つからないようにした。ゼウスは遠くからは雷霆《らいてい》でテュポンを撃ち、近づくと「アダマスの鎌で打ち殪《たお》し」、逃げるテュポンをシリアのカシオス山まで追っていった。

そこで両者は組み合った。テュポンはとぐろを巻いてゼウスを動けなくし、鎌を奪うとゼウスの手と足の腱を切り取って動けなくして肩に担いで海を越えてキリキアに運び、コリュキオンの岩穴に押し込めた。そして腱は熊の皮に隠してしまい、番人として竜女デルピュネを置いた。

しかしヘルメスとアイギパンが腱を盗み出して密かにゼウスにつけた。ゼウスは本来の力を取り戻し、翼のある馬に牽かれた戦車に乗って上空から雷霆をテュポンに投げてニュサの山まで追いかけた。そこでテュポンは運命の女神たちにこれを食べればさらに強くなると騙されて、無常の果実を食べた。そこからさらに逃げてトラキアに来て、ハイモン山で戦闘中に投げつけようと山を持ち上げたが、山はゼウスに雷霆で打たれてテュポンを下敷きにした。このため多くの血が流れた。

それでもテュポンは逃げてシチリア海を渡っていたが、ゼウスがエトナ山を投げつけたのでその下敷きとなった。エトナ山が今も火を噴いているのはゼウスの雷霆から火が吹きあがっているのである。鎌の要素が古いかどうかはただちには決められない。前八世紀のヘシオドスには述べられていないからだ。しかしアポロドロス版ではヘシオドスとは別の要素も加わっている。ヘシオドスには地名がまったく出てこないのに対して、アポロドロス版では両者はキリキア、エジプト、シリア、トラキア、シチリアと転戦している。この雄大なスケールは単に話を面白くするために後から追加された要素なのだろうか。

腱を切られて無力化され、腱を取り返して再び敵に挑んで勝利するというモチーフはヒッタイトの「竜神イルルヤンカシュの神話」[10]の第三欄の部分に見られる。

嵐神と竜神は敵対関係にあり戦ったが、嵐神は敗れ心臓と目を取られてしまった。嵐神は復讐のため貧乏人の娘を妻として男子を儲けた。この子が成人すると竜神の娘と結婚させた。そして妻の家に行ったら、自分の父（嵐神）の心臓と目のことを訊ねよと教えた。すると竜神は娘の夫に嵐神の心臓と二つの目を与えた。彼はそれを父のもとに持って行った。こうして再び力を取り戻した嵐神は竜神と戦い復讐した。しかしその時、彼の息子は竜神の側に立ち、父によって殺された。

主権神が交代する神話（「天上の王権神話」と呼ばれている）はギリシャとヒッタイト（元来はフルリ）にあり、ヒッタイトの神話がギリシャに伝わったことは明らかで、同様にゼウス（雷霆の神）とテュポン（蛇神）の戦いはヒッタイトの嵐神と竜神の戦いを取り入れていることも明らかであろう。ウラノス、クロノス、ゼウスと最高神が交代する「天上の王権神話」はヘシオドス『神統記』にあるので紀元前八世紀にヒッタイト神話の影響下に取り入れられたのが明らかだが、先ほど述べたように腱を切り取られ、それを取り戻すという部分はヘシオドスには見られないので、それがどのくらい古いかは確実ではない。しかしこちらもヒッタイトに由来するのは明らかなので、おそらく「天上の王権」のモチーフと同じ時期にギリシャに伝わったと考えてよいのではないか。

そうすると、ゼウスがテュポンに対して用いた「アダマスの鎌」も同じく前八世紀以前にヒッタイト経由でギリシャに伝わったと想定してもよいかもしれない。

12

ポセイドンと馬とデメテル

メドゥーサがポセイドンと交わり、ペルセウスがメドゥーサの首を刎《は》ねると有翼の馬ペガソスと黄金児クリュサオルが生まれたという伝承は、ヘシオドスが『神統記』(二七八—二八二行)で述べているので、前八世紀には存在したといえよう。これによって図像での年代よりさらに古い年代にこの神話モチーフ(の一部だけかもしれないが)が成立していたことが確認=証明できる。

ポセイドンは海と地震の神の他、馬の神ともされる[11]。これについてはギリシャ人旅行家パウサニアスの『ギリシャ案内記』のアルカディア地方のテルプサについての伝承(八・二五・四—九)が詳しい。ポセイドンがエリュヌスと交わって、神話的な馬アレイオンを儲けたとされる関連個所を以下に訳しておく[12]。

4：テルプサを後にしてラドン川はオンケウムのデメテルの神域へと下る。テルプサの人々はこの女神に「怒りの」（エリニュス）という形容辞を与えている。（以下、省略）

5：女神が「怒りの」という形容辞を受けたのは以下のような次第である。デメテルは姿を消した娘を探して放浪していたが、ポセイドンがデメテルを追いかけてきた。そこでデメテルは雌馬に姿を変えてオンケウムの雌馬の群れに隠れたが、ポセイドンはこの変身を見破り、同じく馬の姿となって思いを遂げた。

6：（省略）

7：デメテルはポセイドンとの間に娘を儲けたといわれている。その名前は伝えられていない。また彼女は馬のアレイオンも生んだといわれている。このためポセイドンは「馬の」（ヒッピオス）という形容辞を冠せられている。

このアレイオンという馬については、アポロドロス『ギリシャ神話』（三・六・八）が、「アドラストスのみはアレイオンが救った。この馬はデメテルがエリニュスの姿でポセイドンと交わって生んだものである」と、パウサニアスと重なる伝承を記している。

パウサニアスは、ポセイドンとデメテルについてもう一つ別の伝承も伝えている[13]。

1：エライイウス山はピガレイアから三〇ハロン（約六キロ）ほどである。そこには黒い（メラエナ）

デメテルの洞窟がある。
2：テルプサの人々がポセイドンとデメテルについて伝えていることはピガレイアの人々によっても信じられているが、デメテルが生んだのは馬ではなく、アルカディア人が「貴婦人」と呼ぶ子だったとしている。デメテルはポセイドンに対する怒りとペルセポネの誘拐の悲しみで黒い衣をまとって洞窟に入り、長い間外部との接触を断った。（以下、省略）
3：省略
4：ピガレイアの人々は洞窟をデメテルの聖所として、木で女神の像を作った。それは岩の上に据えられていたが、頭部以外は女性の姿だった。頭と髪は馬のものだった。そして頭には蛇や他の獣の像が付けられていた。像は足元までの衣装をまとっていた。片手にはイルカを持ち、もう一方の手にはハトを持っていた。（中略）人々がこの女神を「黒い」という形容辞をつけたのは、女神の衣装が黒かったからである。

デメテルが馬に変身し、同じく馬の姿となったポセイドンとの間に子馬を儲けたという神話があったことが確認できる。またデメテルの馬頭の神像があったことも確認できる。メドゥーサの図像には下半身が馬のものがあるが【図2】、これもデメテルの場合と重なる。

13 ペガソスとクリュサオル

ペガソスの名前の意味については諸説があるが、おそらくギリシャ人がすぐに連想したのはペーゲー「泉」とのつながりであったろう。ペガソスの父のポセイドンは海洋だけでなく大地の水の支配者、そして馬の支配者でもあるとされていたので、大地の下の水の湧く場所である泉はポセイドンと馬とのつながりを連想させるからだ。

ヘシオドス『神統記』の序詞は、ムーサたちが住むとされるヘリコン山に「馬の泉」（ヒップー・クレーネー）があると伝える。この泉について、後の時代にはペガソスが蹄で穿ったとする伝承が見られる[14]。

ゴルゴン三姉妹は有翼で空を飛べるし、ポセイドンは馬の神である。両者の交わりから生まれたペガソスが有翼の馬とされるのは受け入れやすい。ペガソスはゼウスの雷霆の運搬をし、またペレロポンがキマエラを退治するのを助けたとされている。そして今でもゲームのキャラや石油会社のロゴに使われている。

他方、クリュサオルはペガソスほど有名ではない。名前の意味は「黄金の剣を持つ者」である。ニンフのカリロエとの間にヘラクレスに退治されたゲリュオンとエキドナを儲けたとされている。

メドゥーサから出現した子の一方は天上的な馬ペガソスであり、他方のクリュサオルの家系は怪物群に連なる（天上的・神的と地下的・怪物的の対比）。

ポセイドンとメドゥーサの愛が新たな生命をもたらしたが、それは普通の出産の形態はとらず、ペルセウスの暴力によってペガソスとクリュサオルという姿で出現したのである。

14 アンドロメダと海の怪物

ポセイドンは怒ると海から怪物を送るらしい。ヒッポリュトスの場合とラオコーンの場合もそうだが、アンドロメダともっとも似ているのはヘシオネの伝承である。

ヘシオネはトロイア王ラオメドンの娘である。王はトロイアの城壁を作ったアポロンとポセイドンに対して約束の報酬を払わなかったため、神々の怒りを買った。アポロンは疫病を送り、ポセイドンは海からの怪物を送った。ヘシオネを犠牲に捧げれば災いを免れるという神託があり、王は娘を海辺の岩に縛り付けた。アマゾンの女王の帯を得た帰りのヘラクレスがトロイアに寄港し、かつてゼウスが王子ガニュメデスを連れ去った代償に王に与えた雌馬をもらうという条件で怪物を退治したが、王が馬を与えなかったので、ヘラクレスは後に再びトロイアにやってきて王とその息子たちを殺し、ヘシオネを一緒に戦った朋友テラモンに与えた[15]。

15 エチオピアと星座

神話の後半ではエチオピアが舞台となっている。王女アンドロメダは王ケペウスと女王カシオペイアの娘である。母親は娘が海のニンフたちよりも美しいと自慢する。これは人間の分をわきまえない傲慢（ヒュブリス）であり、怒ったニンフたちの願いを聞き入れた海神ポセイドンは怪物を出現させ王国を荒らさせる。神託を伺うと、怪物を鎮めるにはアンドロメダを人身御供にせよといわれ、アンドロメダは岩に縛られ、怪物の餌食とされることになる。

ペルセウスは空を飛んで帰国の途中であったが、アンドロメダを見初め、結婚を条件にメドゥーサの首を使って怪物を岩に変えてしまう。またアンドロメダの婚約者ピネウスとその仲間がアンドロメダを取り戻そうとペルセウスを攻めてきたが、彼らに対してもメドゥーサの首を示して石に変えてしまう。

故郷のセリポス島に戻るとポリュデクテスが無理やり母ダナエと結婚しようとしていたので、ポリュデクテスとその仲間たちに対してメドゥーサの首を示して、石に変えてしまう。

この後半部分の特徴を挙げると、

①エチオピアが舞台である。
②星座の名前になったものが多い。

③話がワンパターンである。

ということになろうか。

ペルセウス神話が完成したときにはすでにアフリカのエチオピアについて知られていたのだろう。そしてテセウスがクレタ島の王女アリアドネを妻としたり、イアソンが黒海の奥のコルキスの王女メデイアを妻とするのと同じパターンで、困難な偉業を成し遂げた英雄が異国のエチオピアの王女を妻としたことになっているのだ。ただし図像を見る限り、現実のエチオピアについての関心はなかったようだ。もし本当のエチオピアを知っていたら、王家の人々は黒い肌で表現されていたはずだからだ。

ギリシャ神話に登場する神々や英雄や怪物などの名前が星座に体系的につけられたのは、紀元後二世紀にエジプトのアレクサンドリアで活躍した天文学者、数学者、地理学者のクラウディウス・プトレマイオスの作った「プトレマイオス（トレミー）の四八星座」においてである。そこに記されたペルセウスとメドゥーサの神話にまつわる名前の星座群は、ペルセウス座、ペガスス座、ケフェウス座、カシオペア座、アンドロメダ座、くじら座など数多く、ヘラクレスの神話にまつわる一群（ヘルクルス座、しし座、うみへび座、かに座、竜座（ラドン））に負けないくらい多い。

理由の一つはもちろん、この神話がよく知られていて人気が高かったからだろうが、もう一つの理由はプトレマイオスがエジプト出身だったからかも知れない。プトレマイオス朝エジプトはアレクサンドロスの後裔のマケドニア人（＝ギリシャ人）が支配していた王朝であり、プトレマイオス自身も名前からしてギリシャ系であったろう。アフリカに住むギリシャ系の学者がアフリカに由来するギリシャ神話の登場人物たちを好んで天体の名につけたのも、そして主人公の女性アンドロメダ（ギリシャ語の名前「男に心を配る者」である）をブラック・ビューティーよりもプトレマイオス朝エジプトの女王クレオパトラに近いと考えたであろうことも納得できないだろうか。

16 メドゥーサとバウボ／目と女性器

メドゥーサの首と視線（邪視）が敵を撃退するのと似たような役割が女性器の露出に与えられている。ギリシャ神話にはバウボという不思議な女が登場する地方伝承がある。彼女の名前は、アテネに近いエレウシスの地で主として女性を中心に行われていたエレウシスの密儀という救済宗教に関わる伝承の中で伝えられている。

デメテルは誘拐されて姿を消した娘ペルセポネを探して各地を彷徨ってエレウシスに来たが、ふさぎ込んで食事も摂らなかった時、バウボという女性が性器を露出した。するとデメテルは笑いだし、食事を摂ったとされている［16］。

女性器の露出が同じように閉じ籠ったあるいは閉じ込められた状態から解放する力があるとする神話は日本神話の天の岩戸の場面におけるアメノウズメの猥褻な舞踏によるアマテラスの出現、インドのリグヴェーダ神話における曙女神ウシャスによる洞窟に閉じ込められていた牛群（あるいは雨）の解放でも知られている［17］。ただし、本書の第11章で木村が取り上げているヴァギナ・デンタータの場合は、少年らを襲う時に女陰を晒し、食らう怪物であり、笑いとは反対の作用をしている。

アイルランドでは魔除けとしてシーラ・ナ・ギグ（Sheela na gig）という像が飾られる。顔は口を開けて舌を出した威嚇の表情でゴルゴン（メドゥーサ）に近い。そして下半身は性器を露出して両手で押し広げている。ゴルゴンとバウボの両側面を兼ね備えているのだ。両者がある意味同じ機能を果たすと考えられていたことの証明である[18]。

17 まとめ――たしかに暴力はある、しかしそこには愛もあるのか？

メドゥーサ殺しの神話は魔除けのゴルゴンの首がある理由を説明しようとして作られたのだろう。

魔除けの顔は普遍的である。そうした魔除けの顔を持った怪物を退治する神話のモデルとなったのは、おそらく『ギルガメシュ叙事詩』のフンババ退治であったろう。『ギルガメシュ叙事詩』もフンババ退治の図像もギリシャに伝わったのだろう。

フンババは世界の果てに住む。しかし人間に直接害を与えているわけではない。明言されてはいないが、ギルガメシュはエンキドゥの助力を仰いで（つまり一人ではフンババに勝てない）、フンババが守っている森林資源を奪おうとしたのだろう。これが、世界の果てに住み、人間世界とは没交渉の怪物のところにペルセウスがわざわざ出かけて行って怪物を殺すという筋書きのもととなったのだろう。

しかしギリシャではここに独自の要素が加えられた。怪物は女性とされたのだ。ギリシャ人にはこの怪物を女にする必要があったのだろう。魔よけの顔がギリシャでは女性とされていたのかもしれない。

あるいはフンババが貴重な森林資源の管理者であり、人間がそれを利用するには邪魔な存在なので、殺されたという『ギルガメシュ叙事詩』の筋書きと似た状況をギリシャ人は直ちには思いつかず、新しい筋書きを作ったのかもしれない。

ではどのような新しい筋書きなのだろう。まず、怪物の殺害自体に価値をもたせる。そしてその結果として、怪物殺しの証明のために持ち帰った首が主人公にさらなる活躍である第二の怪物殺しを可能にして、英雄は美女を獲得する。これは英雄神話に普遍的に見られる「ペルセウス・アンドロメダ型」の採用である。

しかしなおまだ怪物の女性化の謎は説明できていない。ギリシャ人は自然を女性化する傾向が強い。山野の精ニンフ、ドリュアス、ナイアデスなど。美しい女性の自然の精がいれば、その裏返しとして『オデュッセイア』のセイレーン、スキュラ、カリュブディス、そしてメドゥーサなどの恐ろしい姿の女性の自然の精も想定されたのだ。

こうしてフンババをモデルとする怪物はギリシャでは女性とされたのだろう。そしてこの怪物を退治する神話には多くの凝った細部の肉付けがなされた。

①女怪物にはメドゥーサという名が与えられた。
②彼女は三姉妹の一人とされた。

③同じ両親からはもう一組の三姉妹が生まれたとされた。
④しかし矛盾は無視して、二組の三姉妹は対照的であるとされた。
⑤そしてさらに矛盾を重ねて、メドゥーサだけが死ぬ、つまり殺すことができるとされた。
⑥元来が魔よけの顔なのだから、正面切っての戦いは不可能である。そこで策略を用いることになる。
⑦もちろん、英雄が策略を用いて怪物を倒すのは比較的よく見られる筋書きで、日本のスサノオによるヤマタノオロチ退治、インドのインドラによるヴリトラ退治、ヒッタイトの天候神によるイルルヤンカシュ退治などでも見られる。しかしペルセウスの場合、揃えなければならない品数が多い。すなわち、a 空を飛ぶためのサンダル、b 首を切るときの鏡に使う青銅の盾（はじめから鏡でいいとも思うが、それでは英雄らしくないのだろう。鏡は化粧道具だから）、c 首を切るための特別な鎌ハルペー、d 首を入れる特別な袋。e 姿が見えなくなる冥界の王ハデスの帽子など。
⑧メドゥーサ殺しに必要な道具を持つニンフたちのいる場所を聞き出すためにペルセウスはゴンゴン三姉妹と姉妹であるグライアイ三姉妹のところに行き、策略で居場所を聞き出す。
⑨ニンフたち、さらにはヘルメスとアテナからも道具を借りて、ペルセウスはメドゥーサ殺しに向かう。ペルセウスはゼウスの息子であることを忘れてはいけない。彼にはゼウスのお気に入りの娘アテナとゼウスの伝令使ヘルメスが喜んで援助の手を差し伸べてくれる。図像でもペルセウスの傍にこれら二神が一緒にいる例は少なくない。

メドゥーサが殺された時にペガソスとクリュサオルが生まれたとする伝承はヘシオドスにあり、前七世紀の図像にも認められるから、新しい追加ではない。両者の父をポセイドンとする伝承を認めるならば、両者はメドゥーサの体内にいたという説を採るべきだろう。これは、エロスの産物が暴力によって出現したという構図である。

ゴルゴン三姉妹が同じように見たものを石にする恐ろしい女怪物であるという伝承と、メドゥーサはかつて美しいニンフであったが、女神アテナの神域でポセイドンと交わったためにアテナの怒りによって怪物の姿とされたという伝承とは明らかに矛盾する。編纂によって異なる伝承がまとめられた結果であろう。しかし一方が他方を駆逐することなく、二つの伝承は共存している。その形で安定しているのだ。だから、その範囲内で神話は解釈されねばならない。矛盾していると神話を責めても仕方ないし、無意味である。事情は新約聖書における四福音書の共存と同じである。

ペルセウスによるメドゥーサ殺しの神話を完成させるためには、メドゥーサが恐ろしい姿の女怪物でなおかつ不死身ではないことが必要だった。そしてメドゥーサをそういう姿にするためには、かつて美しかった彼女が性的に潔癖なアテナの神域でアテナと敵対的なポセイドンと交わり、アテナの怒りを呼び、罰として恐ろしい姿に変えられるという筋書きが必要だったのだろう。

つまり、エロスが暴力を招くという構図がこの神話を根底で支えていると思われるのだ。

†註

[1]前七五〇年から前六八〇年にかけてか。廣川洋一（訳）『神統記』（岩波文庫、解説）一六六頁による。

[2]松村一男『はじめてのギリシャ神話』（ちくまプリマー新書、二〇一九年）一五三〜一五五頁より語尾を変えて引用。典拠はアポロドロス『ギリシャ神話』（一巻四章一節）やヘシオドス『神統記』（一八〇行）など。

[3]松村、前掲書（一七三〜一七四頁）より語尾を変えて引用。

[4]月本昭男（訳）『ギルガメシュ叙事詩』（岩波書店、一九九六年）三〇〇〜三〇二頁。

[5]第二の書板、第六欄三二行。月本、前掲書、三二頁より引用。

[6] Burkert, Walter 1992. *The Orientalizing Revolution: Near Eastern Influence on Greek Culture in the Early Archaic Age*, Harvard University Press: pp.83-87.

[7]松村一男「壺絵における顔の正面性をめぐって——ディオニュソスの場合」『神話思考I——自然と人間』（言叢社、二〇一〇年）三九七〜四一二頁所収（初出一九八八年）。

[8] Dundes, Alan ed. 1992. *The Evil Eye: A Case Book*, The University of Wisconsin Press.

[9] Burkert 1992: 5, Güterbock, Hans Gustav 1948. The Hittite Version of the Hurrian *Kumarbi* Myths, *American Journal of Archaeology* 52, 1948, pp.123-134, West, M. L. 1997. The East Face of Helicon: West Asiatic Elements in Greek Poetry and Myth, Clarendon Press: pp.296-300..

[10]杉勇他（訳）『古代オリエント集』（筑摩世界文學大系I、筑摩書房、一九七八年）三七六〜三六九頁。

[11] Burkert, Walter 1985. *Greek Religion*, Basil Blackwell: p.138.

[12] Frazer, James George 1898. *Pausanias's Description of Greece*（translation and commentary）, Macmillan, 6 vols: I, pp.404-405に拠る。

[13] 8.42.1-4. Frazer 1898: I, pp.428-429に拠る。

[14]ストラボン『地誌』八・六・二一（C三七九）、パウサニアス『ギリシャ案内記』九・三一・三（二・三一・九も参照）、オウィディウス『変身物語』五・二五六〜二五九。

[15]アポロドロス『ギリシャ神話』二・五・九、二・六・四. ヒュギヌス『ギリシャ神話集』八九は多少違いがあるが基本は同じ。

[16] Richardson, N. J. ed. 1974. *The Homeric Hymn to Demeter*, Clarendon Press: p.82.

[17] Witzel, Michael 2005. Vala and Iwato. The myth of the hidden sun in India, Japan, and beyond, *Electronic Journal of Vedic Studies* 12, 1-69, http://crossasia-repository.ub.uni-heidelberg.de/119/1/Vala_Iwato.pdf

[18]松村、前掲書、四〇七頁、図一一、Dexter, Miriam Robbins and Victor H. Mair 2010. *Sacred Display: Divine and Magical Female Figures of Eurasia*, Cambria Press: pp.91-103.

第8章

グリム兄弟の仕事

——ゲルマン神話とドイツの昔話の暴力と性愛に関して

横道誠

はじめに

本章では、『グリム童話』（以下、より原著に近い書名の『子供と家庭の昔話集』と呼ぶ）で知られるグリム兄弟、ヤーコプ・グリム（一七八五～一八六三年）とヴィルヘルム・グリム（一七八六～一八五九年）が、ゲルマン神話やドイツ昔話のなかの暴力的要素、性愛的要素にどのように向きあっていたかを考察する。

1 ゲルマン神話の暴力とグリム兄弟

世界の始まりと終わり

ゲルマン神話の書物を紐解くと、私たちは暴力的な想像力に出会うことになる。『エッダの歌』に収められた「ヴァフスルーズニルの言葉」では、宇宙創造が次のように歌われている。「原初の巨人ユミルの肉から／大地が創造された／骨から山が／氷のように冷たい巨人の／頭蓋骨から天が／血液からは海が生まれた」[1]。同じ『エッダの歌』に収められた「巫女の予言」では、世界の終わりが歌われる。「太陽は暗くなり／地は海に沈み／天から落ちてくる／輝く星々／火は暴れ／煙もそうだ／大きな熱が高まり／天まで届く」[2] 神々の戦争（ラグナロク）が巻きおこす圧倒的な暴力のもとに、すべてが破壊されてゆく。主神オーディンはフェンリルという狼、「屍肉を喰らう獣」に殺され、息子のひとりが狼の心臓を剣で刺す[3]。その後、世界はまた新生する。「せりあがってくる／海から出てきた大地／新しく緑に萌えて／滝が落ちて／鷲がその上を飛び／岩の上で／魚を狙う」[4]。

英雄神話とグリム兄弟

血なまぐさいのは神々だけではない。ゲルマン神話最大の英雄シグルズは、ファーヴニルという男が龍に変身している際に屠《ほふ》る。「シグルズはファーヴニルの心臓を手に取り、串に刺して焼いた。焼きあがったと思い、心臓から出た滴りが泡立ったとき、彼は心臓に指で触れ、ちゃんと食べられるかどうか調べてみた。彼は火傷してしまい、指を口に入れた。ファーヴニルの心臓の血が彼の舌に付いたとき、彼は鳥の言葉がわかるようになった」[5]。シグルズはファーヴニルの弟、レギンも殺す。「シグルズはレギンの首を刎ね、ファーヴニルの心臓を食べ、レギンとファーヴニルの血を飲んだ」[6]。

こうした陰惨な描写は、私たちの顔を背けさせるかもしれないが、グリム兄弟にはそうではなかった。彼らはゲルマン神話に熱中していた。彼らが古ノルド語（アイスランド語）で書かれた『エッダの歌』を校訂し、ドイツ語に翻訳したとき、「神々の歌」は翻訳されなかったが、それはすでにデンマークで先行する版[7]が出ていたからに過ぎない。

シグルズたちが活躍する「英雄の歌」を彼らは校訂し、刊行したが、この企画では第一巻だけが刊行され、後続の巻の刊行が放棄されたものの、グリム兄弟によるゲルマンの神話への愛好は生涯にわたって続くことになった。ヤーコプは『ドイツ神話学』（初版一八三五年、最終版一八七五〜一八七八年）[8]で、ヴィルヘルムは『子供と家庭の昔話集』の注釈第三版（一八五六年）[9]で、ゲルマン神話の魅力に果てしなく耽溺している。

日本とゲルマン世界

ヴィルヘルムは、ゲルマンの英雄と、江戸幕府体制下の当時の日本人を比較したこともあった。青年期の彼は、ピョートル・イヴァノヴィッチ・リコルドの『日本航海』と抱き合わせで、デンマークのペーター・エラスムス・ミュラーが執筆した『ノルド伝説文庫』を扱う書評を発表した。ヴィルヘルムは、彼と兄とが夢中で研究したゲルマン人の伝説を、日本人についての記述と対比しようとする。そのなかには、「日本人のもとでは、あらゆることが、些末なことにいたるまで、上位のものから指導されている。だがゲルマン人のもとで、秩序は統一された高貴な種族の中心から形づくられた」[10]という主張がある。

第三者を通じてのみ知った日本社会は、ヴィルヘルムが夢想する古代のゲルマン社会と対比され、貶められる。ドイツ人の先祖を遡ると、古代ゲルマン人に行きあたる。そこで、ヴィルヘルムはその祖先の世界に陶酔した。「ゲルマン人の風習は、真剣で深遠で、偉大な心のありようと徳を生みだす。しかし意志、自然な力、大胆な勇気が勝っているからこそ、ときには恐ろしく残酷に見えるのだ」

[11]。

古代ゲルマン民族に関する記録が残酷で凶暴に見えたとしても、それは彼らの「意志、自然な力、大胆な勇気」がそのような印象を与えているだけで、非難されるべきものではないというわけだ。そして、彼は結論する。「それは決して、あの冷たく計算されたアジア的な残酷さではない。それは野生の熱狂する血だ。ベルセルクの憤怒なのだ」[12]。

「ベルセルク」は、ゲルマンの神話や民間伝承に登場する、獣憑きの忘我状態で戦闘行為をおこなう戦士たちを指す。ヴィルヘルムは「ベルセルク」が戦う勇壮なゲルマン社会に夢中になり、「アジア的な残酷さ」に満ちた日本を拒絶する。ヴィルヘルム・グリムもヤーコプ・グリムも、特別に差別的な民族主義者ではなく、おおむね開明的な人道主義者だったが、どのような偉人であれ、私たちと同様、時代と地域の思潮から完全に自由でいることはできない。

ドイツの遺産としてのゲルマン神話?

古代ゲルマン神話のもっとも主要な情報源は古ノルド語という、アイスランド語の過去の形態で書かれており、ドイツ語で書かれているわけではない。ドイツ語もアイスランド語もゲルマン語派という言語グループに属し、祖先はゲルマン民族ということには変わりない。

つまりグリム兄弟は、アイスランドの国民的遺産をドイツの遺産でもあると見なそうとしたのだ。そこには、祖先が同じだからということで、親戚の家の家宝を自分の家の家宝でもあると主張するような心理があった。

2 ドイツ昔話の暴力とグリム兄弟

グリム童話の暴力性

「グリム童話」が残酷だという言説は、私たちにもなじみ深い。

「グリム童話」と呼ばれる書物は、実際にはドイツの昔話なのだが、日本の「かちかち山」で、老婆の肉を老翁が喰らうことが示すように、昔話には、どの国のものかを問わず、残酷な要素が多々ある。ドイツの昔話では、「灰かぶり」(KHM二一)で、ヒロインの二人の継姉は王妃探しの靴を履くために、足の踵や指先を包丁で切断するし、彼女らは最後には鳩たちに眼球をすべて抉りだされる。「白雪姫」(KHM五三)で、白雪姫を殺そうとする王妃は初版では継母でなく実母で、彼女は最後に焼けた鉄を履かされ、死ぬまで踊らされる。「ヘンゼルとグレーテル」(KHM一五)で、魔女はグレーテルによってパン焼き窯に閉じこめられ、火で焼かれて殺される。

初版にのみ収録された昔話として、二つの類話をまとめて収録した「子供たちが屠殺ごっこをした話」(KHM二二a)というものがあった。第一話では、子供たちが豚殺しごっこをしていたところ、ひとりの少年が実際に包丁を用いて別の少年の喉を裂いて殺してしまう。裁判が開かれ、殺した子供は金貨かリンゴかを選ぶように促され、リンゴを選んだため、価値判断の能力がない無垢な子供として免罪される。第二話は、さらに陰惨なものだ。父親が豚を屠るのを子供たちが見ていて、これを真似る。結果として、次男が長男に包丁で刺されて殺される。長男は錯乱した母親に刺殺され、母親の不注意で三男は溺死し、母親は絶望して自殺する。帰ってきた父親は抑鬱状態になり、死んでしまう。

グリム兄弟の論理

一八一三年一月九日付の書簡で、親友の作家アヒム・フォン・アルニムはグリム兄弟二人に書く。「ぼくはすでに、ある母親が次のように嘆いているのを聞いたよ。この書物には、子供が別の子供を屠殺する話が入っているから、自分の子供には読ませられないとね」[13]。一八一三年一月二八日付の書簡で、ヴィルヘルム・グリムは抗弁する。「屠殺の昔話を、ぼくは少年のころ自分の母親から語って聞かせてもらったのだ。そのおかげで、ぼくは遊びのときにも慎重に、注意を怠らないようになったのだよ」[14]。

一八一五年に刊行された初版第二巻では、兄弟の共著による注釈として、この昔話についての解説が「楽園のリンゴは、最初の人間たちを誘惑する」と追加されている[15]。それも兄弟なりの弁解と見なすことができるだろう。弁解としては弱いが、蛇によってアダムとエヴァが神に禁じられた果実を食べるという『旧約聖書』の逸話(「創世記」第三章第一～六節)とこの昔話が関連づけられ、そういう仕方でこの昔話の正当性が主張されたのだった。さらに、同年に発表されたヤーコプ・グリムの

「法のなかの文学について」には、次のような記述がある。

古い法の残酷さや野蛮さは、しばしば物議を醸してきた。私は古い法が同時に残酷かつ柔和で、古い法の内部ではその両方が結ばれていると思う。古い法には純粋な誠実さが君臨し、その誠実さから直接に峻烈さが湧いたのだ。古い文学でもまさに同じだ。かなり時間が経つと、次第に平板な時代になってしまい、そうした溌剌とした残酷さが消え、無関心さが取ってかわったことがわかるはずだ。殺人は稀になり、詐欺が続発した[16]。

古い法に目立つ残酷さや野蛮さ、つまり暴力性は、「純粋な誠実さ」が峻烈になった結果だという論理。これをヤーコプは、民間伝承にも見ていた。ヴィルヘルムも同様の論理を、江戸時代の日本とゲルマン民族の古い価値観を対比させつつ、主張していたわけだ。

残された暴力性と神話との関係

興味深いことに、「子供たちが屠殺ごっこをした話」は初版だけで姿を消し、一八一九年の第二版以降は二度と収録されなかった。ヴィルヘルムは第二版の序文で「子供の時分には不適切な表現を慎重に削除した」と書いているのだが[17]、この昔話は、まさに「子供の時分には不適切」と見なされたのだろう。同様にきわめて不気味な印象の「飢え死にまぢかの子供たち」（ＫＨＭ一四三ａ）という昔話も、やはり初版にのみ収録され、第二版で削除された。

だが、暴力性ゆえに第二版で表現の一部が削除されたり、話そのものが削除されたりした例は、決して豊富とは言えない。「ビャクシンの話」(「ネズの木」、KHM四七)について確認してみよう。

この昔話では、少年がリンゴを取ろうとして箱の内側に前かがみになったとき、継母が箱の蓋を閉めて、少年の頭部を切りおとしてしまう。少年の遺体はこまかく刻まれ、シチューの具になり、それを少年の実父が食べる。継母の実の娘で少年の継妹だった少女は、兄の死を悲しみ、骨を食卓の下から集め、少年の実母の墓でもあるビャクシンの根元に埋める。すると兄は白い鳥に生まれ変わり、事件の顚末を歌い、鳥は石臼を継母の頭に落として殺し、鳥は少年の姿に戻る。

現在の私たちから見ても、継母の行動は恐るべきものだが、初版が刊行された当時から、読者はその印象を免れなかった。一八一三年一月九日付の書簡で、アルニムはグリム兄弟二人に書く。「『ビャクシンの話』ですら、そこに宿っている残酷さゆえに、ぼくにとって完全に正当な昔話というわけではないのだよ」[18]。グリム兄弟とは異なって、アルニムはこの昔話は残酷さゆえに昔話として不純だと主張する。

だが「子供たちが屠殺ごっこをした話」等とは異なり、「ビャクシンの話」は第二版以後も削除されなかった。この昔話はグリム兄弟の時代にすでに広く知られており、白い鳥が囀る歌を、ゲーテの『ファウスト』第一部(一八〇八年)で発狂したヒロインのグレートヒェンは、口ずさむ[19]。そのように認知度が高い昔話を、グリム兄弟はどうしても改変したり削除したりできなかった。しかもこの昔話は、彼らが固執した植物にも、神話にも、さらにはその両方の結びつきとしての植物崇拝にも関係していた。一八一九年、第二版第一巻の序論「昔話の本質について」で、ヴィルヘルム・グリムはこの昔話を次のように論じる。

昔話では、長く崇拝されてきた樹木や泉に命が吹きこまれている。ビャクシンは生命を授けて若返りを実現させる樹木（学名ユニペルス）で明瞭に善良な霊だ。その果実は子供が欲しいという母親の願望を叶えてくれる。殺された者の骨を集めて、この樹木の根元に埋めると、枝が人間の腕のように動いて、その骨を包みこみ、死者を蘇らせる。樹木に受けとめられた魂は、小枝の輝きながらも火を出さない炎から、小鳥に姿を変えて現れて飛翔する［20］。

これはヴィルヘルムによる、第二版で「ビャクシンの話」を削除しなかった理由の説明でもあっただろう。神話に密接に繋がっている昔話と見なされたために、内容の暴力性が看過されたのだ。

3 ゲルマン神話の性愛とグリム兄弟の昔話

ゲルマン神話のフレイヤ

ゲルマン神話を知っているものは、その暴力的で質実剛健な印象から、この神話世界が、ギリシャ神話のような性愛に満ちた内容とは異なっていると想像するかもしれない。しかし、生き物の生の営みに性愛が欠けていることがありえないように、ゲルマン人の生活世界にも性愛が欠けていたことはありえず、神話世界にもそれは反映されている。

一三世紀以後、アイスランドがノルウェーによって植民地化される前に書かれた「伝説的サガ」(Fornaldarsögur) のひとつ、「ソルリの話」では、オーディンから寵愛を受けていた側室で、美と豊穣の女神のフレイヤの性愛が描かれている。「フレイヤはそのころ、あらゆる女性のなかでもっとも美しかったため、オーディンは彼女をとても愛していた」[21]。フレイヤは四人の侏儒《しゅじゅ》たちの住処に行き、彼らが作った黄金の首飾りを気に入って別の宝物と交換したいと申しでる。ところが侏儒たちは、「彼女は自分たちのひとりひとりと一夜を過ごすしかない」[22]と要求する。「良かれ悪しかれ、彼女はこの要求を気に入り」、彼女は実際に四人の侏儒と四夜をかけて性交する。首飾りを手に入れた彼女は、「自分の館に帰り、何ごとも起きなかったかのようにくつろいだ」[23]。

しかし、グリム兄弟はゲルマン神話のこのような要素を等閑視したし、彼らが収集したドイツの昔話に性愛の要素があると見なすことも嫌った。ここでは、「狐の奥様の婚礼」(KHM三八)を例として、彼らの論理を見てみよう。

グリム童話の「狐の奥方の婚礼」

初版から第七版まで一貫して、二つの物語がまとめて語られるこの昔話は、初版に収録されたときには「狐の奥方の話」と題されていた。第一話では、九つの尾がある老いたキツネが妻のキツネを試すために死んだふりをし、噂が広まって、初めは尾が一本のキツネ、つぎは尾が二本のキツネ、さらには尾が三本のキツネ、と求婚者がやってくる。最後に、老ギツネと同じく九本の尾がある若いキツネが現れ、結婚が成立しそうになると、老ギツネが死んだフリをやめて姿を見せる。第二話では、同様の状況でオオカミ、イヌ、シカ、ウサギ、クマ、ライオンなど森のあらゆる動物が求婚してくる。女中のネコが取りつぎ、最後に若いキツネが現れて、結婚式が開かれる。

アルニムは一八一三年一月の書簡で、グリム兄弟に書く。「九つの尾がある狐の物語は、あからさまに、フランス流の悪ノリの話だ。類話では、メスのキツネが若いキツネだけと結ばれようとするのだ」[24]。アルニムが「悪ノリの話」という表現で伝えようとしているのは、この昔話が艶笑譚、つまり猥褻な意図を持った小話だということだ。九つの尾は男性器を、牝ギツネは性的にだらしない女性を暗示する。一八一三年一月二八日付の書簡で、ヤーコプ・グリムはアルニムに応答する。「この昔話の魂を汲んで誓うけれども、これは純粋で無垢なものだよ」[25]。

初版第一巻の注釈には、すでに次のように書かれていた。「まぎれもなく太古に由来するこの昔話は、古フランス語による一度も印刷されたことがない『狐物語』ときわめて重要な関係を有する」[26]。一一七四年にピエール・ド・サンクルーが古フランス語の韻文で書いた『狐物語』は、同じ一二世紀にベルギーのヘントにいたニヴァルドゥスが書いたラテン語の『イセングリムス』を翻案した作品だ。擬人化されたキツネが悪知恵を働かせて活躍する悪漢物語で、ドイツを含めてヨーロッパ各地で翻案が繰り返され、グリム兄弟の時代ではゲーテが一七九三年に『狐のライネケ』と題する連作詩を発表している。

一八三四年、ヤーコプ・グリムは、四五二頁のフランス語による本文と注釈から成る『狐物語』に、「狐のラインハルト」というドイツ語の書名を冠し、二九六頁のドイツ語による解説を付けて刊行したのだが、この著作はヤーコプにとって、自身の著作のなかでも特に愛着を感じるものだった[27]。この昔話が『狐物語』の影響下にあると考えたヤーコプは、昔話集の注釈でその事実を強調したかったし、アルニムの意見にも断固として屈したくなかったというわけだ。

卑しい性愛でなく聖なる神話?

一八一三年一月二八日付の書簡で、ヴィルヘルムもアルニムに書いている。「九つの尾がある狐の昔話に関しては、思うに子供たちは女たちが語るのを無垢に聞くと思うよ」[28]。彼は次のようにも述べる。「その含意は根源的で、神話的なものになるのだし、それに狐というのはどこでもそういったものを象徴しているからね」[29]。

狐が神話的なものを意味するという見解は、ここでは特に九本の尾が念頭に置かれているのだろう。仏教でも宇宙的存在者は、阿修羅のように顔が三面、千手観音のように手が一千本といった特徴をしばしば有するが、ギリシャ神話でも九本の首を有する大蛇ヒュドラーや、四本の馬の脚と二本の人間の手を有する半人半馬のケンタウロス族が登場する。同様の例はゲルマン神話にもある。ヤーコプは『ドイツ神話学』第一巻初版（一八三五年）で、次のように書いている。「オーディンにはスレイプニルという名の馬がいて、巨人や英雄のように八本足だった」[30]。ヤーコプはここで、神話の動物、巨人、英雄で、多く手足を有する者は、それによって彼らの神性を表現していると言おうとしている。「狐の奥方の婚礼」のことは同書の初版では明示されていなかったのだが、一八四四年の第二版には次のような記述が出現した。「「狐の奥方の婚礼」で狐に九本の尾があるのは、スレイプニルに八本の足があったり、英雄や神々に四本の腕があったりするのと同じことだ」[31]。

この書物ではインド神話も考察されているから、四本の腕の英雄や神々とは、四本の腕を有する者として描かれることが多いインド神話のシヴァ、ブラフマー、ヴィシュヌといった主神を指していると思われる。ゲルマン神話やインド神話を意識し、『狐物語』のヨーロッパでの受容の深さを意識したときに、「狐の奥方の婚礼」を性的なものと見なす見解は、グリム兄弟には曲解としか感じられなかった。

4 「眠り姫」伝承における性暴力の純潔化

中世の「眠り姫」

運命の王子様がやってきて、眠っている姫を救済するという「眠り姫」伝承。この伝承は、暴力と性愛に彩られている。

この伝承は、古くは一三世紀に、ボドゥワン・ビュトールによって古フランス語で書かれた騎士道物語『コンストン王の息子の物語』収録挿話の草案に現れる[32]。そこでは、王女リバノールが父王の魔法によって眠りに落ちる。リバノールのいとこにあたる皇子ポンドラギュースが、悪魔ルセクアヌの助力によって、王女が眠る監獄塔へと飛翔し、眠っている王女と三度の性交渉をおこなう。最終的に、悪魔の導きで皇子と王女は森に逃げ、双子が出産される。

正式な作品としては、一四世紀に古フランス語で書かれた騎士道物語『ペルスフォレ物語』第三巻に収められた挿話がもっとも古い。この作品では[33]、王女ゼランディーヌが光の女神ルシアにかけられた呪いによって、糸車の針に付いた亜麻の繊維に刺され、眠りに落ちる。王女の婚約者、騎士トロワリュスは魔法の力を借りて飛翔し、塔内では逡巡の末に、ウェヌスに説得されて王女を犯す。

そのつぎに古いのは、一四世紀にカタロニア語で書かれた著者不明の物語詩「フライレ・デ・ジョイとソル・デ・プラセール」[34]。ギントセナイの皇女ソル・デ・プラセールは、食事中に突然死する。フロリンダ王国の王子フライレ・デ・ジョイは魔法の力を借りて飛翔し、塔内の花咲き鳥の歌う小部屋で仮死状態の王女と性交渉をおこなう。しかし、同時期に同じくカタロニア語で書かれた著者名不明の物語詩「ブランディン・デ・コルノアルハとギロット・デ・ミラマール」[35]では、性暴力が現れない。高貴な身分の少女ブリアンダが父親の魔法によって眠り、冒険旅行中の騎士ブランディン・デ・コルノアルハが、護衛の一〇人の騎士たち、塔内の大蛇、竜、魔法を使う「サラセン人」を倒し、城の塔の小部屋に辿りつく。魔法の白いタカを届けられたブリアンダの兄が、眠る妹にそのタカを抱きしめさせると、目覚める。

近代の「眠り姫」

一七世紀から一九世紀にかけて、「眠り姫」伝承は昔話の様式を獲得していく。

一七世紀に、ジャンバッティスタ・バジーレによってイタリア語ナポリ方言で書かれた『五日物語』収録の昔話「太陽と月とターリア」では[36]、貴族の娘ターリアが、糸車の針に付いていた亜麻の繊維に刺され、眠りに落ちる。既婚の王が鷹狩りをしたときに、鷹が離宮に入りこみ、王は館のなかを探索してターリアを発見する。王は眠るターリアを犯す。これに対して、一七世紀にシャルル・ペローによってフランス語で書かれた『昔の物語または小話』収録の昔話「眠れる森の美女」では、性的要素が欠落している[37]。そこでは王女が百年間の眠りに落ち、王女とは異なる家系の王子が、城と森を見つける。大小の樹木群、絡みあったキイチゴとイバラが王子に道を開き、王子は王女を発見する。ペローが性的要素を削除したのか、ペローが知っている物語がすでに性的要素を欠いていたのかは明らかになっていない。

私たちにとって、もっとも親しみを感じる「眠り姫」伝承の作品名はペローの「眠れる森の美女」だと思われるが、もっとも知られている「眠り姫」伝承はグリム兄弟の「茨姫」だ。その内容はペロー版をなぞるようにして進むのだが、このグリム版で初めて、王子が眠る姫君に口づけをし、それによって目覚めが起こるという内容が語られる。上に見たように「眠り姫」伝承の多くの物語で、眠り姫は性暴力をこうむっていた。現在の日本では準強制性交等罪によって裁かれる事例である。グリム兄弟は強姦を口づけに変えたことになるが、これをどの程度まで意図的におこなったかを明らかにするための資料は発見されていない。

グリム兄弟が「茨姫」を執筆したとき、「眠り姫」伝承のうちで知られていたのはバジーレの「太陽と月とターリア」とペローの「眠れる森の美女」だけだった。さらに、グリム兄弟はゲルマン神話に精通していた。ゲルマン神話の「エッダの歌」では、戦闘と死者の女神、ヴェルキュリヤのひとりブリュンヒルドが、父王オーディンによって眠らされ、のちに英雄シグルズが炎と盾によって囲まれた館のなかで彼女を発見して、眠りが覚めるという物語が歌われる〔38〕。そのため、グリム兄弟には、ゲルマン神話のこの物語が、「眠り姫」伝承となって伝わったのだと思われた。

さらに『スノッリのエッダ』では、英雄シグルズとブリュンヒルドの初夜が次のように説明される。「夜、シグルズはブリュンヒルドと初夜を共にした。しかし彼らがベッドに横たわったとき、シグルズはグラムという名の剣を鞘から抜いて、彼らのあいだに置いた」〔39〕。つまり、英雄が肉欲に溺れないことが強調されているのだ。そのためグリム兄弟には、バジーレ版「眠り姫」は、神聖な神話が歪められて伝えられた物語だと感じられたのだろう。

グリム兄弟のうち、最初に兄のヤーコプが、フランス系ドイツ人マリー・ハッセンプフルークから「茨姫」を聴きとった。このとき彼は、聴きとった内容が実際にはドイツの昔話ではなく、フランスのペローの昔話だと勘づいていた。弟のヴィルヘルムは、「茨姫」本文の初稿を執筆し、その後は何度も改訂した。さらに彼は「茨姫」の正体がシグルズとブリュンヒルドの物語だと主張し、兄がその主張を援護射撃した。これらの具体的細部については、すでに論じたことがある〔40〕。

5 「茨姫」と性の問題、再考

茨姫の名前はどこから来たか

「茨姫」と訳されるドイツ語〈Dornröschen〉は、「茨」(Dornrose)と指小辞の〈-chen〉を結合した語だ。〈Dornrose〉の〈Dorn〉は英語の〈thorn〉に該当し、植物の棘や針を意味する。〈Rose〉は英語の〈rose〉で、薔薇を意味する。〈Dornröschen〉は、以上を踏まえれば、「茨ちゃん」あたりが適切な訳語かもしれない。ヤーコプ・グリムがマリー・ハッセンプフルークから聞き書きした原稿の冒頭には、すでにこの「茨姫」あるいは「茨ちゃん」という作品名が掲げられている[41]。この作品名をマリーがそもそも口にしていたのか、ヤーコプが発案したのかは明らかではない。

ベアト・マセナオアーとセヴェリン・ペリッヒは、「茨姫」の内容だけでなく、作品名もフランスに由来していると説明する。アイルランドに生まれ、フランスに移住したアントワーヌ・ハミルトンの作品には、「棘のある花」(Fleur d'épine)という昔話が含まれている。それが、『諸国民すべての青本叢書』の第二巻に〈Dorn-Röschen〉(「茨ちゃん」、あるいは「茨姫」)として訳され、収録された[42]。そのため、マリー・ハッセンプフルークが『諸国民すべての青本叢書』を思い出しながら誤った作品名を口にして、それをヤーコプ・グリムが書きとめたという可能性がある。この叢書の第一巻には、ペローによる「眠れる森の美女」は「眠る美人」(Die schlafende Schöne)という題で収録されている

［43］。

マセナオアーとペリッツヒは、「茨姫」成立以前のドイツの古典文学にも〈Dornröschen〉に似た名前の登場人物が何名か見当たることを指摘し、それも「茨姫」という名前の源泉ではないかと示唆している［44］。ゲオルク・グレフリンガーによる歌謡と警句詩の集成『詩的な薔薇たちと棘たち、鞘たちと穀粒たち』(*Poetische Rosen und Dörner / Hülsen und Körner*、一六五五年)やアンドレアス・グリューフィウスによる祝祭劇『いとしの茨』(*Die geliebte Dornrosé*、一六六〇年)といった作品が、それに該当する。グリム兄弟の時代には、匿名の編者によって民謡集『まっさらな欲望の薔薇』(*Ganz neue Lust-Rosé*、一八〇一年)が刊行され、グリム兄弟と交流が深かったブレンターノは、バジーレの昔話に取材した創作昔話「薔薇の花びらちゃん」(*Das Märchen von Rosenblättchen*、一八〇六年から一八一一年にかけて書かれた『イタリアの昔話』の一編)を執筆していた。

マセナオアーとペリッツヒは、さらにロザムンデ(またはロザムンダ)の題材についても言及している。ゲルマン民族に属するゴート族の一氏族で、アッティラ死後のフン族を五世紀に撃退したことで知られるゲピド族は、六世紀のクニムンド王の時代に、やはりゲルマン民族に属するランゴバルド族の王アルボイーノに征服された。クニムンドの娘ロザムンデ(またはロザムンダ)はアルボイーノの後妻になるが、彼女は彼を暗殺して復讐を遂げる。これが近代のヨーロッパ文学では、繰りかえして文学作品の題材にされたのだった。ロザムンデ(Rosamunde)は「薔薇の世界」を意味する女性名だ。

英雄神話と結びつけられた「茨姫」

一九三三年、ナチスの「国民社会主義教師同盟」に加入したゲルマン文献学者フリードリヒ・パンツァーは、一九〇二年に騎士物語『メルリン、そしてセイフリッド・デ・アルデモント』を刊行していた。この書物は、一五世紀後半、ウルリヒ・フュエトラーが韻文で執筆した『冒険の書』に含まれ、作者は詳細不明のアルブレヒト・フォン・シャルフェンブルクという人物だった。この物語にはニーベルン伝説やイギリスの魔術師マーリンに関する伝説が融合しており、「ムンディローザ」(Mundirosa)、つまり「世界の薔薇」という女性が登場する。茨の垣根に囲まれた高い山にいる彼女を、英雄セイフリッドが訪れる[45]。

興味深いことに、この作品の「セイフリッド」(Seifrid)はシグルズのドイツ名「ジークフリート」(Siegfried)を思わせる。この作品では「ロザムンデ」についての伝承とニーベルング素材が融合していたようだ。ヤーコプ・グリムがこの物語を知っていたために、「茨姫」という名を考えついた可能性がある。ヨハネス・ボルテとイジー・ポリーフカは、アルブレヒト・フォン・シュラーフェンベルクの『メルリン、そしてセイフリッド・デ・アルデモント』とグリューフィウスの『いとしの茨』に言及している[46]。イタリアのフィレンツェ地方では、バジーレによる「太陽と月とターリア」の類話として、ヒロインの名が「ローザ」(薔薇)になっているものがあることも紹介される。ヤーコプ・グリムはグリューフィウスの作品は確実に知っていたはずだが、フィレンツェの類話については、知っていたかどうか判然としない。

「茨姫」という名前は、これらの文学作品への暗示を仄めかすものとして、グリム兄弟によって支持されたと推測できる。

中世文学の性愛と暴力

さて、ここでは独自に、「茨姫」(Dornröschen)によく似た単語の〈Rosedorn〉、つまり「薔薇の棘」という作品名が付いた中世ドイツの詩に注目してみよう。作者不明のこの詩は、喋る女陰という珍奇な題材によって知られている。この題材は中世のヨーロッパでは伝統的なもので、その伝統がドゥニ・ディドロが一七四八年に刊行した『不謹慎な宝石』(『お喋りな宝石』とも訳される)にまで流れついている[47]。

二〇一九年七月二六日、イギリスの高級紙『ガーディアン』は、オーストリア科学アカデミーが、オーストリアのメルク修道院の図書館から「薔薇の棘」の古い写本を発見したことを報じた[48]。それまで、この作品の最古の写本は一五世紀のものだったから、中世の終わりにいたって、このような性に解放的な作品が出現したのだと考えられていたのだが、新たに見つかった写本は一三世紀ごろのものだったため、この作品は、これまで考えられていたよりも先進的な意義を有していたと見なされるようになった。

この作品で、乙女と彼女の女陰は論争して、乙女は男性は陰部よりも女性の容姿に惹かれると主張し、女陰は男性はむしろ女性の性的機能に惹かれると主張する[49]。両者はそれぞれの正当性を主張するために旅に出るが、乙女は誰からも相手にされずに苦しみ、女陰は誰からも利用されそうになって疲弊する。最後に語り手が求めに応じて両者を暴力的に結合させ、この結果として破瓜《はか》が起こる。作品の冒頭では、乙女が茨の茂みに隠れて水浴びをしており、直接的にはこの場面に作品名が由来すると思われる。旅に出た女性が苦難を経験するのは、人が茨に傷つけられて道を進むイメージに通じるし、女陰の形状が茨を連想させるということも、作品名に関係しているかもしれない。

初稿に「茨姫」と記したヤーコプ・グリムは、この「薔薇の棘」という作品を知らなかったからこそ、彼らの昔話に「茨姫」という名を与えることができたのではないか。『子供と家庭の昔話集』には、版を重ねると昔話の作品名が変わったものもあるのだが、改訂を担当したヴィルヘルム・グリムも、兄と同様にこの作品を知らなかったからこそ、「茨姫」という作品名を維持したのではないか。

6 おわりに

現実の「眠り姫」

「薔薇の棘」は、先進的な性意識によってのみならず、身体性への洞察という観点からも評価されている。前述した新しい写本の発見に関わったクリスティーネ・グラスナーは、述べている。「この作品の核心は、信じられないほど聡明な物語なのです。というのもこの作品は、人がその性から分かれて生きることはできないということを表明しているからです」[50]。「薔薇の棘」が実際に、人と性の不分離を表現したかったかどうかについて、筆者は判定をくだすことができない。だが人と性はたしかに離れられない。そのことだけは明らかだ。

ヴィルヘルム・グリムは一八一〇年、二四歳の初夏に夢で見た内容を続けて記録していた。遺稿のなかからこの資料を掘りだしたハインツ・レレケは、これを「ヴィルヘルム・グリムの夢日記」と名づけ、一九八一年に活字化した。一八一〇年六月二二日付の記録では、ヴィルヘルムは次のような夢を記している。

　ベッティーネは、厳しい両親によって封印されたかのように、暗い部屋に座っていた。調度品は古風だが、贅沢で、食べ物はなかった。ぼくはなんとかしてベッティーネのために何か調達してあげようとして、低い円蓋を這って通りぬけ、厚い壁に入った。そうしながら、ぼくは絶えず、そこに生えているアラセイトウを踏みしだかなければならなかった[51]。

作家のベッティーナ・ブレンターノ、のちのアルニム夫人、ベッティーナ・フォン・アルニムは、文学史上では「ベッティーナ」の愛称で知られているが、身近な人には「ベッティーネ」と呼ばれていた。アラセイトウは、グリム兄弟がシュタイナウに住んでいたときに、ホウセンカやモクセイソウとともに多く咲いていた花だった[52]。これはレレケが指摘するように、「二二歳のベッティーナが茨姫、二四歳のヴィルヘルムが昔話の王子さま」という夢だ[53]。

ヴィルヘルムの脳裏で、兄ヤーコプがマリー・ハッセンプフルークから聞き書きした「茨姫」が、ベッティーネへの密かな想いと融合したのだろうか。すでに述べるように、「眠り姫」伝承はそもそも性的な含意が濃厚な昔話だ。そのことが、ヴィルヘルムにも無意識では理解できていて、それでこのような上品な性夢とでも言うべき夢を起ちあげてしまったのではないか。封印された部屋に侵入し、女性と出会う。その際に繁茂している植物を通りぬける。ヴィルヘルムや彼の兄ヤーコプが強固に反論したくとも、ここには性交渉の露骨な暗示がある。

【付記】本研究は、ＪＳＰＳ科研費（JP17K18009）の助成を受けたものである。

†註

［1］Krause, Arnulf, *Die Götterlieder der Älteren Edda*. Übersetzt, kommentiert und herausgegeben von Arnulf Krause. Reclam, 2006, S. 74.
［2］Krause（2006）, S. 25.
［3］Krause（2006）, S. 24–25.
［4］Krause（2006）, S. 25.
［5］Krause, Arnulf, *Die Heldenlieder der Älteren Edda*. Übersetzt, kommentiert und herausgegeben von Arnulf Krause. Reclam, 2001, S. 111.
［6］Krause（2001）, S. 113.
［7］Arnamagnæanske Kommission, *Edda Sæmundar hinns fróda. Edda rhythmica seu antiqvior, vulgo Sæmundina dicta. Ex codice Bibliothecæ Regiæ Hafniensis pergameno, nec non diversis Legati Arna-Magnæani et aliorum membraneis chartaceisqve melioris notæ manuscriptis*. Cum interpretatione Latina, lectionibus variis, notis, glossario vocum et indice rerum. 3 Pars. Sumtibus Legati Magnæani et Gyldendalii, 1787–1828.

[8] Grimm, Jacob, *Deutsche Mythologie*. 4. Ausgabe. Besorgt von Elard Hugo Meyer. 3 Bde. Ferd. Dümmler, 1875–1878.
[9] Brüder Grimm, *Kinder- und Hausmärchen. Gesammelt durch die Brüder Grimm*. Dritter Band. Dritte Auflage. Dietrich, 1856.
[10] Grimm, Wilhelm, *Kleinere Schriften*. Bd. 1. Hrsg. von Gustav Hinrichs. Ferd. Dümmler, 1881, S. 566.
[11] Grimm（1881）, S. 566–567.
[12] Grimm（1881）, 567.
[13] Steig, Reinhold, *Achim von Arnim und Jacob und Wilhelm Grimm*.（Achim von Arnim und die ihm nahe standen. Bd.3.） J. G. Cotta, 1904, S. 263.
[14] Ibid.
[15] Brüder Grimm, *Kinder- und Hausmärchen. Gesammelt durch die Brüder Grimm*. Bd. 2, Realschulbuchhandlung, 1815, S. LXIV.
[16] Grimm, Jacob, *Kleinere Schriften*. Bd. 6.（Recensionen und vermischte Aufsätze. Dritter Theil.） Ferd. Dümmler, 1832, S. 184.
[17] Brüder Grimm, *Kinder- und Hausmärchen*. Zweite vermehrte und verbesserte Auflage. 2 Bde. G. Reimer, 1819, Bd. 1, S. VIII.
[18] Steig（1904）, S. 262.
[19] Goethe, Johann Wolfgang von: *Faust. Eine Tragödie*. J. G. Cotta, 1808, S. 296–297.
[20] Grimm 1819, Bd. 1, S. XXX.
[21] Morris, William（1911）. *The Collected Works of William Morris. Volume X. Three Northern Love Stories and the Tale of Beowulf*. With Introductions by His Daughter May Morris. Longmans Green and Company, 1911, p. 127.
[22] Morris（1911）, ibid.
[23] Morris（1911）, ibid.
[24] Steig（1904）, S. 263.
[25] Steig（1904）, S. 270.
[26] Brüder Grimm, *Kinder- und Hausmärchen*. Gesammelt durch die Brüder Grimm. Bd. 1. Realschulbuchhandlung, 1812, S. XXVII.
[27] Grimm, Jacob, *Kleinere Schriften*. Bd. 8.（Vorreden, Zeitgeschichtliches und Persönliches. Vierter Theil.） C. Bertelsmann, 1890, S. 461.
[28] Steig（1904）, S. 267.
[29] Ibid.
[30] Grimm, Jacob, *Deutsche Mythologie*. Dieterich, 1835, S. 376.
[31] Grimm, Jacob, *Deutsche Mythologie*. 2. Ausgabe. 2 Bde. Dieterich, 1844, Bd. 2, S. 634.
[32] Berthelot, Anne, “Tracking Down a Medieval Author. A Detective Story, or, Did Baudouin Butor Write the. Roman de Perceforest?,” *Le Roman à*

la Renaissance. Actes du colloque international de Tours dirigé par Michel Simonin（CESR, 1990）. Edited by Christine de Buzon, 2011, p. 1–15; Flutre, L.-F., «Le roman de Pandragus et Libanor par Baudouin Butor. Texte inédit de la fin du XIIIe siècle», Romania 94, 1973, pp. 57–90.
[33] Roussineau, Gilles, *Perceforest*. Troisième partie, tome III. Droz, 1993, pp. 57–93.
[34] Meyer, Paul, «Nouvelles catalanes inédites», *Romania* 13, 1884, pp. 264–284.
[35] Meyer, Paul, «Le Roman de Blandin de Cornouailles et de Guillot Ardit de Miramar publié pour la première fois d'après le ms. unique de Turin», *Romania* 2, 1873, pp.170–202.
[36] Basile, Giambattista, *Lo cunto de li cunti, con testo napoletano e traduzione a fronte*, cura di Michele Rak. Garzanti, 1998, pp. 944–954.
[37] Perrault, Charles, *Contes de Perrault. Fac-similé de l'édition originale de 1695–1697*. Avec une préface de Jacques Barchilon. Slatkine, 1980, pp. 1–46.
[38] Krause（2001）, S. 114–116.
[39] Krause, Arnulf（1997）, *Die Edda des Snorri Sturluson*. Ausgewählt, übersetzt und kommentiert von Arnulf Krause. Reclam, 1997, S. 149.
[40] 横道誠「グリム兄弟の「棘荊姫」(KHM50)の版異同——本文改訂と『自注』改訂のねじれた連関」(『説話・伝承学』、説話伝承学会（編）、第二三号、二〇一四年）一八七～二〇五頁。横道誠「話型ATU410再考——グリム兄弟の『歌謡エッダ』研究・翻訳から系統仮説へ（付・スタロスティナ論文の邦訳と関連資料）」(『京都府立大学学術報告・人文』、第六六号）一三～六五頁。
[41] Brüder Grimm, *Die älteste Märchensammlung der Brüder Grimm. Synopse der handschriftlichen Urfassung von 1810 und der Erstdrucke von 1812*. Hg. und erläutert von Heinz Rölleke, Fondation Martin Bodmer, 1975, S. 106.
[42] Hamilton, Graf Anton, “Dorn-Röschen. Ein Märchen”, *Die Bibliothek aller Nationen*. Zweyter Band. Ettinger, 1790, S. 113–156; Mazenauer, Beat / Perrig, Severin, *Wie Dornröschen seine Unschuld gewann. Archäologie der Märchen*. Deutscher Taschenbuch, 1998, S. 314, Anm. 79)
[43] Perrault, Charles, “Die schlafende Schöne”, *Die Bibliothek aller Nationen*. Erster Band. Gotha, 1790, S. 22–38.
[44] Mazenauer / Perrig（1998）, S. 314, Anm. 79.
[45] Scharfenberg, Albrecht von: *Merlin, und Seifrid de Ardemont*. Litterarischer Verein, 1902, S. LXVIII; 123.
[46] Bolte, Johannes / Polívka, Georg, *Anmerkungen zu den Kinder- und Hausmärchen der Brüder Grimm* 5 Bde. Dieterich, Bd. 1, 1913, S. 441.
[47] Roy, Beuno, “Getting to the Bottom of St. Caquette's Cult,” *Obscenity. Social Control and Artistic Creation in the European Middle Ages*. Edited by Jan M. Ziolkowski. Brill, 1998, p. 314.
[48] Connolly, Kate（2019）, “Medievalists excited at parchment fragment of ‘vagina monologue.’ Find in Austrian abbey dates poem to 200 years earlier than previously thought”, *The Guardian*. <www.theguardian.com/world/2019/jul/26/medievalists-excited-parchment-fragment-vagina-monologue>（二〇一九年七月二六日付の記事）

[49] Schlechtweg-Jahn, Ralf, “Geschlechtsidentität und höfische Kultur. Zur Diskussion von Geschlechtermodellen in den sog. priapeiischen Mären”, *Manlîchiu wîp, wîplîch man. Zur Konstruktion der Kategorien “Körper” und “Geschlecht” in der deutschen Literatur des Mittelalters. Internationales Kolloquium der Oswald von Wolkenstein-Gesellschaft und der Gerhard-Mercator-Universität Duisburg, Xanten 1997*. Hrsg. von Bennewitz, Ingrid und Helmut Tervooren. Erich Schmidt, 1999, S. 104–107.

[50] Connolly（2019）.

[51] Rölleke, Heinz, “Wilhelm Grimms Traumtagebuch”, *Brüder Grimm Gedenken*. Bd. 3, 1981, S. 33.

[52] Inventar der *Grimm-Schränke in der Preußischen Staatsbibliothek*. Hrsg. von Hans Daffis. Karl W. Hiersemann, 1923, S. 106.

[53] Rölleke（1981）, S. 33.

第9章

双子の妹を求めるオゴの性愛の罪を贖う供犠と再生による世界創造

——マリ、ドゴン神話より

木村武史

1 はじめに

アフリカ大陸は広大である。日本の面積の約八〇倍の広さがあり、独立国が五五ある。アフリカは人類発祥の地であり、長い歴史がある。多様な民族がおり、言語、文化も多様である。古くはナイル川沿いにエジプト王朝が栄えていた。北アフリカは地中海世界の一部としてキリスト教が広まっていたが、後にイスラームが広まる。サハラ以南のアフリカにも、今日ではイスラーム、キリスト教が広まっているが、少数民族、部族と呼ばれる人々の文化、宗教もまだ広く伝えられている。神話伝承についても同様である。

数少ない日本のアフリカ神話研究者である阿部年晴は、『アフリカ神話との対話』（二〇一八年）で、アフリカ大陸の神話の特徴として、次の四点を挙げている[1]。

（一）アフリカ神話は驚くほど多様である。言語の多様性とともに、神話の土壌としての狩猟、漁撈、農耕、牧畜等の多様な生業生活があり、神話を伝承する集団も狩猟民の小さなキャンプから焼畑民の村落の仮面結社、牧畜民の年齢集団、都市国家の宗教結社や宮廷等まで多彩である。

（二）アフリカ大陸には世界各地に散在して見られる神話モチーフのほとんどすべてを見いだすことができる。たとえば、死の起源神話の場合、アフリカには世界中の主要なタイプがほとんど見つかる。

(三)サハラ以南のアフリカ史には、途方もなく長い期間に継起した諸文化の間にある連続性を見出せるし、古いものを根絶させることなく保存する傾向がみられる。狩猟民や焼畑民の神話が、王国や都市国家の神話の中で、新しい展開を遂げて重要な役割を果たすということが珍しくない。

(四)サハラ以南のアフリカでは、神話が生きていた時代の社会と現代文明が地続きの関係にある。ほんの昨日まで神話を伝承し、生活の中に活かしていた社会の神話的想像力が、現在、近代化、工業化、産業化等の社会変化の中で根底から「変容の季節」を迎えている。

阿部がいうように、アフリカには多様な神話伝承があり、それゆえ、どれか一つの部族や民族の神話伝承を取り上げても、アフリカ全体を代表するとはいえない。

本章では、最初に、性愛がいかに発見されたのかについて語る神話伝承を取り上げる。性愛の発見は生殖につながるが、これらは事象の背後にある状態や現在の状態を生成した要因、理由、過程を探ろうとする知的かつ神話論的な試みを反映している。そして、次に、アフリカ神話研究の中で最もよく知られている著作の一つである西アフリカ、マリのドゴン族の神話を研究したグリオールの著作を取り上げる。ドゴンの神話は非常に複雑な神話体系を構築しており、性愛と暴力という観点から解釈するのがどこまで適切であるのかという問題点があるが、試論的に行いたい。

2 性愛の発見の神話

性愛が単なる欲望や快楽と異なるのは、それが生殖や子孫の誕生と結びつくからである。しかし、興味深いのは、原初の人間や神話的存在者には、男女の相手に対して欲望を持たなかったので、子供がいなかった、いかにして生殖が行われるようになったのかという話がアフリカの神話にはある。パリンダーのアフリカ神話に関する著作から、その幾つかをみてみよう〔2〕。まず、ガーナのアシャンティ族には次の説話が伝えられている。

昔、一組の男女が天から、別の一組の男女が地から来た。天の主は、無毒の蛇パイソンを地に送り、パイソンは棲み処を河のなかに作った。はじめ男も女も互いに欲望を感じなかったし、生殖や誕生についても知らなかったので、子供を持たなかった。それを教えたのはパイソンであった。パイソンは二組の夫婦に向かい合って立つように言い、河の水を口いっぱいに含んで男性と女性のお腹に水を引っ掛けた。そして、男女に家に帰って一緒に寝るように言った。しばらくして女は妊娠して子供を産んだ。この子供たちはパイソンが住んでいた河の霊を氏族の霊として受けたので、今日までこの氏族はパイソンをタブーとしている。

さて、ピグミー（中央アフリカに住む身長の低い人々。ネグリロとも呼ばれる）には次のような説話が伝えられている。

最初、二人の少年と一人の少女の三人の人間が創られた。少年の一人は黒人で、もう一人はピグミーであった。ある日、黒人の少年はピグミーに、妹はいつも血を流していて、傷口にあらゆる薬をあてがっても止まらないので、どうすればよいのかわからないといった。ピグミーは、神から少女の身体について教わっていたので、笑って、自分が傷を治してやるといい、少女を連れていき、彼女に子供を産ませた。その後、少女を黒人の兄に返し、生殖の神秘を女性の病気の治療として説明した。それから黒人の少年も子供をもうけた。

別のピグミーの説話も見てみよう。

かつて稲妻が一人の女と、兄妹として暮らしていた。というのも、二人とも生殖の仕方を知らなかったからである。ある日、月が稲妻を訪れ、二人がどのように暮らしているかを見て、結婚の仕上げをするように忠告した。稲妻はどうすればよいのかわからなかったので、断った。その後、月は女に月経をもたらした。そして、ある若者が最初に女と寝て、方法を教えた。稲妻は勇気を奮い起こして同じことをした。最初の子供は薄い肌の色をしており、他の子供たちの肌は濃い色をしていた。女が死ぬと、月は自分が太陽とともに住んでいる天に女を連れて行った。

ケニヤのルイア族の説話では、最初の男と女には、永い間、子供がいなかったという。彼らは生殖の秘密を知らず、いろいろな仕方で結合を試みたが、うまくいかなかった。ある日、男は妻が穀倉へ登って行くのを見て、彼女の陰部に目を止めた。夜になり、夫は妻に性交を求めた。妻は夫に爛《ただ》れを見ただけだと言って拒んだが、夫が何度も要求するので、同意した。二人が性交をするとき、妻は強い痛みを感じた。そのうち妻は子供を産んだが、二人にとっては驚きであった。

これらの生殖の発見の神話をどのように考えることができるであろうか。

たとえば、河合隼雄のように、神話を人間の成長の過程に擬えて解釈しようとする心理学的立場からは、思春期前の子供が性徴を迎え、性的に活発になる過程を物語的に説明していると考えたくなる[3]。そのような可能性は否定できないが、ここではむしろ、肉体的な男女の区別とは別のレベルで、異性を求める衝動が生じるということを示しているともいえる。

パイソンや月が人間の男女に性愛について教えているところから、性愛の神秘的起源を指示しているともいえる。黒人の少年とピグミーの伝承では、それがピグミーの間での伝承であるので、ピグミーが神から教わった生殖に関する知恵を持っていることが示されている。稲妻は女性と一緒に住んでいるにも関わらず、生殖については知らなかったので、月が女性に月経をもたらし、生殖について教えた。

これらの神話伝承が示しているのは、性愛、性交、生殖を知る以前の状態があったという点である。これらはアフリカにおける神話的思惟がこの世界がそのようになる以前の状態を探求しようとしていたことを示しており、高度な抽象レベルを志向していることを示している。

3　ドゴンの神話

さて、以下では、西アフリカ、ニジェール河沿いに住むドゴン族の神話を取り上げることにする。

ドゴンの人たちが住むバンディアガラの断崖はユネスコの世界遺産に登録されている。【図1】

ここでは、ドゴンの神話研究で有名なマルセル・グリオールの『水の神』（一九四八年）とグリオールとディテルランの『青い狐』（一九六五年）を参照することにする。

前者は、ドゴンの盲目の狩人オゴテメリがグリオールに三三日間かけて語った神話である。その際には知られていなかったが、オゴテメリは長老たちの指示でグリオールに神話を語り、毎日、その報告を長老たちに行っていた。その後、長老たちはグリオールらにさらに秘密の神話伝承を語ることにし、それが『青い狐』にまとめられることになった。グリオール、グリオールとディテルランが提示しているドゴン神話については人類学者の間でさまざまに議論されたことを承知の上で、用いることにする[4]。

加えて阿部は、『青い狐』が作成された背景を次のように挙げている。急激な社会的変化のなかで伝統的な知識が失われることを恐れた長老たちが、グリオールらの調査を利用して、伝承を文字化して長く伝えることを決意し、研究者と共同して神話と世界観を文字で記録することにしたという[5]。

ところで、『水の神』と『青い狐』とではどのような関係になっているのであろうか。阿部によれ

【図1】ドゴンの村

ば［6］、『水の神』で語られた神話は具象的なイメージで構成されているポピュラーバージョンである。ノンモ（水の神）が中心的な役割を果たす。『青い狐』で語られる神話で中心的な役割を果たすオゴは初めから狐として登場する。『青い狐』は、限られた長老たちの間だけで伝承される、上級用バージョンである。それは、抽象度が高くノンモよりオゴの存在感が強い。

上級者バージョンにおいて存在感のあるオゴであるが、興味深いことに、神話と祭祀との関係でいえば、オゴは重要な祭祀の対象にはなっていない。グリオールとディテルランによれば、ドゴンの主な祭祀には次のような種類がある［7］。

（一）至高神であり宇宙の創造者であるアンマ（Amma）を対象とする祭祀。

（二）アンマが創造した最初に活動する被造物、つまり人間たちの祖先である世界の監督者であるノンモを対象とする祭祀。アンマは四人のノンモを創造するが、そのうち最初の三人のノンモ、大ノンモ、ノンモ・ティティヤイネ、オ・ノンモが宇宙の管理を委ねられた。それゆえこれらの三人のノンモが祭祀の対象となっている。三番目のノンモが人間の父であり、四人目のノンモであるオゴが犯した過ちを償うために生贄に捧げられるが、蘇り、水の中に座している。

（三）生贄に捧げられ、蘇ったノンモの息子である四つのリネジの祖先とそれぞれの双子の妹に対する祭祀。これらの人々はドゴン族の四つの部族の八人の始祖である。

このように、神話と祭祀とは複雑な関係を持っていることがわかる。オゴは祭祀の対象となっていないが、神話的な重要性がないということではない。

さて、ポピュラーバージョンが誰でもが知ることができる神話であり、長老のバージョンはより経験と知識を持った長老のみが知り得る神話であるとしたら、オゴの神話は段階を踏んで教えられるものである。理解が進み、知識の重要性が増すことによって始めて語られる神話であるといえる。

ドゴンの知識は次の四つの段階に分かれ、漸次、学ばれていく。

（一）「正面のことば」目に見える物や行為、普通の儀礼や物に関わる単純な説明による最初の知恵である。そこでは神話的人物の正体は隠され、その経験も単純化、寓話化されており、相互の関係は不明である。
（二）「側面のことば」正面のことばの中にあったことばを指し、儀礼や表象のいくつかの部分の深められた説明を含む。
（三）「後ろのことば」前者の知恵を完成し、より広い全体に適用される綜合を示すが、重要な秘密の知恵は含まない。
（四）「明らかなことば」は完全に秩序づけられた形での知恵の構築物に関わる。

オゴの神話は高度な内容を含む第四番目の段階に属している。オゴの神話は、実にドゴンの深淵な神話的知恵を現した物語であるといえる。

次にドゴンの神話の内容に入る前に、改めて神話という言葉が持つ意義についても述べておきたい。

グリオールは、ドゴン族にとって神話とは、欧米、日本を含めて使われる少々馬鹿げた子供むけの物語と考えてはならないと述べ、次のように説明している。ドゴン族の人々にとって、

神話とは、ひとつの表現の手段にすぎない。中心的に重要な諸観念は、いつでも誰にとっても手の届くところにあるというわけにはいかない。神話は言葉を用いてそれらを寓話化したものなのである。神話はたしかにバンバラ語の表現を用いれば、〈軽い知恵〉の一手段であって、一般人に教えてもかまわないこともある。それは〈深い知恵〉に接しうる秘儀を伝授された者だけにとっておかれる明解な記述や一貫した体系を被い隠している。神話は、種子を被う被膜のように層をなしたような形で現れてくる。被膜の存在理由は、まさに宇宙全般におよぶ効力ある知恵に属する、種子でいえば澱粉質にあたる部分を俗人の目から隠し守ることにあるのである [8]。

この説明から、神話はより深い宇宙に関する知恵を覆い隠す物語であるといえる。しかし、神話の根本的重要性は変わらない。ドゴン神話は、アンマが創造した世界にある諸カテゴリー、分類体系、諸々の対応関係、そして、それらの総体を照らし出す。さまざまな構造は時間を追って順次その姿を現し、積み重なっていくが、それを語り説くのが神話である。

同時に、神話は社会組織、生活の基本的な技術に結びつく諸表象である。建築、日常用具などの世俗的器物や儀礼用具などの宗教的器物の形態、装飾、使用法、個人と共同体の儀礼のシステム、これら全体を通しても現れてくる。

このように神話を通して宇宙の構造を理解することは重要であるが、また、身体や精神を通して宇宙を生きることも大切である。ドゴンにおいてはどんなに些細なことも神話の中で語られ、示唆されている。たとえば、知識ある男たちが儀礼の折に集まり、儀礼用のビールを飲む場合でも、そのビールが神話のどの場面に対応し、対応関係の全体にどのように相当しているのかを知っている。さらにそれは共食を通して、血と内臓が獲得する知識となることによって、食物は身体にも精神にも完全なものとなる。神話世界はことばを通してだけではなく、物質をも通して知られるのである[9]。阿部はこれをミクロコスモスとしての人間という表現で説明している[10]。

4　『水の神』における性愛と暴力

さて、宇宙の創成の時間の流れから見るならば、長老バージョンがポピュラーバージョンに先行する宇宙創世の出来事を描いている。他方、社会で成長する人間の観点からは、ポピュラーバージョンの神話内容を把握した者だけが長老バージョンを教わることができる。ポピュラーバージョンはオゴテメリ一人が語ったものであるが、長老バージョンにはさまざまな異伝が載せられていることから、長老らの間でさまざまな説があることがわかる。また、ここでは外部の研究者が文字化した神話を元にして考察を行っているが、神話物語としてのテクストは存在しないと明言していることからわかるように、ドゴンの神話は口承伝統であった。

まず、ポピュラーバージョンの神話の中で性愛と暴力に関わる点をみてみたい。しかし、ポピュラーバージョンと言ってもそれはドゴンの社会、文化の中で生活してきた人にとってである。グリオールの場合は、それまで一五年間ドゴンの人々の間で調査研究を行ってきて初めて明らかにされた内容であった。それゆえ、ポピュラーバージョンは、存在の本質と理解されていた双子性（阿部は双極性と呼ぶ）と水（ノンモ）の原理によって宇宙は構成されているというドゴンの神話的原理を説明している[11]。本章の短い論考ではその背景を詳細な点までは十分に説明できないので、詳しくは両書を参照していただきたい。

阿部は、ポピュラーバージョンを八つに分けて紹介している。第一は天地聖婚の挫折と「狐（ユルグ）」の誕生、第二は第二の聖婚とノンモ（水の神）の誕生、第三はことばの誕生、第四は狐による近親相姦、第五は至高神の隠退、第六は人間の天上滞在と天上追放、第七は地上への降下、第八は地上の生活のはじまり、である。それぞれのうち本書のテーマに関連する部分を抜き出してみたい。

［第一　天地聖婚の挫折と狐の誕生］

アンマが大地に近づくと、男性的な部分である蟻塚が立ちはだかって抵抗した。アンマは蟻塚をへし折って大地と交わった。これが女子割礼の起源である。蟻塚の妨害による原初のつまずきは世界に刻印を残した。アンマは双極性をもった世界、つまり存在するものすべてが男女二つの魂をもつか、男女の双子であるような世界を創るつもりだったが、混乱した最初の交わりから男の魂しかもたない狐が一人だけ、しかも月足らずで生まれた。この不完全で不吉な誕生から穢れが生じ、穢れは世界に死や無秩序をもたらした。

[第二　聖婚とノンモの誕生]

次にアンマが割礼をほどこした大地と交わると、アンマの精水である雨が大地を潤して、男女の双子であるノンモ（水の神）が生まれた。このノンモは上半身が人間で下半身が蛇で、手足はしなやかで関節がなかった。緑色でなめらかな体は、地上の植物を思わせる緑色の産毛に覆われていた。ノンモは大地の子宮で育ち、月満ちてから天に昇ってアンマの教えを受け、水と生命と秩序の主としてアンマから世界創世の業を引き継いだ。

[第三　ことばの誕生]

ノンモが天の高みから見下ろすと、大地はことばも衣服ももたず、裸で横たわっていた。それは無秩序であったので、秩序が回復されなくてはならなかった。ノンモは天の植物の繊維をなって腰蓑をつくり、水とことばを吹き込むと大地の腰を覆った。腰蓑のふさは螺旋状だったが、それは水とことばを表し、生命の象徴であった。

[第四　狐による近親相姦]

彷徨っていた孤独な狐が腰蓑を見ると、ことばとパートナーを手にいれる機会とみなし、大地の腰蓑に手をかけた。大地は抵抗し、蟻に姿を変えて蟻の巣の中に、つまり自分の胎内に潜っていった。狐は欲情につき動かされて後を追い、大地と交わった。大地の腰蓑は流れた血で赤く染まった。これが初めての近親相姦であり、この世における男女の争いの元型でもあった。

アンマは当初の企てを変え、自分だけで創造活動を続けることにした。アンマが粘土の玉を投げると、男女一組の人間になった。この不完全な人間たちが、狐と同じように非行に走らないようにと、アンマに忠実な水の神ノンモは地面に二つの円を描き、男性の魂をいれた円に女を横たえ、女性の魂をいれた円に男を横たえた。こうして新しく作られた二人の人間は、それぞれ男女の二つの魂を与えられたが、男の女性魂は包皮に宿り、女の男性魂は陰核に宿った。

［第五　至高神の隠退］

アンマは次第に大地から遠ざかり、地上の世界を形作る作業はノンモの手で続けられた。一組の男女のノンモが地上に降りてきて、大地の子宮であるシロアリの巣に入り、光と水とことばによって大地の浄化をした。

［第六　人間の天上滞在と天上追放］

ノンモは、白蟻の巣の中で人間の子孫たちを水とことばによって浄化すると、地上での生活に必要な知識を学ぶために天に送った。このとき始祖のひとりは「第二のことば」を開示する役目を与えられて地上に残り、第二のことばを込めた布を織って、蟻に与えた。蟻は人間たちに伝えた。

天に昇った始祖たちは、互いに付き合うことを禁じられ、それぞれ別々のノンモから教育を受けた。しかし最年長の始祖である鍛冶師は約束を破ったので、天上界に相応しくない不浄な身となった。そこで始祖たちは地上での生活を始めるのに必要なものをもって、天から逃げ出すことにした。

［第七　地上への降下］

始祖たちは地上へ降りるため大きな籠で清い天地の主の穀物を作ろうとしていた。それはやがては実現すべき世界の元型で、世界を構成する森羅万象や地上での人間生活に必要なものを表す徴、第三のことばを持っていた。この後、天の鍛冶師である大ノンモの仕事場に忍び込んで、太陽のかけらを盗みだした。すべての始祖たちは同じように穀倉に乗り込んだ。盗みを働いた鍛冶屋は天からの攻撃に備えて、大槌と弓矢を手にして穀倉の屋根に仁王立ちになった。

［第八　地上の生活の始まり］

攻撃を受けた穀倉は猛スピードで降下して大地に激突し、万物の徴と「第三のことば」は着地の衝撃で広く拡散し、それから地上世界の森羅万象が生じた。始祖たちは不浄な大地の上に天からもらってきた土をまいて畑をつくった。だから開墾し、耕作することは、ノンモの大地を広げて、狐の大地を浄化することである。人間たちは農耕によって太陽（オゴの火）と水（ノンモの水）を一緒に働かせて、作物の実りをもたらす。

この要約について考察をする前に、次の点を述べておきたい。

一九六〇年代初頭に、ヤンハインツ・ヤーンがそのアフリカ的哲学の著作において、この同じオゴテメリが語った神話を取り上げ、ノンモに着目して考察を加えていることを指摘しておくのは無駄ではないであろう［12］。つまり、一見すると荒唐無稽にも思える神話物語は、アフリカ的思惟に照らし合わせてみることによって、その深い哲学的意義にアプローチできるということである。たとえば、ノンモはアンマと同質であり、アンマから教わることなくことばであり、ことばの象徴である八という数を持っていたなど、思惟を促す次元が明らかにされている［13］。

さて、グリオールがオゴテメリから教わったのは、何であろうか。グリオールは、すでにドゴン社会のさまざまな社会制度、儀礼等についての研究をしており、かなりのレベルでドゴン社会の文化・儀礼についてわかっていた。そして、それらの事象の背後にある神話的次元を教わったのである。

つまり、ドゴンの視点からは、それまでグリオールが学んだ社会制度、儀礼のサイクル等だけでは十分ではなく、その背後にある神話的世界を知ることによって、初めてそれらの意義も十分に明らかになる、ということである。

さて、ポピュラーバージョンの神話から見えてくる性愛と暴力のモチーフとは何であろうか。アンマが大地の陰核を破壊してしまう逸話や狐のオルグが母を追いかけ、近親相姦をしてしまうなど、何らかの暴力、破壊が起きたことは示されている。しかし、暴力性が明らかではないといえる。この点は、以下で取り上げる長老バージョンのオゴの神話伝承と比べるとその違いは明瞭である。

5 『青い狐』におけるアンマによる世界創造の始まり

さて次に、長老バージョンを取り上げる。最初の部分と、それに続くオゴに焦点が当てられていく部分とに分けてみたい。最初の部分は、阿部の要約を参照することにする。

太初、暗黒の虚空で一つのかぎりなく小さな粒子が螺旋運動を始めた。この微粒子には至高神アンマが潜んでいたとも、微粒子がアンマ自身だったともいわれる。粒子は次第に宇宙卵へと成長していった。アンマは螺旋運動をしながら、これから創造する世界を思い描き、思い描いたことを表す記号を宇宙卵に描いた。

それは水、火、土、大気の四元素とそれらから作られる宇宙の神羅万象を表す二六六の抽象的な徴（記号）だった。アンマは前の記号に上書きするように次第に具象的な記号を描き、ついには具体的な事物の像を描いた。アンマがその像にことばを吹き込むと、像はことばと螺旋運動の力で実在するものとなった。最初に実在するようになったのが四元素であった。アンマの思いは実在するものの世界を生んだ。形のないものから形あるものが生まれ、極小のもの（微粒子）から極大のもの（宇宙）が生まれた。

アンマは四元素で世界を創ろうと思い、世界の母型・母胎としてのアカシアの種子を創った。だが、四元素をただ重ね合わせただけであったので、「水」の元素が零れ落ちてアカシアは干からび、最初の創造は失敗に終わった。アカシアは死滅せず生き延び、新しく創られた世界で野生植物の主となり、今日に至るまで世界に混乱（無秩序）をもたらしている。

アンマは二度目の創造では四元素を良く混ぜ合わせて、もっとも小さい穀物であるフォニオの種子を創った。「ことば」と「水（精液）」を与えるとフォニオは螺旋運動と分化を繰り返しながら宇宙卵へと発達し、その内部に宇宙を構成することになる森羅万象が生じ、それらは全体として人間の形となった。アカシア、フォニオにつづく創造の第三のモデルは人間だったのである。生物としての人間が創造されるのはずっと後のことである。

宇宙卵は上下二重の胎盤へと変化した。これは後に起こる天地分離の予兆であった。アンマはそれぞれの胎盤のなかに男女両性をもった鯰《なまず》の姿をした双子を創って、ことばを吹き込み、水を注いだ。それらは両性をもっていたが、女性原理の方はまだ顕われていなかったので、男の双子に見えた。上の胎盤に宿ったのはノンモ・ディエ（大ノンモ）とノンモ・ティティヤイネ（使者のノンモ）である。大ノンモはアンマの代理としての天の鍛冶師で、人間や穀物の霊を守護することになる。下の胎盤に宿ったのは長子オゴとノンモ・セム（供犠のノンモ）である。オゴはやがてアンマに反抗して混乱をもたらし、供犠のノンモはオゴの反抗によって汚された宇宙を浄化するために生贄にされる。

後から創造されてくる存在は、男性の原理と女性の原理を持つことになる。アンマが生ある物を創る時に、胎盤の絵の上に賢い女の魂を置く。賢い男の魂は子宮の中に置かれる。

6　オゴの永遠に満たされない双子の妹を求める性愛の衝動

さて、本書のテーマから見てドゴンの神話で興味深い動きを示すのが、アンマへの反抗をするオゴである。オゴは、双子の妹を手にいれようとする近親相姦的な性愛の衝動に突き動かされ、トリックスター的に世界を創造していくが、その振舞いのために四人目のノンモが生贄に捧げられる。このように性愛と暴力が密接につながっていく神話的展開を見てみたい。

ここではグリオールとディルランの著作からその内容を検討する。以下は、両者の著作が説明している複雑で重層的なドゴンの神話の中から、本章のテーマに適う要素を取り出して再構成したものに過ぎない。以下の要約には誤った面もあるかもしれないが、紙幅の制限もあり、目にとまった要素だけを取り出すことにする。

オゴが創られたとき、双子の兄弟と同様に、四元素の印を備え、完璧な存在である胎盤に繋がっていた。天上の胎盤はアンマによって二つに分けられていた。二つを結びつけていたのは、中央にいたアンマ自身である。一つは丸く、上の方にあった正しい胎盤であった。下の方の胎盤は、狐に盗まれた側が大きく開いていて、良い形ではなかった。

しかし、まだ一人であった。そこでアンマは、ノンモ・アナゴンノの女性の双子を作り始めた。女性のノンモは男性のノンモの形成に比べて六〇周期遅れてでき上がる予定であった。ところが、オゴはなかなか自分には妹が与えられないので、不安と所有欲に駆られて、自分には妹は授けられないに違いないと思い込み、動き回った。アンマはオゴに対して、生まれる時には双子の妹を受け取るだろうと言い聞かせたが、オゴは今すぐに与えるように要求し、反抗し、自分で探し始めた。こうして、オゴは月足らずで生まれることになる。つまり原初の暗がりの中にあった目を閉じた状態の胎盤から時を待たずに出てしまった。その際、オゴは臍の緒のついた側から出たので、子宮の一部を四角い形にもぎ取ってしまった。こうしてオゴは自分自身の懐胎期間と世界の秩序を攪乱したのである。

グリオールとディテルランの叙述では、オゴは自分の失われた双子の妹、自分の女性の魂を探し求めると説明される。だが、伝承の話が少し進んだ先で、オゴが自分の胎盤を素材とする土の中に入り込むことを自分の母と交わったこと、つまり近親相姦の罪を犯したと述べている。

この点を考えると、オゴが自分の双子の妹を求めるのは語られていないオゴの双子の妹への性愛的な衝動のためであると考えることができる。オゴが落ち着きなく、いても立ってもいられずに動き回る様は、自分の女性の魂を探すというよりも、自らの性愛の対象としての双子の妹を求める様を示していると解釈することができる。

たとえば、ドゴンの占いについて考察をしたグリロは、ドゴン神話の要約で、オゴの最初の降下では、オゴは自分の配偶者となり得る双子の妹を手に入れようと必死になると説明している[14]。このオゴの神話伝承の展開を考えると、オゴが双子の妹を手に入れようとするのは、永遠に満たされない性愛の衝動のゆえ、ということができる。

グリオールとディテルランの説明では、オゴが双子の妹を永遠に手に入れられないのは、オゴの傲慢、反抗、そして創造の主導権を握ろうとしたことに起因するという。そのような面もあるであろうし、おそらくドゴン族の人々の説明でもあろう。他方、オゴ自身、なぜ双子の妹を欲するのか、それを突き動かす性愛の衝動がわからないかのような振舞いをしているという風に解釈することもできるのではないだろうか。このような観点から、以下では、オゴの性愛と暴力の神話伝承の展開を解釈してみたい。

オゴの双子の妹を探し、求める行動は、アンマの創造の業の成果を横取りしようとすること、あるいは、形成途上の宇宙の秘密を見破ろうとする試みと説明される。

オゴは最初に、アンマが最初に作り、創造の仕事を託するに足ると判断したアカシアに触れ、奪おうとし、争い合った。オゴはアカシアから水と火の元素を取り上げ、気と土だけを残した。この争いを通して、アカシアは腐ったが、オゴの不完全性を際立たせることになった。オゴは満たされずに、トリックスターのように、すべての規則をひっくり返しながら、宇宙の秘密を探求した。

オゴは体の魂は授けられていたが、生殖することはできないので、アンマの胚である《種子の形成の隙》をうかがい、それを奪って、アンマと同じく豊穣になろうとした。最初に宇宙の大きさを測ろうと、歩き回った。その動きのためにオゴの胎盤と彼自身とに縞をつけたため、オゴの顔には四本の縞と体には三本の縞がつくことになった。これらの縞は季節を表すようにもなった。

アンマが創造した宇宙はアンマの胎にあり、未だに非時間的・非空間的であったが、オゴが動き回ることによって、数という共通の捉え方を通して、歩幅と時間を現実的に示すことになった。オゴはアンマが創造した宇宙の限界を見るために一周し、アンマの胎の中央に戻ってきて、自分はアンマのように賢くなり、自分も世界を創造できると思った。

アンマはオゴに自分が創造したように作ってみるようにといった。オゴはアンマに命じられて、西の方に行き、アンマの「神経」、つまり卵の中の細い筋を盗んだ。これはあとで四つの鎖骨として開くことになっていたものである。オゴは広がっていこうとしていた筋を手にとり、縁なし帽のような形の器を編み上げた。この器は丸く、アンマの空を象って卵の形をしていた。これは後に狐の縁なし帽と呼ばれた。

オゴは、アンマが原初の種子と世界に授けた螺旋運動と振動という二つの運動を、ささげの縁なし帽を編むときのぐるぐる回る動きと、中心から放射状に出た芯とで示された。このようにオゴはアンマの螺旋－振動運動を反復したのである。それゆえ、この作業はアンマに対する挑戦状であった。アンマはオゴが創造している様子を見て、自分が創造した世界と似ていると思い、オゴに止めるようにいう。アンマはいら立ち、オゴの舌の一部を切り取ったので、オゴはそれまで出せた声の張りを失ってしまった。だが、オゴが生まれ出る前に受け取っていた言葉と知識は失われることはなかった。

ここまでが、オゴが降下する前までの話である。

オゴは単に双子の妹を手に入れたかっただけなのかもしれないが、その目的にためのオゴの行動を通じて、世界には時間と空間が生成され、アンマの螺旋－振動運動が反復される。興味深いのは、少なくともオゴの行動の描写を見る限りは、時間と空間の生成も螺旋－振動運動を生み出すのも、それを目的としているわけではなく、あくまでも双子の妹を手に入れるために生成された付随的産物であると読める。そして、卵の中の細い筋を盗んで縁なし帽のような形をした器という具体的な物をオゴは作る。それを作る時の動きが螺旋と振動となっているという。

オゴは双子の妹を探して、下の胎盤とともに降下するが、オゴは下の世界との行き来を三回行う。その度にこの世界が創造されていくわけだが、ここで考えられる問題の一つは、オゴの振舞いから照射されて見えてくる、アンマがことばや思惟で創造した宇宙の完全性とは一体何であったのか、ということである。

アンマの宇宙はたしかに完全性が備わっていたかもしれないが、それは静的な完全性であり、ダイナミズムに欠けている。静的で完全な宇宙に動きを喚起するのは、アンマの指示を待てなかったオゴの双子の妹への思慕であり、性愛的衝動である。しかし、オゴの双子の妹への性愛の衝動はどこに由来するのであろうか。他のノンモはドゴンの祭祀において崇拝されているように、アンマの指示に従い、宇宙の監督者となっている。それゆえ同じノンモであるオゴはなぜアンマの指示に従えなかったのか、どこから双子の妹への性愛の衝動が生じてきたのかは隠されたままである。

7 胎盤と太陽

さて、オゴは誕生の過程で、胎盤をもぎ取り、向きを変えながら出てきた。オゴは空虚な空間の中を七度に分けて降りてきたが、まだ胎盤とつながっていたので、胎盤はぐるぐる回っていた。オゴの箱舟となった胎盤は、事物の根である東の方向に向けられていた。それは、アンマはオゴが起こした混乱を修復しようと試みていたことを示している。

アンマはオゴの胎盤のかけらを土に変え、オゴが胎から出るために空けた穴で月を作った。やがて箱舟は東西の方向を向いて停止し、大地となった。オゴは土が湿ってぬかるんでいるのに気づくと、文句をいったので、アンマは大地を乾燥させ、土を重い砂地の土に変えた。オゴは土に変わった胎盤のかけらの中に、自分の双子の妹とその失った魂を探し求めようとし、自分自身の胎盤の中に入り込み、東の方から土に畝を掘っていった。オゴは大地の中に螺旋のようなものを描いたが、それは胎盤を自分が創られた胎盤と同様に豊穣にしようとしたためである。このオゴの行動は、盗まれた胎盤のかけらから成る不完全な大地を完全にするためであった。そして、アンマが創造した胎盤に匹敵するために種子が播かれることになる。オゴのこの行動は、将来の人間の種子播きを予見していたといわれる。

ところが、オゴが自分の胎盤を素材とする土の中に入り込んだことは近親相姦を犯したこととされる。つまり、胎盤はオゴの母と同じであるがゆえに近親相姦を犯したことになる。オゴが自分の胎盤であり、土であり、母であるものと交わった近親相姦から、子供たちが生まれた。それは不完全で欠陥のある存在であった。しかしこれらのものの誕生によって、オゴは母である大地を妻に等しいものにし、双子の妹に等しいものにした。だが、それはアンマの創造とは肩を並べられるものではなく、オゴの最初の失敗でもあった。

オゴは大地の中で双子の妹を探し続けたが見つからないので、天に再び昇っていった。その間にアンマは、オゴを近付けないために胎盤を燃える炎に変えるように、ノンモ・ティティヤイネに命じた。アンマは燃える胎盤を回転させ、太陽に変えた。

8 オゴの割礼、ノンモの去勢と供犠、そしてノンモの再生

さて、オゴの双子の妹への性愛の衝動とは、オゴが引き起こした無秩序を贖《あがな》うために、オゴの双子であり、同じ本質を持つノンモが生贄に捧げられるという暴力を引き起こす原因であったことがわかる。ただし、その暴力は単に破壊に留まるのではなく、再生と創造を伴うものであった。以下では、

その経緯を見てみることにしたい。

オゴは、以前の盗みに対する罰として、割礼を受けることになる。包皮をちぎったのは胎盤の代わりである。オゴの割礼の血は、生贄に捧げられるノンモの胎盤に落ち、ノンモの去勢の血の流れが止まって、金星ができた場所の傍らに滴った。するとそこに月経中の女の星と呼ばれる火星が見えない所ででき上がった。また、オゴの包皮の証拠であるナイとかげは、太陽に働きかけ、太陽の陰核切除をした。そして、ナイとかげが太陽の中に入るが、それはオゴの性器（包皮）の力（ニャマ）がその胎盤である太陽に加わったことを指示している。

太陽の中から「太陽の母」という虫、つまり蟬が出てきたが、それはナイが太陽に施した陰核切除の副産物であった。太陽の母と呼ばれる蟬は、太陽から切り取られた炎で地上に降りてくる。太陽はその光線で地面を温め、畑に播いた種子を養うが、植物一般の生長、特に人間の生活に必要な食用植物の生長に協力するのである。

オゴは天との行き来を三回行い、三回目に大地に戻ってきたとき、アンマによって変身させられ、地面を這う四足動物のように動くようになった。そして、オゴという名を失い、ユルグ、つまり青い狐になった。

他方、オゴの振舞いのために生贄に捧げられるノンモは、ノンモ・アナゴンノであった。アンマはまず、ノンモ・アナゴンノの四つの体の魂をそれぞれ二つに分割して、余分に四つの魂を作ることから始めた。この魂は後に授けられてノンモ・アナゴンノの「性器の魂」になる。この処置は、アンマが創った最初の存在の本質を変えるものであった。はじめは魚という胎児状態にあり、両性具有であった存在に性の分化が起きる。つまり種の増加のためには性の交わりが必要になったといえる。

次にアンマはノンモ・アナゴンノの去勢に取り掛かった。この行為は原初の二重の胎盤を浄化するものであり、犠牲になるノンモは、胎盤の中央の臍の緒のついたところで、南を向いて座った。供犠を執行するノンモ・ティティヤイネは臍の緒の上にペニスを折り重ねて、両方一緒に切り離した。つまりアンマはこの供犠によって、ノンモをその胎盤と性器から一度に切り離したのである。

この時切り取られた臍の緒からシリウスが生まれた。また切り取られた性器から流れ出た血は金星となった。去勢の血は流れて胎盤にしみこみ、新しい命を与えた。動脈の血液とそれに伴う生命力ニャマは胎盤の中に入り込んだ。性器は存在の中で最も生命力のある部位であるので、その血と生命力が浸透したことは胎盤を浄化、すなわち蘇生することでもあった。また別の次元では、ノンモ・アナゴンノの供犠の血は、女性の月経の血と同一視される。犠牲になるノンモ・アナゴンノの胎盤からの分離は去勢と同時に行われたが、両性具有の存在としてノンモは生贄に捧げられ、後に男と女に性別化した存在で再生することになる。

アンマが去勢のときに切り取ったノンモ・アナゴンノの臍の緒のかけらを北の方に植えると、キレーナの樹に変身した。アンマは犠牲者をこのキレーナの樹に縛り付け、鉄の螺旋で、右の方から左の方に向かう螺旋形で、一四回巻いてから供犠を行った。この方向は原初の卵の内部の螺旋型の方向であり、宇宙が形成されるときに巻かれた方向である。それは世界の再組織化を意味していた。立ったまま供犠に付されるのは最大の苦痛を与えるためであった。

アンマはノンモの首筋を切り、胸びれも切って血を流した。犠牲の血は体を沿って流れ、金属の螺旋をおおって赤く染め、世界全体にノンモの力をそっくり伝えることとなった。さらにノンモの供犠によって星々が創造され、その運行が決定された。アンマはノンモの血が流れ出るように頭を下にしてノンモの体を持ち、北の方に歩いていった。そして、アンマはノンモの頭を切り落とした。生贄に捧げられたノンモの血からは星やさまざまな米やひえが生え、鳥が生まれてきた。

アンマはノンモの体を切り分けるために西の方に持って行った。アンマは、原初の胚のフォニオ種の形成の諸段階を反復しながらノンモの体の解体、分割を行った。体の中から心の座である肝臓、胆のう、脾臓、腎臓、肺、腸、心臓、膵臓を取り出した。このようなアンマによるノンモの供犠の様相は、第8章で横道が参照したゲルマン神話にもみられる。内臓を取り出した後、アンマはノンモの体を六〇の部分に解体する仕事に取り掛かった。この六〇の部分と精液の中に含まれている六つの要素を加えて全部で六六の部分ができ上がった。そして、解体した肉で七つの山を作った。その場所に、七つの星からなる世界の腕輪という星座が出現した。さらに肉片で四つの山を作り、空間の四つの方向に投げた。

その後、アンマはノンモの内臓をまとめて再生させる。両性具有の形で去勢され、生贄に捧げられたノンモは、人間の男女の双子の姿で再生された。

9 考察

ポピュラーバージョンと長老バージョンは同じドゴンの神話的世界を解き明かしている。しかし、性愛と暴力という観点から、長老バージョンで明らかにされたのは、永遠に満たされない双子の妹を手に入れようとするオゴの性愛の衝動のため、アンマが想定していた秩序ある双極性原理である宇宙に動きが生じ、それがやがては胎盤の分離と下の世界の創造に、つまり人間が生きる世界の創造につながっていくことであった。アンマが創造しようとした世界に無秩序と混乱が起き、オゴが犯した罪を贖うためにノンモが生贄に捧げられ、その解体と再生を通して世界の創造が行われていくという、壮大な神話的世界である。

解体による世界創造は広く見られる神話的モチーフであるが、ここでの描写は極めて具体的であり、視覚的である。阿部は、オゴが引き起こした無秩序や混乱は罪の穢《けが》れであり、それは世界創造には必要であったと説明している[15]。また、阿部はドゴンの神話をアフリカ全般の神話的文脈に位置付け、オゴはアフリカ、サバンナの神話的世界の原野の神の一つの現れであると見なす。たしかに一つの部族の神話だけを見ていては十分にはわからない要素が神話にはある。

その上で、本章で参照したグリオールらの研究から伺い知ることができるのは、ドゴンの世界創造のその端緒は、オゴの双子の妹を手に入れたいという永遠に達成されない性愛の衝動であった。阿部がいうように、人間はミクロコスモスであり、人間はオゴ的要素とノンモ的要素を調和させて生きるように教えられる[16]。そして、ノンモが示す完全性や全体性へのオゴ的な並外れた希求が表象されているというのがドゴン神話の重要な側面の一つであるとしたら、オゴの永遠に満たされない双子の妹への性的衝動とノンモへの暴力と供犠によって世界を創造するという神話は、人間の生そのものであるといえる。

そして、ドゴン神話で忘れられないのが、胎盤の表象である。現代社会では出産の際には胎盤は隠されてしまうこともあるが、赤子は胎盤とともに誕生してくる。ドゴンの神話的世界では一切のものが記号であり、すべては分類される。それゆえ胎盤も記号となり、意味の解釈が求められてくる。アンマが創造する原初の世界では、実に胎盤が非常に重要な位置を占めている。オゴが胎盤に潜るという動きを幾度となくし、それが性愛の表現とも受け止められている。この点はいまだ十分にはわからないが、今後の課題としておきたい。

オゴは青い狐に変えられてしまったが、オゴの双子の妹を手に入れようとする性愛の衝動は、永遠に満たされないがゆえに、現在の宇宙をも突き動かしており、人間は青い狐の中に世界の動きの初めから現在までを垣間見ているといえるのではないだろうか。

おわりに

本章では、西アフリカ、マリのドゴン族の神話を取り上げ、性愛と暴力のモチーフの観点から考察を行った。オゴが犯した性愛の罪のため、オゴの双子のノンモが生贄に捧げられ、解体され、血が流される様は非常に暴力的な表象であるが、それが同時に世界の創造でもあったという点は、ドゴン社会での供犠の経験の意義を知らずには十分には理解できないであろう。

ドゴンの神話は具象的な記号を用いて語られている。それは我々の概念的思考とは異なるレベルで行われており、概念的な論理思考とは別の物語形式を取っている。現代の我々はことばと概念とを安易に結び付けてしまうが、ドゴンの神話的世界で意味されることばはより広く深い。永遠に満たされることのないオゴの双子の妹を求めようとする性愛の衝動は、そのように深いレベルでのことばであると考えると、その意味はより深く理解できるのではないだろうか。

†註

[1]阿部年晴『アフリカ神話との対話』(三恵社、二〇一八年)一五〜一六頁。
[2]ジェフリー・パリンダー『アフリカ神話』(松田幸雄訳、青土社、一九九一年)一〇八頁〜一一二頁。
[3]河合俊夫(編)、河合隼雄(著)『神話の心理学――現代人の生き方のヒント』(岩波書店、二〇一六年)。
[4]グリオールらのフィールド・ワークについては、一九九〇年代初頭にヴァン・ビークが問題提議を行っている。Walter E.A.van Beek, "Dogon Restudied: A Field Evaluation of the Work of Marcel Griaule [and Comments and Replies]," *Current Anthropology* Vol. 32, No.2 (April, 1991), pp. 139-167. ヴァン・ビークは自身が行ったエコロジーに関するフィールド・ワークの際に、グリオールらが描いた神話を知っている人々がいないということから、グリオールの質問に対してドゴンのインフォーマントがその場で作り出した名称を含めた、外部のキリスト教の影響を受けた人が語った神話である、グリオールらが描いたドゴン神話はブリコラージュである等の批判を行った。ヴァン・ビークに対する反論はさまざまな研究者が行っている。同論文以降にも、たと

えば"Luc de Heusch, "On Griaule on Trial," *Current Anthropology* Vol.32, No.4 (Aug.-Oct., 1991), pp.434-437. Genevieve Calame-Griaule, "On the Dogon Restudied," *Current Anthropology* Vol.32, No.5 (Dec., 1991), pp. 575-577. 等がある。

[5]阿部、前掲書、一四四頁。

[6]同右、一四六頁。

[7]マルセル・グリオール＋ジェルメーヌ・ディテルラン『青い狐――ドゴンの宇宙哲学』（坂井信三［訳］、せりか書房、一九八六年）三一頁。

[8]同右、五一～五二頁。

[9]同右、六二～六三頁。

[10]阿部、前掲書、一七一～一七二頁。

[11]マルセル・グリオール『水の神――ドゴン族の神話的世界』（坂井信三・竹沢尚一朗［訳］、せりか書房、一九八一年）二八七頁。

[12]ヤンハインツ・ヤーン『アフリカの魂を求めて』（黄寅秀［訳］、せりか書房、一九八七年）、一三九～一七五頁。

[13]グリオール、前掲書。二九頁。

[14] Grillo, Laura Kétékou, "Dogon Divination as an Ethic of Nature," Journal of Religious Ethics, Vol.20, No.2 (Fall, 1992) , p.313.

[15]阿部、前掲書、一六九頁。

[16]同右、一七一～一七七頁。

第10章

ラテンアメリカにおけるエロスと暴力

――征服のトラウマとしてのインカリ神話と民衆劇

谷口智子

はじめに

エロスと暴力の問題の背後にあるもの、それは何か。エロスとタナトスである。

そこにあるのは、生命の創造と破壊、生と死の問題であろう。生命は基本的に男女の生殖があって生まれ、時が経って死んでいく（もちろん、単細胞生物の細胞分裂による増殖や、複製で増えていく植物、単性生殖の動物・昆虫・魚の場合もあるが）。生命はいずれ死んでいく儚《はかな》い存在なので、次の世代に子孫を残していく。その子孫もいずれ死ぬが、生命は続いていく。植物の自然の遷移を見れば、古い木々や森は朽ちていけばいずれ土になる。死んで朽ちたものを、微生物が分解して、やがて次の種の苗床になる。自然はそうして循環していく。

であれば、放っておいても自然に死んでいく生命の死を早めたり、その死を誘発させたりする人為的な行為や力が、暴力なのではないか。そう暴力を定義した上で、エロス（生殖を誘発する力や作用）と暴力（死を誘発する力や作用）との関係を、本論ではラテンアメリカの神話を舞台に見ていく。

1　ラテンアメリカの神話概観

ラテンアメリカの神話は、生と死、創造と破壊に満ちている。他地域と同じように、世界の周期的滅亡、人身供犠の理由になる世界創造神話、原初の巨人もしくは怪物からの世界創造、死と文化起源

(火の使用や食物起源)、双子の英雄、トリックスターの存在、異類婚姻譚などが特徴としてある[1]。

世界の周期的滅亡や原初怪物の死による世界創造神話の具体例を一つ紹介する。先行する四つの太陽が破壊された世界は水で覆われ、ワニのような怪物がいた。その怪物は関節に目と口が無数についていて、人間の血と肉を求めていた。世界を再創造するために地上に降りてきた二人の神ケツァルコアトルとテスカトリポカは、大蛇に姿を変えて、一人がこの怪物の右手と左足を掴み、もう一人が左手と右足を掴んで、強く捻って暴力的に引き裂いた。二人の神は、その死体の半分で大地を作り、もう半分を天空にした。大地の女神はトラルテクトリと呼ばれた。

神々は地上に降り、この女神の身体から世界を構成するさまざまなものを創造した。髪の毛や皮膚で木や草花、眼からは沼や泉、洞窟、口から川や渓谷、鼻から谷や山々などをつくった。しかし女神は夜ごと人間の心臓を欲しがって泣き止まなかった。人間の生贄が与えられなければ、大地は人間のための食糧を生み出そうとはしなかった[2]。

アステカ人はこうした理由で、戦争捕虜を獲得して大量の生贄を実行していた。彼らを野蛮人と見做したのはスペイン人征服者やキリスト教徒たちであった。アステカ人を野蛮とみなすのは簡単だが、彼らは彼らなりの尊い神話と儀礼を生きていたのであり、現代人の尺度から単純に測ることはできない。アステカ人にとって創造された世界は、神々の暴力的な死やその犠牲の上に成り立っていると考えられていた。生は何かの死の犠牲の上に常に成り立っている、とみなす世界観があり、自然死以外の暴力死が結果的に肯定されていた。

2

死と文化起源（火の使用）

ブラジルのグアラニー族の神話に、ハゲタカと火の使用の神話がある。昔、火は魔法使いのハゲタカに占有されていたので、人間は仕方なく肉を太陽の熱で乾かして食べていた。神の子ニアンデルは、策を用いてハゲタカから火を取り返した。火の獲得により、調理や食事という文化の形成が語られている。

他にも南米アピナイェ族の死の起源神話がある。大昔、人間は火も弓矢も知らず、ジャガーがその両方を持っていた。あるとき一人の少年が、ジャガーに命を助けてもらって、そのジャガーの養子にされた。家に連れていかれて初めて火というものを見た。その火で焼いた焼き肉も初めて食べた。ジャガーはまた少年に、弓矢を与えて使い方を教えた。ジャガーは人間にとても親切だった。ジャガーは少年に焼き肉を持たせ、人間の村に帰る彼にこう注意した。

「途中でお前を呼ぶ声が聞こえるだろう。その時、岩とアロエイラの木の呼び掛けにだけ答えなさい。朽ちた木の呼びかけには答えないように」。しかし、少年は忠告を忘れ、すべての呼びかけに答えてしまった。そのため人間の寿命も朽ちてしまう木のように短くなってしまった。この時少年がジャガーの忠告を守っていたら、人間は岩やアロエイラの木のように長寿だったであろう。村に帰った少年はジャガーのところに火があることを村人に告げ、人々はジャガーのところに火をもらいに行った。ジャガーは人々を歓迎し、火を彼らへの贈り物とした[3]。

この神話は、人間がなぜ死ぬようになったのか、を語る死の起源神話である。それと同時に、火や火を使った料理や弓矢といった「文化」の起源も語られている。「死と文化」の組み合わせは、インドネシアのハイヌウェレ神話にも当てはまる。ハイヌウェレ殺害によって、人々は死の運命を宣告され、それと同時に、ハイヌウェレから生じたイモを栽培して主食として食べるようになったからである。つまり「人間は、不死という不自然な、しかし魅力的な状態と引き換えに、文化という、人間を他の動物と区別する大切な要素を手に入れた」のである［4］。

3 ハイヌウェレ型の神話（死と文化起源：食物）

ハイヌウェレの神話は、世界各地にみられる食物起源神話のひとつである。殺された神の死体から作物が派生するという神話群の類型で、ドイツの民俗学者アドルフ・イェンゼン（一八九九～一九六五年）が、インドネシア・セラム島のヴェマーレ族の神話に登場する女神の名前から命名した。

ヴェマーレ族のハイヌウェレの神話は次のようなものである。ココヤシの花から生まれたハイヌウェレという少女は、さまざまな宝物（中国製陶器、銅鑼、山刀など）を大便として排出することができた。マロダンスの最中、その宝物を九日間村人に配ったところ、村人たちは気味悪がって彼女を生き埋めにして殺してしまった。ハイヌウェレの父親は、掘り出した死体を切り刻んであちこちに埋めた。すると、彼女の死体からさまざまな種類のイモが発生し、人々の主食となった。

アメタという男がイノシシを狩っていて、ココヤシの実を見つけた。ハイヌウェレはそのココヤシの花から誕生した。アメタは養父として彼女を育てた。ハイヌウェレは驚くべき速さで成長し、三日後にはすでに少女になっていた。彼女は神的少女で、自分の排泄物として高価な皿や銅鑼などを出した。あるとき村で、マロ舞踏と呼ばれる九日間に及ぶ盛大な祭りが行われた。その祭りの中で、ハイヌウェレは村の人々に高価な皿や装身具や銅鑼などを毎日配った。初めは喜んでいた村人はやがて気味悪がり、彼女の出す富への嫉妬から、九日目に集団で彼女を殺して舞踏の広場に埋めた。

ハイヌウェレが帰宅しないので、アメタは占いをして、彼女の死体を探し出し、その死体を切り刻んであちこちに埋めた。すると彼女の死体の部分から、まだ地上にはなかったが、のちに人々の主食となるイモ類が生えた。人々はそれにより、以後、農耕を行って生きるようになった。

ところで、そのとき、ムルア・サテネという女神が地上を支配していた。女神はハイヌウェレを殺した人々を呪い、人々に死の運命を定めた。ハイヌウェレの死が原初の殺害で、それがきっかけで人間は死すべき存在になった。「お前たちはハイヌウェレを殺した。今やお前たちは彼女を食わねばならぬ」。人間はこの原初の殺害以降、神の身体から生じたイモを食べることで、神の身体そのものを食べ続けている[5]。

ハイヌウェレ型類型の神話は、アフリカ、東南アジア、オセアニア、南北アメリカ大陸などに広く分布している。特に多いのは環太平洋で、それらの地域は主に、タロイモ、ヤムイモなどイモ類を栽培して主食としていた民族である[6]。イェンゼンによれば、このハイヌウェレ型神話は、もともと熱帯で栽培されてきたさまざまな種類のイモ類と、バナナやヤシなど熱帯産の果樹を主な作物とする、原始農耕民文化を母胎として発生した話だという。イェンゼンは、このような民族を、原始的な作物栽培文化を持つ「古栽培民」と分類した。彼らの儀礼には、生贄の人間や家畜など動物を屠った後で肉の一部を皆で食べ、残りを畑に撒く習慣があり、これは神話と儀礼とを密接に結びつける例とされた。さらに、ハイヌウェレ神話には、月齢に基づく植物の成長のサイクルが隠喩として隠されている。

ハイヌウェレ神話のポイントは二つある。一つは死の起源を語っていること、もう一つは食物起源神話を語っていることである。ハイヌウェレは人々に「殺害」された。「殺害」が単なる自然死ではなく、暴力死であることは自明である。これがこの世界で最初の死になった。それ以降、不死だった人々も女神ムルア・サテネの呪いを受けて、死すべき存在になった。

そして、ハイヌウェレという神的少女の死によって、初めて農耕が発生した。つまり、この神話は死の起源と農耕という文化の起源を同時に語っている。このような神話は世界中に多い。イェンゼンは、このような神話を「ハイヌウェレ型神話」と呼び、次のように定義した。「生きている間は排泄物として食物や貴重品などを生み出し、殺されて、死体から有用植物を発生させる女神あるいは神の神話」である、と[7]。

古栽培民とハイヌウェレ型神話との結びつきは、イモの栽培方法を考えると理解できる。イモは切り刻んで、その小片を大地に埋めることによって新たに芽を出す。ハイヌウェレの殺害は、村人によって引き起こされたが、その死体は細かく分断され、あちこちに埋められた。古栽培民にとって収穫したイモを切り刻むことは、殺害行為そのものだったのではと考えられる。その隠喩が、ハイヌウェレの神話なのだ。

つまり、ハイヌウェレは、イモそのものを表現している女神である、といえる。新しい生命を生み出すために、イモは殺され、切り刻まれる。そうして次世代（のイモ）が、その身体から発生する。人々はそのイモを主食として生きていく。ハイヌウェレは、種イモと同じように、神話の中で殺され、切り刻まれねばならなかった。

神話学者の沖田は、「私たちは普通、生活の中で、肉や魚を食べるときには、少し考えると、それが命を殺していただいている、ということに思い至ることができます。けれども、イモや野菜を食べて、それでその命を殺して食べている、とはなかなか思わないものです。ですが、インドネシアの先住民の人たちは、そのように強く思っていた。イモを食べるのは殺害行為だと思っていた。だからそれを表す神話を語りついできたのでしょう」と指摘している［8］。

4　南米アンデスにあるハイヌウェレ型神話

イェンゼンは、南米アンデスにもこのようなハイヌウェレ型の神話が存在すると指摘している。たとえば、月神パチャカマックである。パチャカマックは地上の主であり、他方彼の父である太陽には天だけが属する。最初の人間である男女はパチャカマックにより創造されたが、満足な食料を与えられなかった。男は飢えて死に、女は切羽詰まって太陽神に祈ると、太陽光線により彼女は一人の息子を生んだ。パチャカマック神はこの子の誕生に激怒し、新生児をとらえて殺し、解体した。「彼は殺した子供の歯を撒いた。そこからトウモロコシが生えた。事実、トウモロコシの粒は歯に似ている。彼は肋骨と骨を撒いた。そこからマニオックが生えた。その他のイモ類もそこから生えた。肉からはカボチャ、パカエ、及びその他のあらゆる作物と樹木が生えた」。[9]

パチャカマックはこの地のあらゆる食用植物の起因者であるが、子の殺害と食用植物の発生と同時に、人間が生殖する存在になるという明確な言及は欠けている、とイェンゼンは指摘している。またイェンゼンは次のように、人身供犠祭儀と結びつけている。

「この神話素と関連付けられている典拠は何もないが、大部分の資料は子供が生き埋められるというカパック=コチャという供犠をこの神話と結びつけている。供犠は一七世紀のインディオの記録者ワマン・ポマ・デ・アヤラによれば、収穫月たる第六月と第八月に耕作と種まきを機に行われた。これらは有用植物の成長と極めて密接に関連していた」[10]

また、彼は次のような事例も報告している。一八世紀の話になるが、アコバンバという地域で、聖アントニオの祭りに村民が集合した時、すべての男たちは太い棍棒で武装し、彼らは二派に分かれ、合図を皮切りに戦い始めた。一人の男が頭を割られて倒れると女たちが彼のもとに殺到し、流れる血を集め、ナイフで血をかきとり、それを保存した。およそ二時間の戦闘ののち、数人の死者や多数の負傷者が横たわると平和の合図が与えられ、飲酒と舞踊のもとで祭りを祝うために集ったという。この野蛮な虐殺の目的は、人間の血を得てこれを畑に埋め、確実な収穫をかちとることであった[11]。

これをハイヌウェレ型の神話素に結び付けることができる。

次の神話では植物起源だけでなく、人間の死の起源も説明している。これは「ハイヌウェレ型神話」に共通するもので、なぜ人間が不死の存在から死すべき存在に至ったかを説明するものである。

アメナコンという娘が、地底から現れ人間に姿を変える蛇ノイムラとひそかに交わり、子供を身籠もる。秘密を知った娘の母親が熱湯を注いで蛇を殺し、娘は谷の上流で密かに男子を出産する。四日後に戻ると今まで見たことのない美しい木が生えていた。木はたちまち生長し、有毒と無毒のマニオック、マカモ、トウモロコシなどの実をつけた。当時土を食べていた人々は、娘から秘密を聞き出し、その木を倒し、散らばった果実や種子を拾い、畑に植えた。木が倒れた後に大きな泉が生じた。木を倒したために、それまで死ぬことのなかった人間は死ぬようになった[12]。

この神話に対応するのはオカイナ族のダヤウィカと呼ばれる儀礼である。

祭りの一月前に踊りのプラットフォームにするため、倒す木を決める。当日飾り立てた多数の男女が、一対の男女を先頭に森へ行き丸太を切り出してくる。この一団は村へ丸太を運び終わるまで人に見られてはいけない。丸太には女性像が彫られ、蛇の文様が描かれ神話上の人物が示されている[13]。

この儀礼についてインフォーマントは次のように説明している。丸太の像は最初の女で、初めて栽培植物を手に入れたアメナコンを表し、文様は最初の蛇を表す。歌の中で蛇が太陽あるいは創造主「父」と一体視されている。最初の女は大地で、蛇と女の対は太陽と大地、祭の王と王女に相当する[14]。

アマゾンにおけるマニオックを初めとする植物栽培神話と儀礼は、神的存在である蛇と女が結婚し、蛇かもしくは蛇との間に生まれた神的子供(及びその変化として聖なる木)の原初の殺害(木を切り倒す)が原因である。神が人間に与えた神的子供が何らかの理由で殺害されると、その子の身体から新しい作物が生えてくる。その植物を栽培することで人間は安定した食生活を得られるが、同時にその殺害の罪により、不死から死すべき存在へと変えられてしまう。このようにハイヌウェレ型神の文化起源(作物)神話は南米にも存在するのである。

5 首狩りと農耕儀礼

首斬り、もしくは首狩りも豊穣儀礼と密接に関わっている場合が多い。ブラジルのマリナウア族の神話では、首を斬られた男が月になったといわれている。

マリナウア族の男の首は彼の仲間に向かって呼びかけた。「友よ、私の首は月になるだろう。私の目が星になり、私の血が虹になったときには、おまえたちの妻も、どの娘たちも血を出すだろう」。……やがて日が暮れると、人々は首が満月になるのを見た。そして彼の目がきらめく星になるのを見た。さて、満月が輝きだしたとき、どの妻たちも出血した。どの乙女たちにも出血させた。妻たちが血を出し始めると、その夫たちは妻と同衾した。すると出血は止まり、妻たちは身籠った[15]。

これは原初の神話的殺害、首狩りによって、切り取られた首が月になり、この月が人間や女に生殖力を与えたという筋である。死が生の前提となっており、それが月と密接に結びついている。

一般的に、首狩りは他の集団に属する人間を襲って殺し、首級を手に入れることを目的とした慣行である。頭部に霊的な力が宿るという信仰が基本にあり、それを自分たちに有効な力として操作しようとする呪術・宗教的な行為である。首狩りは農耕民のあいだに特徴的な慣習で、しばしば豊饒、繁殖の儀礼と関連している。

フィリピン・ルソン島のボントク族は種まきの時期に首狩りを実行する。犠牲者の頭部、四肢を切断して村にもち帰り、広場にさらした首級のまわりで、祭りを催す。

ボルネオのイバン族(海ダヤク族)は一九世紀から二〇世紀初頭にかけて盛んに移住と戦闘行為を繰り返し、世界有数の勇猛な首狩り族として知られるに至ったが、その後サラワク政府による平定と、ゴム、コショウという換金作物の導入の結果、現在では定着的な傾向が強まっている。

アッサムのナガ族は、霊的な力が作物の生育を促進すると信じ、犠牲者の四肢、頭部を畑にさしておく習慣がある。かつて首狩りは、東南アジア大陸部、インドネシア、オセアニア、インド大陸、アフリカ、南アメリカなど広くみられた慣習であるが、今日はほとんど消滅したと考えられている。

アマゾンの先住民族には最近まで首狩りの風習があった。たとえば、エクアドルのヒバロ族には、昔、敵を急襲して首を取り、頭蓋骨を抜いて干し首にする風習があった【図1】。敵の首は自らの民族にとっては守り神になり、農作物などの繁栄を促す。そして切った敵の首の持ち主の恨みを買わないように細工をする。アンデスでもナスカ時代の土器には首を切られた人間の首【図2】を持つ神と、首から作物が生えている図柄もある。斬られた首は先住民の思考体系において、豊穣の源泉だと考えられていたからである〔16〕。

【図1】1930年代半ばに先住民ヒバロ族が作ったツァンツァ。この写真は作られてすぐに撮影されたものである（Photo by Underwood Archives Getty Images）

【図2】神が戦士の首級を持っている様子を描いたナスカ土器（シカゴ美術館蔵）

6 アンデスのジャガイモ儀礼とインカリ神話

フランシスコ・ピサロ率いるスペイン人が一五三二年にインカ帝国を征服した後、最後の皇帝アタワルパは絞首刑にされた。しかし、どういうわけか、アンデス先住民はアタワルパの死を、史実としての絞首刑でなく、イメージとして斬首にしている【図3】。一七世紀初頭に征服と植民地化についてインディオの視点から描いたワマン・ポマ・デ・アヤラ、クスコ派画家、アヤクチョなど各地の民衆劇のシナリオにおいてもアタワルパの死は斬首として描かれている[17]。なぜだろうか。

文化人類学者の友枝啓泰によれば、第一にアンデスには斬首の伝統があったからという[18]。スペイン征服以前の絵画土器や象形土器は、首狩りや首級のモチーフが盛んに登場し、その起源は二五〇〇年以上前のチャビン文化にある。そこから読み取れるのは、アンデスでは異民族集団間で行われる戦争において敗者は首級をとられる運命にあった。同じような図像表現は、モチェ、ナスカ、チムー、インカなど後代の各文化にもみられる。そのため、スペイン人に敗れたインカ族の首長の首が切られるのは、古くか

【図3】一七世紀のインディオ、ワマン・ポマ・デ・アヤラが『新しき時代と良き統治』で描いたインカ王の処刑（当時のフェリペ二世宛書簡）

らのアンデスの伝統によればごく自然なことであった。皇帝の死についての歴史的空白部分は、斬首という伝統的な習慣とイマジネーションによって理解された。この斬首のモチーフは集団間の戦争や首狩りの習慣が完全に消え去った現在でも繰り返し登場している。

アンデス先住民に伝わるインカリ神話にも、明らかに斬首のイメージが残されている。インカリとは、ケチュア語の皇帝を意味する「インカ」にスペイン語の王「レイ（リ）」が結びついたもので、インカ王という意味である。この神話にはさまざまなバージョンがあるが、おおよそ次のような構造がある。スペイン人によって斬首されたインカ王の頭と身体が分断され、大地に埋められている。それが成長してお互いに結びつくと、一つの完全な身体として甦り、インカ王と彼が支配する世界の秩序が復活するといわれている。スペイン人がもたらしたのは世界の無秩序であり、そのことは、インカ王の身体の分断というモチーフによって隠喩化されている。しかし、いつか植物が成長するようにインカ王の身体が成長し再び統合されると、先住民が救われる日がやってくると期待されている。

クスコ市の西約二五〇キロにあるプキオ地方で、二〇世紀前半に文学者のホセ・マリア・アルゲダスが採録した神話の内容は五〇以上のバージョンがある。インカリとはインカ・レイが、この地方の先住民が日常に使うケチュア語流に発音されたものである。

［チャラカイのインカリ（抄）］

私も、村の人たちも純粋のインディオです。あなた方はペルー人ではなく、スペイン人か混血の人たちだ。あなた方はピサロの家族で、私は王の、インカレイの家族だ。インカリというのは、母なる大地と父なる太陽の息子である。インカリは、時間が長持ちするように、太陽を縛り付けた。牛もまた繋いでおいた。立派な人物で、すべてに命令を下し、石を歩かせたりした。［中略］インカリは黄金の橋を作った。しかし、その仕事が終わる前に、ピサロは武器と弾丸で彼を殺した。インカリはワラカを持っていただけだった。ピサロはインカリの頭を切り落とし、それをスペインに送った。彼の体はここに残った。彼の頭はスペインで生きており、口髭が伸びて、毎月それを剃る。今はインカリはいない。彼が死ぬと、天の有力者、イエズスキリストがやって来た。大地の中にいるインカリとは何の関係もない。キリストは離れていて、私たちの方に入り込んでは来ない。彼は世界をミカンのように手の中に持っている。世界がひっくり返ると、インカリは戻ってくる。そして大昔のように歩くだろう。その時、キリスト教徒も異教徒もすべての人間が出会うだろう[19]。

別のバージョンでは、インカリはスペイン人によって殺され、切り取られた頭はクスコの地中に埋まっている、というものがある。インカの斬首のモチーフは、劇や踊り、絵画のみでなく、これらの神話群においても繰り返し登場し、その意味で、インカリ神話はアンデス先住民の歴史解釈の一部を絵画や劇表現と共有している。インカリ神話はアタワルパの死という史実に依拠している。しかしその神話的表現や想像力は、史実を超えた先住民の観念や信仰を表明するものである。この神話上のインカリは、歴史上の最後の皇帝アタワルパ本人というよりも、世界を創造し、生と死のサイクルを具現する植物神や文化英雄の性格が強い。ここでは、絞首刑という史実が、インディオの想像力の中で「斬首」にすり替えられている。なぜだろうか。

それを明確に示すのが、文化人類学者の友枝啓泰が注目したアヤクチョ県のインディオ農村で行われる農耕儀礼である。「アヤ・ウマ・タルプイ」と呼ばれるこの儀礼は、ジャガイモの本格的な植え付けに先立って一一月の初めに行われる。アヤはケチュア語で「死」、ウマは「頭」、タルプイは「植え付ける」の意味である。その年初めて植える水気のないしなびた種芋は死者の頭に見立てられ、「死者の頭を植える」儀礼と訳すことができる。

農民は信仰する大地母神パチャママや山神タイタオルホにチチャ(トウモロコシの発酵酒)やコカの葉を捧げ、作物の無事な生育と豊作を祈る。捧げものは生命力の衰えた地霊や山霊に対し、その力を蘇らせる「食物」として供えられる。ボリビアの農村で行われる類似の儀礼では、生け贄にするクイ(モルモット)の首に爪をたてて動脈をちぎり、流れる血を空中に振りまき、地面に滴らせてコカの葉と一緒に地中に埋める。ジャガイモ畑は連作されず、何年かごとに休耕しながらジャガイモの種付けとともに再生復活する。

ジャガイモ畑の再生は雨期の本格化する一一月に対応している。その時期はアンデス農民の信仰するカトリックの万霊節と一致する。万霊節は「死者の日」と呼ばれ、人々が万霊節に死者が蘇り生者の家を訪問すると信じ、家の前に灰をまいて、訪れた死者の足跡を確かめる日である。墓地を訪れ、墓を掃除したり、花や食物を供える日でもある。

アンデス先史時代に行われていたと考えられる首狩り戦争の死者も、おそらく農作物の豊穣と関連していただろう。ナスカ時代の絵画土器、象形土器や遺物には、首級をいくつも身につけた獣神が描かれている。首級からは植物が生育する様が描かれている場合もある。戦争捕虜を生け贄とし、作物の豊作祈願をする儀式が行われていた。海岸砂漠のナスカでは雨や水が重要で、豊作祈願には雨乞いの意味も込められていた。

アタワルパの斬首を描いたクスコ派の絵画では、虹と雨が処刑の場面を飾っている。史実とは関係のないこの「水」のモチーフは、首狩りやインカリ神話、ジャガイモの植え付け儀礼といった農耕儀礼のコンテクストから生じたものである。さらに「水」は生贄儀礼において隠喩的に「血」に変換される。先の「死者の頭を植え付ける」儀礼や家畜の繁殖儀礼においては、生贄動物の血が水の代わりに大地にふりかけられる。家畜の繁殖儀礼において「今日は草地に、今日は囲いに、明日は血の川、明日は火の中」[20]と歌われる血の川は、一一月以降の雨期に、その年の春生まれた子羊の耳を傷つけ、大地に血を流させる動物の繁殖儀礼に由来する。つまり、生贄の首斬りや血は、大地の豊作、水の恵みなどを切実に願う豊穣祈願に由来するのである。

7　インカリ神話のさまざまなバージョン

インドネシアのハイヌウェレ神話では、神的少女は殺害、切断され、埋葬された死骸からイモ類を含む未知の植物を生じさせた。この原初の殺害は、イェンゼンを初め多くの学者が指摘しているように、人間の条件を根本的に変えた。なぜなら、それが性と死を導入し、今日でも生きている宗教・社会制度を確立させたからである。ハイヌウェレの非業の死は「創造的」死であるだけでなく、人間の生や死に常に現前する。女神の死骸から生じた作物によって養分を得ることは、女神の身体から養分を得ることに等しい。すべての重責を担う行為（成年式、動物や人間の供犠、食人慣習、葬送儀礼など）は、いわば原初の殺害を思い出すことである[21]、とエリアーデは指摘している。

斬首は「殺された神（死者）」のエネルギーの放出によって得られる農作物の生長や豊穣の祈願を表している。耕作民が殺害を、自分の生存を保証する平和な仕事と位置づけているのに対して、狩猟民社会では殺害の責任を他人（よそ者）に負わせている。狩猟者は次のように理解される。彼は殺した動物（霊）の復讐を恐れるが、動物主の前で自分を正当化する。一方、初期耕作民にとって、原初の殺人の神話が、人身供犠や食人儀礼、首狩りのような流血の儀礼を正当化する要因になる。

また、エリアーデは、食用植物（芋、穀物いずれも）の起源を、神または神話的祖先の排泄物や汗から生じたと説明する。受益者たちは食物の不快な起源を知るとその作者を殺してしまうが、彼（または彼女）の死体をバラバラに解体し、埋葬する。食用植物と他の文化的要素（蚕、農具など）はその死体から化生するからだ。

食用植物は神の身体から生じたのであるから、神聖である。「食事をすることによって、人間は、つまり神を食べているのである」[22]。ハイヌウェレ神話やアンデスのパチャカマック神話、アマゾンの植物栽培起源の神話群は、そのことを示している。食用植物の誕生は、原初の悲劇的事件、つまり神の殺害の結果である[23]。

これは、狩猟採集社会から初期農耕社会へ移行する過程で生じた隠喩の変容の結果なのではないだろうか。狩猟対象である動物を人間が食べるためには、わざわざ狩猟して殺害しなければならないが、植物はそうではない。しかし食用植物を狩りするようにわざわざバラバラにして埋めたり、動物や人間の首狩りをする。首狩りは、狩猟民から初期農耕民への存在容態の変容の過程で生じた隠喩的行動であり、殺して食べてしまう植物の代わりになるもの、そして次なる生命を生み出す豊穣の源とみなされるのではないか。

ここで先ほどのインカリ神話の具体例をさらに見てみることにしよう。インカリ神話と名づけられた一連のテクストは、アンデス北部、中部、南部にあり、三〇を越える。内容には相違点もあるが、斬首というモチーフは変わらず存在している。インカ王にもたらされた暴力的な死が、世界に無秩序と混乱をもたらす。そこからの救済が、インカ王の復活再生のストーリーなのである。首は新しい生命の種子と解釈されているためだ。

インカリの頭だけが存在する。それは地下で生長し、身体をつくっている。身体が完全に生長したら、インカリは復活する。インカリはまだ復活していない[24]。

これはインカリ神話のシナリオの中でも、もっとも単純で根本的なものである。重要なのは頭だけが存在し、生長するという点である。そして頭が生長したら、インカリは完全に復活する。この隠喩は、インカリの植物神としての機能をもっとも簡潔に説明しており、さらにいえば、救世主待望思想、メシアニズムの萌芽が見られる。

この単純なシナリオに、スペイン人の到来やピサロの侵攻、それに続く植民地支配とアンデスの土着宗教を排斥するカトリック教会の姿といった一連の歴史的な描写が、具体的に加えられていく。

インカリはクスコにいると考えられている。誰が彼をクスコに連れて行ったかわからない。頭だけ持って行ったと言われている。彼の髪の毛は伸び、身体は地下で生長している。審判の日にそれが完全に統合すると考えられている。誰が彼を殺したのかわからない。たぶんスペイン人が殺して頭をクスコに持っていったのだろう。このため海岸の鳥は次のように歌う。「王がクスコにいるよ。クスコに行こうよ」。[25]

インカリはクスコの方角に向かって大地をくぐり抜けていった。そして、小さな杖を投げて届いたところにクスコを建設した。インカ王は大きな石までも羊のように動かし、大きな聖堂や銀の壁で覆われた家を建てた。そこへ征服者ピサロがやってきた。インカ王は、銀であふれんばかりの家をピサロに捧げた。しかし、それでは満足できないピサロはインカリを殺した。インカリは前もってピサロに警告していた。「私を殺すなら殺すがいい。私の頭は残り、私の肉体だけが死ぬであろう」と。インカリはそう言って自分を殺させた。しかし、ピサロは何も得ることができなかった。天変地異がやってきて、クスコはピサロの所有物とともにみな沈んでしまったからである。犬までも大地に飲み込まれてしまった。それが、インカリがピサロに与えた罰だった[26]。

インカリを捕まえて頭を斬るよう命令したのはカトリックの神だ。インカリの頭はリマの王宮にあり、まだそれは生きている。しかし身体と引き離されているため、力は弱い。神の頭が自由になり、身体と結びついたら、もう一度神はカトリックの神と対峙し、彼と戦うだろう。もし彼が身体を再び結合できず、超自然的力を回復できないなら、おそらく彼は完全に死ぬだろう[27]。

カトリック教会はインカリ神話を初めとするアンデスの土着宗教を排斥してきた。それは植民地宗主国の支配宗教であり、土着宗教と対峙するものだ。インカリは殺害され、頭だけなので力は弱い。その状況は植民地支配が終わった今日でも続いている。

語られた神話テクストからは抑圧され、疎外されたインディオの声が読み取れる。アルゲダスの採録したインカリ神話は、アンデス先住民の抑圧・疎外を表明し、告発するインディヘニスモ（土着主義）の思想の主張の中に収斂されていく。キリスト教や西欧文明だけが支配的で中心的な文明であり、アンデス先住民は周縁化されている。ワマン・ポマが一七世紀に表現したアンデスの宇宙観における「パチャクティ（天地がひっくり返った状態）」[28]を、彼らは今日でも体験している。インカリ神話では、インカリの体が切断され、再び結合するまで、世界の状態が無秩序であることが示されている。

彼らは次のように信じている。インカリがやがて復活し、今日の世界をひっくり返すと。そして新しい時代の社会秩序を生み出すと。「父の時代、子の時代、聖霊の時代」の三位一体の時代のうち、最後の時代をインカリの時代と考える人々もいる[29]。インカリは現代アンデスで期待されている神話的表象というだけでなく、社会正義を示す宗教的・政治的指導者のアンデス的モデルとして捉えられている。インカリの頭と身体の統合は、世界秩序の回復に不可欠である。それはいつの日か必ず果たされなければならない。インカリのメシアニズムはさらに具体的な描写を加えていく。

インカ王は、戻ってくるだろうかとこの前、私に問われましたね。それは、我々の秘密です。スペイン人の血の混じったペルー人が、力あるインカ王の首をはね、頭を盗み、それを持っていってしまいました。スペインへ持っていき、大きな刑務所の中で縛られていると、祖母はいいました。クスコのサント・ドミンゴ教会に捕らわれていると言う人もいれば、政庁に、という人もおります。彼の行方について、我々は知りません。彼は、どこからか自分の民衆を見ています。彼の身体は、頭から再生されてくるのですが、足かせと鎖で捕らえられているので、そう容易ではありません。身体全部が再生するには四千年の時が必要です[30]。我々の世界、我々の歴史は、我々同様に生長し、育っていきます。しかし、四千年になると完成されます。その時にインカ王の身体はすべて再生されるでしょう。その日、太陽が四つ昇り、その天体はメスティーソ全部、すべてのペルー人、スペイン人、それから白い泥棒どもを、一人残さず焼き尽くすでしょう。メスティーソとペルー人を絶えさせた後、我々のインカは帰ってくることでしょう。我々のインカ王が帰ってくるとき、その時には空腹はなく、戦いもなく、原子爆弾もないでしょう。その時、われわれは、耕作のための広い土地、莫大な数の家畜、たくさんの金や銀、銅をどっさり持つことになるでしょう[31]。

アンデス先住民はインカリの身体の復活に期待している。その宇宙観においては、インカリの身体は宇宙の身体として隠喩的に理解されている。スペイン人に捕らわれた頭は、上方世界を表現している。秩序が回復されるためには身体のパーツも生長し、頭と結合しなければならない。その身体は、大地もしくはアンデス先住民自身をも表現している。

インカリ神話の具体的描写が時代に合わせてどのように変化していこうとも、その古い構造は変わらない。重要なのは頭が残っている点であり、それがすべての生命力の源であり、それさえあればインカリは死から再生するはずなのである。この見通しは植物の死と再生のサイクルに対するアンデス先住民の観察の結果である。先に示したように、斬ったクイの頭をジャガイモ畑に植え付ける「アヤ・ウマ・タルプイ」の儀礼を思い起こせば充分であろう。

インカリ神話に見られるメシア思想や千年王国論は、死んで生き返る神々、植物神の死と再生のサイクルを根底とする、持続的な時間論、歴史観に基づいている。結論として、インカリ神話は今日の不平等なポスト植民地主義的状況や、そのような世界に置かれたインディオの位置づけを説明するための語りとなっている。それは、こうした原因をつくった西欧文明やポスト植民地主義的状況に対する先住民側の批判、ルサンチマンの表明といってもよい。本来このテクストはすでに述べたように植物神の死と再生という周期的時間論に裏付けられた神話的構造を持っているが、同時に歴史的状況に合わせて少しずつ改変されてもいる。このような古くて新しい神話を私たちはどう理解すればよいだろうか。

宗教学者のチャールズ・H・ロングは、根源的で古い構造を持つ創造神話や起源神話を「アルカイズム」とした上で、古い神話が現実の時代状況にあわせて、今日のポスト植民地主義的状況を生きる人々のニーズに合わせて改変されている現実を「ニュー・アルカイズム」と名づけた[32]。それは神話の再解釈、再創造に他ならない。神話を元にした人々の意味世界理解や宗教運動にも関わっている。「ニュー・アルカイズム」とロングが呼ぶ新しい統合の神話や運動は、そこに生きる人々にとって新たな根源的な意味を持ち、深く人間性に根ざした必然性に裏付けられている。そこには自然の聖性の再発見を含む人類の根源的な宗教現象から始まり、多様な文化的、社会的、歴史的な諸条件を包んだ新しい統合が取り組まれている。それを支えるのは人間として「生きられる」世界の追求である。

植物神の殺害と生長という古い構造をもつ原初的な神話を、先住民が現実の歴史的状況に合わせて組み替えているインカリ神話は、彼らにとって生存戦略的な神話といえるのではないだろうか〔33〕。

8　征服のトラウマと救済

神話と同じく、民俗芸能は、現在に生きる過去であるが、集団的な心理に刻み込まれて永続化している要素を研究するための資料になる。現代の民俗芸能を通じて、征服がインディオにとって何を意味したかに迫ることができる、とN・ワシュテルは言う〔34〕。

一五三三年、ピサロの命によって処刑された、最後のインカ、アタワルパの死は、民衆劇や踊りの題材として、ペルーとボリビアのインディオの間に広まっている。起源は一六世紀に遡り、テクスト化されたのは一九世紀である。インカリ神話のように、地域ごとにいくつかのバージョンがあるが、ここではチャヤンタの踊りを例にとって、民衆劇のシナリオを要約してみよう。

現代の民衆劇の筋書きは、おおよそ以下の通りである[35]。

一、夢がスペイン人の到着を知らせる。

二、初めの接触はまず家臣と副官との間で行われる。

三、中心となる場面では、インディオの首長とスペイン人の首領が会見する。

四、インディオの首長アタワルパの死（劇中では刺殺のち斬首。実際は絞首刑）。人々は嘆き、スペイン国王がピサロを罰するため、「救いの主」として登場する（史実と異なるが、インディオの想像力により救済がもたらされる）。

劇の第一幕は凶兆の告知から始まる。インカ王アタワルパが、インカ王の父である太陽が二晩続けて黒い煙に隠れる夢を見た。また、空と山々が燃え上がるのを見た。ワカ（聖なるもの）が、王国を滅ぼすために鉄で身を固めた戦士がやってくると告げ、その夢を大神官に解釈してもらったところ、大神官はアタワルパに鉄の鎧に身を固めた侵入者を撃退すべく戦士を集めるように勧めた。

第二幕では、インディオとスペイン人の間で、予備的な接触が行われる。インカの大神官と征服者の一人アルマグロが会見する。大神官はアルマグロに対して、なぜ髭の生えた赤毛の人々がこの国に侵入するのかと質問する。アルマグロは「唇だけを動かす」。この聞こえない言葉を通訳して、「スペイン人は地上最強の主君に派遣され、金と銀を求めにやってきた」と述べる。そこにバルベルデ神父が登場し、口を挟んで、スペイン人は真の神について知らしめるために来たのだ、という。最後に、アルマグロは、インカ王宛の手紙を大神官に手渡す。

その手紙「とうもろこしの葉」は、インディオにとっては驚きと当惑の対象である。それは人の手から人の手へと渡るが、誰もその沈黙の言葉を解読することができない。アタワルパを始め、大神官や他の高官たちも失敗する。高官であるサイリ・トゥパは、インカ王から皇帝のしるしである投石器、斧、黄金の蛇と熊が託され、ピサロを脅して国を去るようにいう。ピサロは「ただ唇だけを動かす」。通訳は、スペイン人はインカ王の首をスペイン王に持ち帰るために来たのだ、という。サイリ・トゥパはその言葉を理解できず、ピサロに自分からインカ王と話すように促して去る。その後、アタワルパは侵略者を追い出すために兵士を集めると決意する。

第三幕では、突然ピサロがアタワルパの宮殿に乱入するところから始まる。インカ王は初め抵抗し、ピサロを脅す。ピサロは「唇を動かすだけで」インカ王にバルセロナまでついてくるよう要求する。アタワルパは急に態度を変え、降伏する。スペイン人は、彼の手を縛り、合唱隊は彼の運命を嘆く。アタワルパは見渡す限りの大量の金と銀をピサロに差し出して助命を嘆願するが、ピサロは拒絶する。アタワルパは家来に別れを告げ、皇帝のしるしを皇女と高官たちに残す。息子のインカ・チュリンは父とともに死ぬことを願うが、許されず、ビルカバンバに退いていつの日かスペイン人を追い出すことを約束する。アタワルパはピサロに呪いをかける。ピサロはアタワルパの血により汚れ、インカの臣下は決して彼に敬意を払わないだろう。バルベルデ神父は、アタワルパに洗礼を授け、罪を告白するよう勧めるが、インカ王には理解できない。バルベルデ神父は聖書を差し出すが、「私には何も語らぬ」とアタワルパはいう[36]。バルベルデ神父は冒瀆であると非難し、彼を罰するよう求めるが、終油の秘蹟は施す。ピサロがアタワルパを剣で刺す。

第四幕では、合唱隊とインカの忠臣たちが、インカ王アタワルパの死を悼み、ピサロを呪詛する。ピサロはアタワルパの首と頭飾りをスペイン王に献上するが、スペイン王はピサロの犯罪に憤り、アタワルパを称揚して、ピサロに罰が下されるだろうと公言する。ピサロは自分の剣と生まれた日を呪い、血に倒れて死ぬ。

この民衆劇「アタワルパの死」のシナリオに共通するのは、インカ王が死んでも、最終的にはスペイン人にインディオが勝利する、という結末である。ラ・パスの劇でも、アタワルパの蘇生と勝利によって終わる。そこにも救世主待望信仰、メシアニズムが隠されているのではないか、とワシュテルは指摘している[37]。

おわりに

インカリ神話はハイヌウェレ型の神話であり、神の死んだ身体から有用植物が発生するというアンデス古来のパチャカマック神話の一つの派生系である。

インカリ神話はジャガイモなど根茎類の農穣儀礼の文脈で考察するとわかりやすい。バラバラに切り刻まれた古い種イモは畑のあちこちに埋められ、新しい芋として芽を出し成長する。ハイヌウェレの死体から新しい有用植物が生まれる発想と似ている。ただ、インカリは太陽神の息子であり、いつかその復活が期待されるメシアニズムと結びついている。征服による植民地時代から今日に至るまで、カオスの時代とされているが、インカリが復活することで、秩序や平和が戻ると期待されている。

現代の民衆劇のパターンも、スペイン人到来、①インディオとスペイン人の衝突、②スペイン人征服者ピサロによるインカ王の殺害、③その後の征服という出来事自体がドラマ化され、征服のトラウマとスペイン王によるピサロへ与えられた罰（ピサロの死）により、正義が復活したという形で締めくくられている。

民衆劇とインカリ神話のシナリオの結末の形は違えども、民衆劇にはインカリ神話と共通のパターンが見られる（インカ王の殺害とその後の再生復活や救済）。アンデス先住民はそのようにインカ王の殺害を解釈し、植物神のようにいつか再生復活すると考えてきたのだとわかる。

スペイン人によるインカ王の殺害と征服の歴史は、インディオの集合的無意識に深いトラウマを残した。筆者には一連のストーリーは、ある民族や国家が、別の民族や国家に殺害され、レイプされるというように見える。戦争で負けて敗者になり、征服されるということは、男性であれば去勢され、女性であればレイプされることに似ている（実際、去勢され斬首された生贄体が、モチェのエル・ブルホ遺跡で大量に見つかっている）。植民地時代初期のインディオ女性たちも、一七世紀のインディオ、ワマン・ポマが描くところによれば、多くがレイプされ、混血児を産んだ。

インカ王の殺害と征服が描かれているインカリ神話やアンデスの民衆劇「アタワルパの死」の場合も、受動体としてのインカ王やインディオが受けた暴力の傷痕に、癒しや救済が必要とされているのが理解できる［38］。インカリは殺されバラバラにされても必ず再生するジャガイモのように、必ず復活する植物神であり、インディオ世界を救済する神なのだ。

【付記】本研究は、ＪＳＰＳ科研費（20K00073）の助成を受けたものである。

†註

[1]神話的祖先が動物である、あるいは動物女房と結婚した子孫が私たち人間である、とする考えで、特定の動植物を祖先や神とするトーテミズムとの関連性も指摘されている。たとえばアマゾンのデサナ族は、川の鱒の娘と結婚した人類の祖先の話があり、彼らは鱒の娘の子孫だという。ライヘル・ドルマトフ『デサナ――アマゾンの性と宗教のシンボリズム』(寺田和夫・友枝啓泰［訳］、岩波書店、一九七三年)。

[2]メソアメリカには双子の英雄神話や、異類婚姻譚、動物祖先、太陽と月の誕生神話（月と兎に関わる）などもある。

[3]沖田瑞穂『世界の神話』(岩波ジュニア新書、二〇一九年)二〇九〜二一〇頁。

[4]沖田、前掲書、二一〇頁。

[5]沖田、前掲書、一五四〜一五六頁。ＡＤ・Ｅ・イェンゼン『殺された女神』(大林太良 他［訳］、弘文堂、一九七七年)五三〜六五頁。

[6]日本神話のように地域によっては五穀など穀類の発生の始まりとされている場合もある。

[7]イェンゼン、前掲書、五三〜六五頁。沖田、前掲書、一五四〜一五七頁。

[8]沖田、前掲書、一六〇頁。

[9]パチャカマックはイェンゼンが「月神」としているが、ペルー中部海岸の両性具有神で、万物創造の神である。アンデス高地から起こったインカ帝国に吸収された地方神であり、神託の神で、インカ時代も存続し、スペイン人が巨大な神殿を「偶像」として破壊した。

[10]イェンゼン、前掲書、一三八〜一三九頁。

[11]イェンゼン、前掲書、一三九頁。

[12]友枝啓泰「中央アンデスの民話とアマゾンの神話」(『国立民族学博物館研究報告』五巻一号、一九八〇年)二七三頁。Cf. R. Girard, *Indios Selváticos de la Amazonia Peruana*, Libro Mex Editores, 1958, pp.75-76.

[13]友枝、前掲書、二七三頁。Cf.Girard, *Ibid*., pp.136-137.

[14]同右。

[15]大林太良『死と性と月と豊穣』(評論社、一九七五年)一〇二頁。

[16]首狩は中国南部、ミャンマーに広がっている佤族や台湾、フィリピン、インドネシア、中南米の各地の先住民族など、環太平洋に広がっている。山田仁史『首狩の宗教民俗学』(筑摩書房、二〇一五年)。

[17] Felipe Guaman Poma de Ayala, J. Murra and R. Adorno eds., *Nueva Coronica y Buen Gobierno* (ca.1613) 3 vols, Siglo Veintiuno, 1980.

[18]友枝啓泰「テクストとしての『新しい記録と良き統治』」(染田秀藤・友枝啓泰『アンデスの記録者ワマン・ポマ——インディオが描いた真実』平凡社、一九九二年)二四五〜二五三頁。

[19]A・オルティス「アダネバからインカリへ」(加藤隆浩〔訳〕『世界口承文芸研究』第五号、一九八三年)二四三〜二四四頁。

[20]友枝、前掲書、二五二頁。

[21]M・エリアーデ、荒木美智雄(編)、『世界宗教史——石器時代からエレウシスの密儀まで』I(筑摩書房、一九九一年)四一〜四二頁。

[22]エリアーデ、前掲書、四二頁。

[23]エリアーデ、前掲書、四一〜四二頁。ドイツの民族学者イェンゼンは、ハイヌウェレ神話を、芋類の初期栽培民特有のものであると推測している。穀物栽培の起源神話では、原初の盗みを登場させている。穀物は存在するが天上にあり、神々が大事に護っているが文化英雄は天に昇り、いくつかの種を盗み、それを人類に与える。イェンゼンはこれら神話の二つの型を「ハイヌウェレ」型と「プロメテウス」型と名付け、それらを初期耕作民(植物栽培)文明と、いわゆる農耕民(穀物栽培)文明とにそれぞれ結びつけた。たしかにその区別は存在するが、しかしながら、この区別はイェンゼンが考えたほど厳格なものではない、とエリアーデは言っている。なぜなら、相当数の神話は、殺された原初の存在者から穀物が生じたと説明しているからである。

[24] Constance Classen, *Inca Cosmology and the Human Body*, University of Utah Press, 1993, p.144.

[25] Classen, Ibid., p.144. Cf.Jose Maria Arguedas, *Formación de una cultura nacional indoamericana*, Mexico, Siglo Veintiuno, 1975, p.40.

[26] Classen, Ibid., pp.143-144. Cf. Arguedas, *ibid*., p.41.

[27] Classen, Ibid., p.144. Cf. Arguedas, *ibid*., p.178.

[28]パチャクティは「天地がひっくり返る」の意味で、政治改革を行った第九代皇帝の名もこれにちなむ。

[29]「三位一体の時代」は中世イタリア、フィレンツェのヨハネの終末思想に基づく。征服者、植民者、聖職者の多くはこの終末思想に突き動かされてアメリカに渡ったと一般的に考えられている。増田義郎『新世界とユートピア　スペイン・ルネサンスの明暗』(中公文庫、一九八九年)。

[30]四という数字がインカ族にとって重要なのは、インカ帝国が「四方向の国（タワンティン・スーユ）」と呼ばれていたように、四方向に基づくためである。この四という根本的な数字とインカ族において重要視されていた十進法により、四千という数字は彼らの時間論や歴史観にとって意味がある。

[31] Classen, *Ibid.*, pp.143-144.

[32] Charles H. Long, "Notes on the Study of Popular Religions in North and South America", 荒木美智雄（編）『米国とメキシコにおける現代民衆宗教の世界観と救済観に関する比較宗教学的研究』(平成5年度科学研究費補助金（国際学術研究）研究成果報告書　課題番号05041002)(筑波大学哲学・思想学系、一九九七年)一一九〜一二三頁。

[33]千年王国論やメシアニズムという思想は、現実の疎外状況やルサンチマン（来世への期待という反現実）の表明のみならず、生と死の循環、世界の周期的更新という大きな時間的枠組みに捉えられている。

[34]N・ワシュテル『敗者の想像力——インディオのみた新世界征服』(小池佑二［訳］、岩波モダンクラシックス［岩波書店］、二〇〇七年)六三〜七〇頁。

[35]ワシュテル、前掲書、六五〜六六頁。

[36]インディオにとって、ワカ、聖なるものとは、語るもので、読むものではない。なぜならインカ王国には文字がなかったからだ。

[37]ワシュテル、前掲書、六三〜七七頁。

[38]本論文は、谷口智子「首狩りとインカリ—植物神の殺害と生長に関する神話・儀礼」、『愛知県立大学外国語学部紀要』第三七号（地域研究・国際学編）(愛知県立大学外国語学部、二〇〇五年)一二三〜一四〇頁をもとに大幅に加筆修正した。

第11章

ヴァギナ・デンタータとココペリ
——豊穣・幸福と恐怖・病・暴力

木村武史

はじめに

北米大陸は広大であり、先住民の宗教・神話を一律に語ることは難しい。自然環境も北極海に面した極地域から、大草原の広がる中西部、森林の豊かな東部地域、砂漠のある南西地域など多様である。通常、先住民の研究をする場合は、先住民の文化は自然環境との相互関係の中で形成されたという考えに基づいた文化圏に従って、以下の一〇に区分される。(一)極文化圏、(二)亜北極文化圏、(三)北西海岸文化圏、(四)大平原文化圏、(五)北東森林文化圏、(六)大盆地文化圏、(七)高原文化圏、(八)南東文化圏、(九)南西文化圏、(一〇)カリフォルニア文化圏。

神話・伝承も各文化圏、各部族に独自の伝統があり、どれか一つの地域、部族の神話・伝承を取り上げて、北米先住民全体の代表的事例として扱うことはできない。また、世界創成神話についても、いくつかの型があることが知られている。天空の世界から少女が落ちてきて地上世界が創成される型、地下世界から世界の生成と破壊が繰り返され、地上世界へと出現してくる型などさまざまである。

本章では、主として異性愛的な伝承を取り上げるが、その前に、現在、LGBTQ+として広く認知されている性の多様性について触れておきたい。ヨーロッパ人が北米大陸に来た時、先住民社会では、第三の性、第四の性と呼ばれていた人々がいた。第三の性は、生物学的には男性だがジェンダーとしては女性で、女性の装いをし、女性の役割を果たし、男性と性的関係を持つ人である。第四の性は、生物学的には女性だが、ジェンダーとしては男性で、男性の装いをし、戦さを指揮し、女性の妻をもつ人で、女性首長となる人もいた。

これらの人々は各部族で呼び名は異なっていたが、一九九〇年代に汎インディアン的な概念としてTwo-Spiritという言葉が用いられるようになる。現在、世界的に性の多様性を認めることは先進的と思われているが、すでに北米先住民社会では当然のことであった。ただし、神話物語の中では、異なる仕方で表現されてもいる。たとえば、クロー族では第三の性の人をバーテと呼び、神話では次のように語られている。

老人コヨーテの妻と赤い女性がクロー族はどのように生きるかを決めていた。動物の皮を剥ぎ、加工する技、火の起こし方、バッファローから脂肪を取る方法、人間の寿命、埋葬の仕方、季節の順序など。老人コヨーテの妻は言った。「あることを忘れた」。赤い女性は答えた。「何も忘れてはいないよ」。赤い女性はすべての男性と女性は同じ大きさで、同じことを同じようにするようにしたかった。だが、老人コヨーテの妻は言った。「そうするから多くの問題が起きるのです。女性の膝上に結び付ける服とレギンスを与え、走れないようにしよう。そうすれば、女性は男性ほど強くはならない」。このような理由で男性は女性よりも強くなった。しかし、何人かで間違いをしてしまい、半・男性になった。この時以来、バーテが私たちの間にいるようになった［1］。

北米先住民の間に見られた多様な性に関わる神話・伝承は、しかし、これ以上は取り上げないことにする。理由は、いわゆる異性愛に関わる神話・伝承に十分に興味深い事例があるからである。以下では、多様な北米先住民の神話・伝承の中のほんの一例として、まだ国内ではあまりよく知られていない南西文化圏のホピの間に伝わる性愛と暴力の神話の一部を取り上げることにする。北米先住民の性愛と暴力というテーマではトリックスターの神話があるが、トリックスターについてはすでに多くの論考があるので、ここでは特に紹介しない。ただし、ホピの間の伝承を解釈するためにトリックスターについて言及を行う。

1 ホピの性愛と暴力の神話伝承

ホピの社会的価値

神話伝承を読み解くには、物語の社会背景についてある程度の知識があると役立つ。

ホピの社会は母系・妻方居住婚であるが、儀礼のシステムは男性が司る。ホピという名前は、彼らの言葉で「平和の民」という意味である。そのことを示すように、子供たちが身に着ける社会的価値の最初には、平和的であることが挙げられる。続いて、責任感（ホピ社会では儀礼のサイクルにおいて責任を持って役割を果たさなくてはならない）、協力、共同性、謙遜、自立が挙げられる。女の子は思春期になると母親の監視のもと、自宅での手伝いに従事させられる[2]。特に、女性の重要な役割として、トウモロコシの粉を挽く作業があり、時間がかかる。少女たちは、夕方になると、泉に水を汲みに出かけられるのが楽しみであるが、泉の蛇の神霊に妊娠させられるかもしれないので、危険でもある。

ホピの性愛の神話・説話

ホピには興味深い性愛と暴力に関わる神話・説話があり、その豊かな宗教神話世界を感じ取ることができる。ところで、ホピの性愛の物語を編纂したマロトキによれば、ホピ語で男根を表す kwasi と女陰を表す löwa が、隠語としてではなく、そのまま使われている［3］。ところが、過去の民族学の報告では、研究者自身の文化的偏見により、当時収集された神話・伝承を英訳する際に性器を示す語は他の語に置き換えられていたという。マロトキはホピの人々の間では性愛の物語は日常的に語られ、文化的に性器を示す語を特に隠すことはないと述べている。それゆえ、ここでもそのまま用いることとする。

さて、マロトキが編纂したホピの性愛に関する神話集をここでは以下の三つに分けてみることにする。

（一）神霊、怪物が登場する神話伝承：神霊としてはココペリとマーサウの神話伝承、怪物はヴァギナ・デンタータである「膣に歯を持つ女」の怪物である。通常は、ココペリならココペリの神話伝承を、マーサウならマーサウの神話伝承をまとめて取り上げて考察を行うところだが、本書の性愛と暴力というテーマとして関係する神話伝説を関連付けることにより見えてくる表象の意味について解釈を行ってみたい。

（二）自慰に関わる神話伝承：登場するのは人間であったり、昆虫であったりする。原初の神話時代の出来事ではなく、ここで取り上げるのは、人間の時代についての神話伝承であり、その内容は読み方によっては若干コミカルであるといえる。

(三)社会の周辺に属しているが、蜘蛛婆の助けで性的・身体的に魅力的になり、村の長の息子の妻に選ばれる少女の伝承。蜘蛛婆の助けにより少女が変容することにより、社会的構造の逆転が起こると読み取ることができる。

2 神霊、怪物が登場する神話伝承

「女性器に歯を持つ女」(ヴァギナ・デンタータ)

最初に取り上げるのは、神話学・民族学においてヴァギナ・デンタータ(Vagina Dentata)として知られる物語である(スティス・トンプソン・モチーフ・インデックス番号 F547.1.1)。世界に広く分布していることが知られており、さまざまに取り上げられてきた。北米先住民の間に広まっている膣に歯を持つ女性の伝承では、文化英雄によってその膣の歯は破壊され、女性との性交は危険でなくなる。

たとえば、ポンカ族のトリックスター・コヨーテの物語の一つにヴァギナ・デンタータのモチーフが登場する。姉妹に誘惑された男性は姉と性交をしようとし、姉のヴァギナ・デンタータに男根を切られ、殺されてしまう。コヨーテは妹を見かけ、後をついて家まで行く。そこには母親と姉と妹が住んでいた。そこでしばしの時を過ごすが、寝る時間になると、妹がコヨーテに姉の秘密を話し、気を付けるようにと諭す。コヨーテは男根を姉の膣の中に入れるが、歯が噛み切ろうとする気配を感じると、とっさに男根を引き抜く。コヨーテは大きな石を姉の膣の中に入れると、姉のヴァギナ・デンタータは噛み砕こうとするが歯が折れて苦痛で叫び、コヨーテは姉の心臓めがけて矢を放って殺す。コヨーテは妹を助けて逃げるが、途中情欲を催し、妹とも性交をしようとする。妹は自分の膣にも歯があるので気を付けるようにいうと、コヨーテは姉の時と同様石を妹の膣に入れ、歯を一本ずつ壊していくが、最後の一本だけを残しておく。コヨーテはスリルがある方が妹との性交を楽しめるというのである。

さて、ホピの伝承に現れる膣に歯を持つ恐ろしい怪物の名前は、ホピ語でロワタムウティ(Löwatamwuuti, Löwa=膣、tama=歯、wuuti=女性、妻)といい、女性性器に歯を持つ女性という、まさにそのものの名前を持つ怪物である。以下で取り上げるのは、男性のマイケル・ロマトゥワイマ(第三メサのホテヴィラ村)が語ったものである。この神話伝承は長いので、ここでは本書のテーマに関わる箇所に焦点を当てて、いくつかに分けて紹介しつつ、考察を加えていきたい。

最初は、村の日常的な場面の描写から始まる。仲良しの若者たちが狩りに出かける計画を立て、家族に食べ物等の準備を頼んだ。南西のマシィパという泉の方向で狩りをすることにし、出かけた。目的地にはかなり深い洞穴があり、中は涼しかった。若者たちは皆、上手な狩人だったので、たくさんの獲物を取り、洞穴の奥の涼しいところにおいた。洞穴の入り口で火を焚き、ウサギの皮剝ぎをし、食事をし、夜遅くまでおしゃべりをして、寝入った。

次の日も朝早く起きて、狩りに出かけた。前日と同じくたくさんの獲物を狩った。そして、次の日は叔母さんを探しに行こう、旦那さんたちは嫉妬にかられるだろう、と笑い合った。夕方にはまた焚火を焚き、楽しいひと時を過ごしていた。話し疲れて静かになった時、南東の方から何かが近づいてくる物音が聞こえた。何か白いものが近づいて来るのに気づいた一人の少年が、何か怪物が近づいてくると叫んだ。その得体の知れない怪物はゆっくりと少年たちの方に向かってきていた。少年たちに近づくと白い服を開けた。するとそれは女性であったが、女陰がはっきり見えていた。恐ろしいことに女陰には歯が付いており、顎のように開いたり閉じたりしていた。

少年たちは恐ろしくなって洞窟の中へと駆け込み、狩った獲物を抱えて戻ろうとしたが、怪物が歯のついた女陰を開けたり閉めたりしながら追ってきた。洞窟の道の途中に狭い場所が一か所あり、少年たちは丁度そこで怪物と出くわしてしまった。少年たちは怪物を通り抜けようとしたが、妨害され、抜けられなかった。一人の少年がウサギを投げつけて、それを食べている間に逃げ出そうと言ったが、怪物はすぐにすべてのウサギを食べてしまった。そこで少年たちは相談して、一度に一緒に駆け抜ければきっと全員通り抜けることができる、もし誰かが捕まったら、皆でやっつければ大丈夫だと相談した。そして、全員で一度に駆けだした。怪物はどの少年を捕まえようか決めかねて手を広げて捕まえようとした。少年たちは必死になって怪物の脇を駆け抜け、洞窟の外に出て行った。不幸にも一人の少年が怪物に捕まったが、他の少年たちは全員助かっているものと思い、気づかなかった。哀れな少年は怪物に食われてしまった。

必死に駆けていた少年たちは、しばらくしてやっと一息ついた。そして、その時はじめて一人の少年がいないことに気づいた。村に着いてからすぐに、戻ってこなかった少年の家に行き、家族に少年の身の上に起きたことを話した。少年の家族は悲しんだが、どうすることもできなかった。村全体に悲しい知らせが伝わり、静寂に包まれた。ある老人が、周りがとても静かなので、一体、何が起きたのだと尋ねた。少年たちは老人に怪物のこと、戻ってこなかった仲間のことなどを話した。

老人は、それはロワタムウティに違いないと言った。しばらく現れていなかったので、村では誰も話題にしなかったから少年たちは知らなかったのだと、老人は言った。老人は少年たちに怪物を退治する準備を手伝うようにと頼んだ。準備が済むと、老人は二人の少年に蜘蛛婆と二人の孫の男の子ポカングホヤとパロングホヤが住む北西の方向、ポカングワアルピの方角に行くように言った。蜘蛛婆たちが住んでいるところに到着したら、恐ろしい怪物に友達が殺されてしまったことを説明するように、もし彼らが少年たちを助けるならば、何をすべきかを言うだろうと教えた。

ここまでが、この神話伝承の前半である。日常生活から離れた周辺において「膣に歯を持つ女」という怪物に出くわした少年たちに降りかかる悲劇と、その怪物の正体が明らかにされ、退治する方法が示唆される。少年たちは狩猟が上手であったが、まだ戦いには慣れていない様子がわかる。

二人の少年は出発し、目的地に到着した。そこには蜘蛛婆と二人の孫の男の子がいた。蜘蛛婆は二人の少年を招き入れたが、二人の孫はまだ争い続けていた。二人の少年は蜘蛛婆に訪問の理由を説明した。蜘蛛婆は二人の孫を殺された仲間の復讐のために怪物退治に送ることを約束した。二人の少年は老人に指示されたように、蜘蛛婆が怪物退治を約束するのを待って、贈り物である祈りの羽の束を渡した。

二人の孫は贈られた羽の束で遊んでいたが、その中に弓と矢と遊び道具の玉が入っているのに気付いた。二人の孫は喜んで、弓と矢を使って遊び始めた。蜘蛛婆は二人に女陰に歯のある女の怪物について話をしたが、二人は蜘蛛婆に冗談で言い返していた。どうやって女陰に歯が付くのだとか、お婆さんの口には歯がないので、そんなことは無理だとか。しかし、二人はこの怪物を退治しに行くのを求められていることをわかっていた。

次の日、ポカングホヤとパロングホヤは怪物退治に出かけた。途中、ウサギを捕まえて、先に少年たちが怪物に会った洞窟に辿り着いた。二人は一四匹分のウサギの皮剝ぎをし、洞窟の奥にウサギの皮を運び、火を焚いて乾かし、ウサギの皮の中に石を詰めて準備をした。

洞窟の入り口でポカングホヤとパロングホヤの二人が待っていると、あの恐ろしい怪物がやって来た。以前と同様に服をまくり上げ、歯がついた女陰を見せながら、二人を襲ってきたので、二人は恐ろしいなどと言いながら、洞窟の奥へと駆けていった。ポカングホヤは弟に、あの女はお腹が空いているに違いない、このウサギを投げつけようといった。怪物は投げつけられたウサギを女陰で捕えて、食べ始めた。この時、怪物は自分の女陰が石を噛んでいるとは知らず、ウサギの骨を砕いていると思っていた。ポカングホヤとパロングホヤは次から次へと石の詰まったウサギを怪物に投げつけると、怪物はどんどんウサギを食べた。しばらくして怪物は自分の女陰の歯が壊れ、抜け始めているのに気づき、酷い痛みを感じた。怪物は自分の女陰を触ろうとして、指を噛み切ってしまった。その痛みで驚き、怪物が自分の手を見たところで、ポカングホヤとパロングホヤは怪物の心臓めがけて矢を放った。怪物は転げ回って死んでしまった。こうして二人の兄弟は殺された少年の復讐を果たした[4]。

ヴァギナ・デンタータのモチーフの解釈については、フロイドにならって男性の去勢恐怖、ユング派のエリッヒ・ノイマンの恐ろしい母の表象、女性自身の視点から女性の性器の力強さと神秘さを肯定的に見つつ、その両義性を見なそうとする最近の研究[5]、少年のイニシエーションの一部として見なすエリアーデの解釈など、いくつかの可能性がなされてきている。また、第7章で松村が指摘しているように、女陰を露出する女神には恐怖ではなく、笑いをもたらすという面もある。

本章では、従来の研究とは若干異なる解釈の可能性を試みたい。ここでは伝承の補足説明として次の点を加えたい。ロワンタムウティを退治するポカングホヤとパロングホヤは、フランク・ウォーターズが伝えたホピの世界創世神話では、最初の世界トクペラで蜘蛛婆が創った双子がポカングホヤとパロングホヤであった[6]。それゆえ二人は特別な力を持っている。そのような力を持った双子でなければ退治できない恐ろしい怪物であったといえる。だが、ここでは最初の少年たちが恐怖心に駆られて、逃げ回るのに対して、ポカングホヤとパロングホヤは怖がっている素振りをも見せない点に注意を向けておきたい。

豊穣の神霊ココペリ

次に取り上げるのは、ココペリの神話伝承である。ココペリは、岩絵などに描かれた姿【図1】では、せむしの姿でフルートを吹き、男性性器が勃起した姿が描かれている豊穣と多産の神霊である[7]。現在広く見られるココペリのデザインは男性性器のない姿で描かれることが多い。ここでは四つの伝承を見てみる。

最初のココペリの伝承は、「男狂いの女」という題が付けられている。内容は、ココペリの起源神話であり、豊穣の神ココペリがいかに性的活力に満ちるようになったかである。

ある時、フクオヴィの村出身の青年が妻を娶った。二人は仲良く暮らしていたが、夫が性的に満足させてくれないので、妻は夫を嫌いになり、いじめた。そのため夫は意気消沈し、鬱になった。村の南東の端に出かけ、虚ろな思いで、このまま結婚生活を送ってもしかたがないと落胆していた。

この男性は走るのが速く、競走では常に強く、勤勉な農夫であり、食べ物は豊富にあった。しかし、妻はそんなことでは満足しなかった。妻に最も重要であったのは夫の男根であった。

【図1】岩絵などに描かれるココペリの姿

妻から虐げられるので、ある日、夫はメサの端の崖まで行き、飛び降りてしまった。地面に衝突し、男はそのまま倒れていた。しばらくしてある男が近づいてきた。男性は気づいてみると、横に見知らぬ男が座っていた。お前はなんであんな愚かなことをしたのだ、自分の問題を直すための薬を求めるべきだったと話しかけていた。この男はアナグマであった。お前は背骨を折ってしまったが、曲がってしまった背中は直すことはできない、しかし、自分の薬でお前の男根を固くすることはできる、治ったら家に戻るようにと諭した。

この間、妻は夫が戻ってこなくても恋しくもなく、たくさんの男を引き込んで楽しんでいた。村中の男が老いも若きもその妻と性交しようとやってきた。

しばらくして夫の怪我は治ったが、背中は曲がったままであった。妻のところに戻ることにし、帰る途中、花を摘んで持って帰った。

妻は夫が戻ってきたので喜び、夫はアナグマがくれた薬を飲んだ。夫は妻と直ぐに性交し、一日中していた。晩になり夕ご飯を食べたが、その後も一晩中、性交をした。夜明け頃に妻はやっと満足した。もはやそれ以上はできなかった。

夫はアナグマから別の薬をもらっていた。それは粉状で、妻の女陰にかけるようにと言われていた。夫は最後の性交をする前に妻の女陰にそれをかけた。朝が来た時、妻は変な気分になり、じっと座っていられなくなった。昼頃には妻はさらにおかしくなり、服を脱ぎ捨て出て行き、夫が飛び降りた崖から飛び降りて死んでしまった。こうして夫は復讐を果たした。

ここまでが伝承の前半である。性的に弱かった男性が妻から蔑ろにされ、崖から身を投げてしまうが、幸いにも助かり、アナグマによって癒され、性的活力も与えられる。変容の物語である。そして、男狂いであった妻に復讐し、妻はその性的衝動のために崖から落ち、死んでしまう、というものである。後半は、次のような内容である。

その日から男は一人で生活したが、女性たちがやってきた。男は背中が丸まっていたので、ココペリとして知られるようになる。男はやってくる女性みんなと性交し、女性たちは妊娠し、子供たちの数が増えた。

ある時、若く美しい女性が女の子を産んだ。ココペリが父であった。女性はとても美しかったので、厠族（呪師のキヴァ［ホピの人々の住居］に属する人たち）はココペリに挑戦することにした。厠族はココペリに、崖を降りて、下から花を摘んできて、少女に渡し、少女が花を受けった男が父親であると、挑戦した。ココペリは厠族が先に行って綺麗な花を摘んでしまったので、ココペリが行った時にはあまり美しくないカステラソウという花しか残っていなかった。厠族は先に行って少女に花を渡そうとしたが、少女は厠族のどの男からも花を受け取らなった。最後にココペリがやってきて、少女に花を渡すと、少女はそれを受け取った。厠族は嫉妬にかられて怒った。

ココペリは勤勉な農夫であったので、ココペリの子供を産んだ女性は食べ物に困らなかった。ココペリは多くの女性と子供を作ったが、ココペリが一緒に住んだのはこの美しい女性だけであった。今度の妻は最初の妻のように過剰な性欲に駆られていなかったので、二人は仲良く過ごした。

厠族は、美しい女性がココペリと結婚しているのが我慢できず、何度も罠をしかけようとしたが上手くいかなかった。ココペリが住んでいるところでは子供の数が増えたので、厠族はもはやココペリには何もちょっかいを出さなくなった[8]。

第二のココペリの伝承は、「ココペリの長い男根」と題されている話で、トリックスターの話を彷彿させる[9]。

かつてオライビに住んでいた夫婦に一人の美しい娘がいた。多くの男性が娘のもとを訪れたが、娘は誰も相手にしなかった。ココペリもこの美しい娘のことを聞き、祖母に自分も試してみるというと、祖母はココペリをからかった。ところで、この少女は毎日昼頃、オライビの北東側の同じ場所に行って排泄をしていた。ココペリにある考えが閃いた。ココペリは家から少女が排泄に行くところまで穴を掘り、穴に草を通して、草と土を掛け、何事もなかったかのようにした。

次の日の昼頃、少女はいつものように排泄に出かけた。ココペリは興奮して、勃起した男根を穴の中の草に入れ、少女の方まで伸ばした。少女は何も知らずにいつものように排泄をしていると、性器の辺りが気持ちよくなってきた。見てみると何かが入っているので驚いたが、気持ちよかったのでそのままにしていた。ココペリは忙しく身体を動かし、直に射精をし、男根を引き抜いた。少女は今までになくとても気持ちの良い感じがした。その後、毎日同じことが起きたが、やがて少女は妊娠し、女の子を出産した。

少女の父親は、娘に連れ合いがいないのに子供を出産したので、相手を見つけることにした。そこで、父親は村の若者たちに競走をさせて、花を取ってきて、幼い女の子が喜んで花を受け取った者が父親であると決めることにした。村の若者たちは喜び、ココペリも参加することにした。競走の日、若者たちは我先へと走っていき、花を摘んで戻ってきたが、女の子は誰からも花を受け取らなかった。最後にココペリがやってくるのを見ると、少女は喜び、花を受け取った。父親はココペリを娘の婿として認めることにした。

村の厠族は怒り、ココペリを呼んで、殺す計画を立てた。ココペリはその計画を知ると祖母に相談した。祖母は蜘蛛婆のところに行き、助言を聞くようにと諭した。ココペリは蜘蛛婆の元を訪れ、相談した。蜘蛛婆は薬を与え、次のようにいった。厠族のキヴァを訪れる時、火を消す前に薬を飲み、暗闇で口の中にかけて、天井にへばりつくように、と。

二日後、厠族たちはココペリに糸紡ぎをしにくるように誘った。ココペリが行くと、多くの人がいた。夜中まで糸紡ぎをし、食事をした。ココペリは食事の前に気づかれずに薬を飲み、寝る時に火を消すと口に薬をかけ、暗闇の中、天井にへばりついた。下に向けて薬を掛けると、厠族たちは背中が丸くなった。厠族たちは動くと背中のこぶがぶつかるので、喧嘩が始まり、何人も殺されてしまった。火をつけて様子を見ると、床には何人もが死んでおり、怪我をしている者もいた。ココペリは天井から降りてきた。厠族たちはココペリに特別な力が備わっていることを認め、美しい娘を諦めた。ココペリは家に戻って行った[10]。

後半は第一の伝承の後半とプロットが類似している。違いは厠族が策略を立てココペリを殺そうとしているのに対して、蜘蛛婆が助けるという点である。蜘蛛婆が困難な状況にある人を助けるというのは、多くの伝承に共通してみられるモチーフである。

第三のココペリの伝承は、「二人のココペリ兄弟」の話である。

かつて、二人のココペリ兄弟がいた。近くをしばしば少女が通り過ぎていくことがあった。弟の方が少女に声をかけ、そして兄の見えないところで何度か性交をした。少女が何度かやってくると、弟はその度に少女と性交した。弟はもっと女性たちと性交をしたくなり、兄弟で出かけることにした。弟は訪れた村で次から次へと女性たちと性交をした。二人の姉妹が住んでいる家に来たが、誰もいなかった。弟のココペリは家族で畑仕事に出かけているのだと思い、畑の方に行った。そこで姉妹と別々に性交をした。弟のココペリは二人の姉妹と結婚することになった[11]。

第四のココペリの伝承は孤児の男と妻の話である。

孤児として育った男がいた。ある時、ある少女がこの男に興味を持ち、一緒に住むようになった。しかし、男は夜になっても織物をするだけであった。妻は次第に嫌になり、男を嫌いになり始めた。男はココペリのもとを訪れ、どうすればよいのか尋ねた。ココペリは男に妻の上に覆いかぶさり、妻の膣に自分の男根を挿入するように言った。男の背中に削ったトウモロコシをまき散らし、鶏を男の背中に乗せると、鶏はトウモロコシをついばむので、その度に男は体をねじって、妻の膣の中に自分の男根を押し込んだ。しばらくして男はやり方がわかり、自分でできるようになった。そして射精でき、妻も喜んだ。二人は家に帰った。その後毎晩、二人は夫婦の営みをし、やがて子供が生まれた[12]。

第三、第四の伝承では、ココペリは性愛と幸福と結びついていると読める。「二人のココペリ兄弟」では性的に活発ではない兄は幸福にはなれなかった。

ホピの主神マーサウ

さて、ホピの主神マーサウが登場する「いかにしてマーサウは少女と寝たか」と題される伝承に移りたい。マーサウはホピにとっては主神であり、世界創世神話において地下世界から人類が出現したときに、すでに地上世界にいたのがマーサウである。ホピの人々は、マーサウから許されて、この地上世界に住んでいると考えている。この伝承にはマーサウのトリックスター的な要素が見られる。舞台はオライビであり、一一〇〇年以前にはでき上がっていた伝統的な村である。

かつてオライビに少女が祖母と一緒に住んでいた。ある日、祖母が食べ物を探しに行くと、マーサウに襲われ、気絶してしまった。マーサウは祖母の皮を剥ぎ、祖母の皮を身に付けて、祖母の家に戻った。家では少女が食事の準備をしていた。食事が終わって、寝る時間になると、祖母の皮を被ったマーサウは、少女と性交をしようとする。祖母は孫娘に、女は年寄りになると男根が生えてくるのだと言い、少女と性交をする。次の日の朝、祖母の皮を被ったマーサウは出かける。そして、皮がはがれて血だらけの祖母に皮を着せる。祖母は意識を取り戻し、家に戻った。夜になり寝る時間になった。孫娘は祖母に昨晩のように祖母に生えた男根で自分と性交はしないのかと尋ねた。祖母は自分には男根など生えていないという。そして、しばらく考えて、それはマーサウに違いないと孫娘に説明した[13]。

考察

以上、簡単であるが、ロワタンムウティ（ヴァギナ・デンタータ）、ココペリ、マーサウが登場する神話伝承を見てみた。以下、簡単な考察を行ってみたい。

性愛の物語の伏線として、暴力的な要素が見られる。ロワタンムウティは少年を襲い、食べてしまう。ココペリの神話伝承では、性的に満足しない妻に蔑ろにされた男性が崖から飛び降りるし、媚薬を塗られた妻は、家を飛び出して、崖から飛び降りて死んでしまう。マーサウの話では、祖母の皮を剝ぐという場面がある。ホピの神話伝承全体における性愛と暴力のテーマについては、他の神話伝承も参照する必要があるが、ここではこれら三つの神話伝承からのみ考察できることを考えてみたい。

まず、ロワタンムウティとココペリを性愛・女陰に関連する二元的な象徴として読解したいと思うが、象徴の両義性を考える上で参考になるのが、マーサウの表象である。ここで取り上げたマーサウの伝承には示されていないが、他のマーサウの神話伝承では、マーサウの姿は、顔半分はハンサムであるが、他の顔半分は血みどろの恐ろしい姿であるという。マーサウは死んだ女性の衣服を身に着けるという伝承もある。マーサウが祖母の皮を剝いで身に着けた、というのは、祖母が気を失っている間は一時期死んでいたと見なすこともできるし、祖母の皮は、死んだ女性の衣服と関連していると考えることも可能である。

いずれにせよ、マーサウには両性具有的性質が見られ、死と生、男性と女性という両義性が根底で結びついている。そして、地上の主神でもあるマーサウを変容させてしまう力としての性愛という面を読み取ることができるのではないだろうか。

ロワタンムウティは、少年たちが洞窟の入り口にいるときに現れてくる。洞窟と女陰のアナロジーは古くから指摘されている。少年たちは洞窟の奥に逃げるが、途中、岩が突き出て狭くなっている場所で、怪物に対峙することになる。エリアーデは、このような点に着目して、少年が成人になるための試練の一部を表象していると述べている。

ロワタンムウティとココペリとは性愛の二元性を表象していると考えることができる。ココペリの神話伝承では、第三と第四の伝承が示している通り、性的営みを称賛しているし、第二の伝承はトリックスター的な性の賛歌であり、コミカルでもある。そして、最近の映画『ティース』(二〇〇七年)で描かれているヴァギナ・デンタータは女性の性的旺盛、積極性を示しているという批評を採用するならば、ココペリの最初の妻の過剰な性欲との近似性を見てとることができる。

他方、ココペリの新しい妻は、最初の妻とは反対に、今や性的に旺盛な一人の男性に満足する美しい女性として描かれ、かわいい娘もいる。最初の妻の過剰な性欲と二番目の妻の献身的な性欲の二面性を示しているといえる。そして、男性が最初は性的に弱かったが、死と再生を経験し、背むし型の性的豊穣性を持つココペリへと変容しているのは、レヴィ＝ストロース的に考えると、妻と夫の関係が物語の最初と最後とでは逆転していることがわかる。

最初の妻は性的衝動を抑制、制御できなかったが子供は産まなかった。ココペリはその性的旺盛力で子供の数を増やし、豊かさをもたらし、一人の妻とだけ一緒に住むという形で家庭内では自らの性的衝動を制御している。ただし、フェミニスト的な観点から、男性の性的旺盛性は肯定的に描き出しているが、女性のそれを否定的に描いているのは男性中心主義的であると批判的に読めるかもしれない。しかし、他の神話伝承を読めばわかる通り、必ずしもそうではないことはわかるであろう。

マーサウの両義性との関連で考えるならば、女陰にも生と死の両義性があることがわかる。ロワタンムウティが少年を食らい、殺すというイメージからは女陰から血が流れ出る様子が思い浮かぶが、これは月経や、流産、死産などの社会的経験が背後にあるだろうし、出産の際に母親が死ぬということもあったと想定される。それゆえ、ヴァギナ・デンタータは女陰が担う両義性の死の意味が分離された象徴ということも可能なのではないだろうか。

3

ホピの自慰を巡る神話伝承

次に、マロトキが編纂した伝承の中から自慰を巡る神話伝承としてまとめられる一群の伝承を取り上げる。これらの伝承は、若干、コミカルとも思える内容である。最初に伝承の内容を紹介し、その後でまとめて考察を行うことにする。

「ションゴパヴィ首長による雨乞いの祈り」

しばらく雨が降らなかったので、ションゴパヴィの首長は雨乞いの祈りをすることにした。すると雨とともに空から男根が降ってきた。大きいものから小さいものまで。村の独身の女性たちに好きな男根を選びに来るように伝えると、女性たちは喜んで出てきて、思い思いの男根を選び、家にもって帰った。

村には独身の男たちもいた。そこで、首長にもう一度雨乞いをしたら、今度は女陰を降らせるかもしれないと頼んだ。首長がもう一度雨乞いをすると、今度は雨とともに女陰が降ってきた。大きいものから小さいものまで。村の独身の男性たちに、好きな女陰を選びに来るように伝えると、妻のいない男たちが出てきて、喜んで女陰を拾っていった。

以前、男性たちは女性にちょっかいを出していたが、そのようなことはなくなった。女性は空から降ってきた男根を使い、男性は空から降ってきた女陰を使い、皆、平和に暮らすようになった。

しばらくしてある女性の具合が悪くなった。メディスンマンに見てもらったが、理由がわからなかった。膣口からひどい臭いがし、尿をするたびに痛みを感じ、膿が垂れてきた。しばらくして女性は死んだ。今度はある男性の具合が悪くなった。死んだ女性と同じような症状であった。尿をするたびに痛みを感じ、男根から膿が垂れていた。この男性も死んだ。

その後、何人かの女性と男性たちが同じような症状で死んだ。当初は空から降ってきた女陰、男根を使っていた人たちが死んだが、次第にそれらを持っていない人も同じ病気にかかり始めた。首長はメディスンマンであるアナグマの元を訪ねて、村で起きていることを話した。この病気で苦しんでいる女性のところをアナグマと首長が訪れた。アナグマはその女性を見るやいなや何の病気にかかっているのかわかった。それは梅毒であった。

アナグマは女性に何人の男性と交わったかを尋ねた。女性は独身であるので、どの男性とも性交はしていないと答えたが、雨とともに降ってきた男根を使ったことを話した。首長はアナグマに何が起きたかを説明した。女性は水差しの中に男根を隠していたが、そこは常に暖かく、男根は呼吸が出来なかったため、病気にかかってしまったのだ。アナグマは、雨とともに降ってきた性器を使っている男女は、それらを捨てるようにいった。アナグマは薬を飲めば治ると言った。

性器を使っていた男女は悲しかったが、捨てるしかなかった[14]。

「オライビのホピ達は女性たちを取り戻した」

オライビのホピの男性たちが羊を放牧している間にナヴァホがやってきて、女性を娘、赤子を含めて全員連れ去ってしまった。もぬけの殻になった村に戻ってきたホピの男性たちは、途方にくれた。というのもピキ（パン）の作り方もわからないし、女性と性交もできなくなったからである。オライビの村ではクワン氏族のキヴァで人間が生まれると信じられていた。

クワン氏族の長が、ひょうたんから女陰の形を作った。それを使って、村の男たち全員が順繰りで自慰をした。ちょうど畑を耕しているように。しばらくするとひょうたんの中から赤ん坊の鳴き声が聞こえてきた。クワン氏族の長は蜘蛛婆のところに行き、赤ん坊を代わりに育ててくれるように頼んだ。

生まれた赤ん坊は女の子であった。蜘蛛婆は二〇日間狩りを続け、二一日目にたくさんの食べ物をもってくるようにと言った。赤ん坊はどんどん大きくなり、二〇日目にはもうすっかり大きくなっていた。蜘蛛婆は女の子にピキの作り方からさまざまな家事を教えた。二一日目に男たちがやってきて、成長した女の子を村に連れて帰った。女の子は男たちに食べ物を作り、男たちは元気になった。しばらくして、ナヴァホの村を襲撃して、連れ去られたホピの女性たちを取り返す計画を立て、蜘蛛婆に協力を頼んだ。オライビの男性たちはナヴァホの村から連れ去られた女性たちを奪い返すのに成功した[15]。

「オライビの独身の女性」

オライビの近くにレナング泉があった。そこに男性も女性も水を汲みに行っていた。ある日、ある女性が泉に水汲みに行った帰りに、崖を登っていく前に木陰で一休みしていた。すると崖の方から音がしてきた。よく見ると、崖の穴から髪の毛のない頭が見えた。

女性は村に戻ると友達に崖から音が聞こえたと話をした。友達の女性も音が聞こえたといった。やがて女性たちは崖の穴に男根が住んでいるということがわかった。

ある時、女性が泉に水汲みに行くと、多くの女性たちが泉に集まっていた。結婚している女性は独身の女性に、男根を持ち帰るように言った。独身の女性は穴を探して男根を見つけたが、まだ子供の男の子ぐらいの大きさだったので、戻して大きくなるのを待つことにした。しばらくして男根が大きくなったので、女性はそれらを家に持ち帰った。女性たちはそれらの男根を使って満足した。

すると独身の女性は男が必要なくなったので、独身の男性たちが困り始めた。独身の男性たちは独身の女性の家に行って男根を取り上げることにした。女性たちは残念そうであったが、しかたがなかった。

ホピでは男の心は男根にある、という。今でも若い男たちは女性のもとを訪れている[16]。

「サバクツノトカゲの家族」

オライビの北西にサバクツノトカゲの父母と娘たちの家族が住んでいた。ある時、薪がなくなったので父親が薪を集めに出かけた。帰りに馬が走る道を通っているときに、馬が走ってきて潰されて、死んでしまった。家では母と娘たちは父親が帰ってこないので心配していた。次の日の朝、母親は父親を探しに出かけた。東に向かっていくと、父親が死んでいるのを見つけた。母親は悲しみ父親の男根を切り取って持って帰った。

母親は娘たちに父親は死んでしまったことを告げた。母親は父親の男根を乾かして、挽いて粉にして袋につめて屋根裏に隠した。

母親は性交をしたくなると、子供たちが寝付いた後に屋根裏に登って袋から粉を取り出して、自分の女陰にかけた。しばらくすると性的興奮が高まり、母親は楽しんだ。こうして母親はぐっすりと眠りについた。母親は性的衝動を感じるといつも子供たちが寝付いてから屋根裏に登っていった。ある晩、母親が屋根裏に登っていくのを一人の娘が見てしまった。娘は母親に見つからないよう母親の様子を見ていた。そして母親が狂ったように興奮するのを目の当たりにした。

ある朝、母親は、薪を探しに行くといって出かけた。少しだけ薪を持って帰ってきた。薪が少なくなると母親は薪を取りに出かけていった。先日母親の様子を見ていた娘が姉妹たちに自分が見たことを話し、上に行って袋の中に何が入っているのか見てみようと提案した。他の姉妹たちは賛成し、全員で登っていった。袋を取り、中から粉を取り出して、母親の真似をした。すると娘たちは非常に気持ちよくなった。何度も繰り返しているうちに粉をすべて使い切ってしまった。娘たちは相談して、辛子を挽いて袋に入れることにした。

母親が薪を集めて帰ってきた。娘たちに疲れたからもう寝るというと、娘たちも一緒に寝た。母親は娘たちが寝付いたと思い、屋根裏に登っていった。そして袋から粉を取り出して、自分の女陰に入れた。するとすぐにひどい痛みを感じはじめた。母親は袋の中を見ると、辛子を挽いた粉が入っているのを見つけた。母親は娘たちが使い切ったと気づき、棒を手にして娘たちを叩き出した。娘たちは逃げたが、母親は追いかけ、娘たちを棒で殴り殺してしまった。このようなわけで今日でもサバクツノトカゲは一人で砂漠の中で暮らしている〔17〕。

考察

これらの自慰の伝承はどのように考えることができるのであろうか。

これらの伝承の始まりでは、日照り、村の全女性の消失、死別等、日常の均衡が崩れる事態が起きている。日照りと雨乞いの祈禱に関しては、通年の儀式の一部になっているが、雨の代わりに性器が降ってくるというのは尋常な事態ではない。そして、天から降ってきた男根・女陰を使った者は病気になる、サバクノツノトカゲの未亡人は怒って娘たちを殺してしまう等、災厄が降りかかる。そして、伝承の最後では、病気はアナグマに治されるが、天から降ってきた男根・女陰は捨てられ、サバクツノトカゲは孤独に生きる。

ココペリの場合のように性的衝動が豊穣と幸福をもたらすのとは異なり、異性の人格性を伴わない性器だけの自慰の伝承の性衝動は必ずしも幸せな結末をもたらしてはいないことがわかる。これらの伝承は読み方によればコミカルである。この点を考えるために、もうひとつ、「トコジラミの夜の踊り」と題された伝承をみてみよう。

ションゴパヴィの村ではさまざまなソーシャルダンスが行われていた。トコジラミは人の血を吸うので、ションゴパヴィの村との間を行き来していた。一匹の若いトコジラミがションゴパヴィの村に一か月近くいて帰ってこなかった。女性の毛布の中に隠れて晩を過ごしていた。

ある晩、女性が毛布を羽織って出かけた。トコジラミもついていった。すると大勢の人が集まっていた。トコジラミは女性の血を吸っていると、ドラムの音が聞こえてきた。キヴァの外から踊り手が入ってきて、キヴァの中で踊った。トコジラミは踊りをとても楽しんだ。そして、村に帰って、見たことを話した。するとトコジラミたちは道化の恰好をしてションゴパヴィに行く計画を立てた。

ションゴパヴィで踊りの日が来た。トコジラミたちは道化の恰好をして、皆で向かった。村の長のキヴァに行き、屋根の上で歌を歌った。するとまだ歌が終わらないうちに中に入るように呼ばれた。人々は小さな道化が入ってきたので、とても喜んだ。トコジラミの道化にトウモロコシの粉を振りかけ、踊り始めるように言った。トコジラミたちは道化の姿をして、歌を歌い、踊った。歌の歌詞は、「夏の間、我々は女性たちの女陰を吸っていたのを覚えているか…。とても美味しい…」女たちは笑い転げた。トコジラミの道化たちはこうして一つのキヴァから別のキヴァへと行き、踊った。人々は皆楽しんだが、結婚をしている男たちだけが怒っていた。自分の妻の女陰を吸っているのは自分だけだと思っていたからだ。しかし、男たちはこの小さな道化を叩き潰すことはできなかった。こうしてトコジラミたちは無事に村に戻って行った[18]。

これらの自慰の伝承は、道化の装いのトコジラミが歌で女性たちを笑わせ、男性たちに地団駄を踏ませた伝承が示している点との関連で考えると、自慰による性愛的なものが持つ滑稽さとその帰結としての不均衡(死、病、孤独)が生み出されるという点に気づく。クワン氏族の話からは、男性の精液だけで人間は誕生するという単為生殖がホピの伝統的な生殖観であったのかと思われるが、物語では女性がすべて連れ去られた状況であったことを忘れることはできない。

4 「結婚相手に求める基準の高い少年」

さて、最後に結婚相手に求める基準が高い村の長の息子の話をみてみよう。

ションゴパヴィ村にハンサムな長の息子がいた。多くの少女が彼の気を引こうとしたが、長の息子が出した条件は、色白で、髪の毛が長く、脚の肌は白くなめらかで、女陰は大きいというものであった。しかし、村の少女は誰一人もお目に適わなかった。少し年の若い女性たちも同様であり、隣の村の少女、女性たちも同様であった。

村の西側にある灰とゴミを捨てるところに、ある少女が祖母と一緒に住んでいた。このような場所に住んでいる者は村の中に住むのは相応しくないと思われていた。この少女が男の子のことを聞いて、自分も試そうとする。少女は祖母としばらく話していたが、急に尿意を催した。少女は外に出てしゃがむと、後ろに退くようにと、地面から声が聞こえた。それは蜘蛛婆の声であった。

蜘蛛婆は少女の想いを知り、助けると伝える。これから四日間、毎日自分のところに来るようにと少女にいった。一日目は、少女の髪の毛を長くし、二日目と三日目は少女の肌を白くきれいにした。四日目には蜂に少女の女陰を刺して腫れさせた。長の息子の家の二階には貝殻が掛かっていて、それにコーンの粉を投げつけ、粉が貼り付かなくてはならないので、蜘蛛婆は少女にコーンを荒く挽くように教えた。

少女は村の長の息子の家を訪れた。青年は少女が自分の条件に適うのを確かめ、結婚するのを決めた。少女は家に戻り、嫁入りの準備をした。四日後、長の息子は少女を迎えに来るが、家を出る前に蜘蛛婆が少女に、他の村の少女たちが嫉妬しているので、一緒に行き、助けると話かける。（以下は、蜘蛛婆の助けで少女は仕掛けられる罠をうまく回避し、無事結婚できるという話であるので、割愛する［19］。）

考察

村の共同体の構造の周辺に位置するゴミ捨て場に住んでいる少女が、蜘蛛婆の助けで、結婚相手に求める基準の高い村の長の息子に選ばれるという物語の構造になっている。蜘蛛婆の助けで、少女の身体が性的に成熟し、社会構造が逆転するといえる。ここでは物語の後半は割愛したが、そこでは嫉妬に駆られた村の少女たちの罠も、蜘蛛婆の助けで回避できるようになる。蜜蜂によって刺され、腫れた女陰が何を指し示すのかは不明だが、女性の豊穣性・性的成熟性を指示していると考えることも可能である。ここでは、蜜蜂がその手伝いをする、という点が興味深い。

おわりに

本章では、北米南西文化圏に住むホピの人々の間の性愛と暴力に関わる神話伝承を取り上げた。これらの神話伝承から伺うことができるのは、性愛の衝動は暴力的な面を伴うこともあるが、それに突き動かされるのは滑稽でもありながら、豊饒性、幸福をもたらすものである。蜘蛛婆の手助けが示しているように、知恵を持って性愛の衝動には対処することが求められる、そのような人間の本質的な要素が語られているといっても良いであろう。

【付記】本研究は、JSPS科研費（20K00073）の助成を受けたものである。

†註

[一] Roscoe, Will, *Changing Ones: Third and Fourth Genders in Native North America* (New York: St. Martin's Griffin, 1998), p.25.

[2] Alice Schlegel, "The Adolescent Socialization of the Hopi Girl," *Ethnology*, Vol.12, No.4 (Oct., 1973), pp.449-462.

[3] E.N.Genovese, Introduction, Ekkehart Malotki, collected, translated and edited, *The Bedbugs'Night Dance and Other Hopi Tales of Sexual Encounter* (Lincoln and London: University of Nebraska Press,1995), pp. xiii-xxiii.

[4] "The Toothed Löwa Woman,"In Malotki, *ibid*., pp.12-33.

[5] Sarah Alison Miller, "Monstrous Sexuality: Variations on the Vagina Dentata," In Asa Simon Mittman with Peter J. Dendle, *The Ashgate Research Companion to Monsters and the Monstrous* (London and New York: Routledge, Tylor & Francis Group, 2013), pp. 312-328. また、ヴァギナ・デンタータをモチーフにした映画「Teeth」(二〇〇八年)の評論などに散見される。

[6] Frank Waters, *Book of the Hopi* (New York: Penguin Books, 1972), pp. 4-5.

[7] Dennis Slifer, *Kokopelli: The Magic, Mirth, and Mischief of an Ancient Symbol* (Gibbs Smith, 2007). Ekkehart Malotki, Kokopelli : *The Making of an Icon* (Lincoln and London: University of Nebraska Press, 2004).

[8] "Man-Crazed Woman," In Malotki, *op.cit*., pp. 34-47.

[9]ポール・ラディン、カール・ケレーニイ、カール・グスタフ・ユング『トリックスター』(皆河宗一・高橋英夫・河合隼雄[訳]、晶文社、一九七四年)。

[10] "The Long Kwasi of Kookopölö," In Malotoki, *ibid*., pp. 182-195.

[11] "The Two Kokopol Boys," In Malotki, *ibid*., pp. 64-97.

[12] "The Orphan Boy and His Wife," In Malotki, *ibid*., pp. 200-211.

[13] "How Maasaw Slept with a Beautiul Maiden," In Malotki, ibid., pp. 110—117.

[14] "Prayers for Rain by the Shungopavi Chiefs," In Malotki, *ibid*., pp. 212-223.

[15] "How the Oraibis Got Their Womenfok Back," In Malotki, *ibid*., pp. 130-173.

[16] "The Single Women of Oraibi," In Malotki, *ibid*., pp. 224-231.

[17] "The Horned Lizard Family," In Malotki, *ibid*., pp. 2-11.

[18] "The Bedbugs'Night Dance," In Malotki, *ibid*., pp.232-239.

[19] "The Choosy Boy," In Malotki, *ibid*., pp. 240-269.

あとがき

木村武史

本論集は、神話学研究会の研究成果の一環として企画、出版されたものである。ここで少しこの神話学研究会について紹介したい。

神話学研究会は、日本の神話学を牽引してきた吉田敦彦、篠田知和基、松村一男らが中心的役割を果たしていた比較神話学研究組織に参加していた沖田瑞穂、山田仁史、木村武史が世話人として、別途、若手の研究者や、神話に興味があるがまだ神話研究に手を付けたことのない研究者を募る目的で始めた研究会である。二〇一六年頃から活動を始めた、まだ日の浅い研究会である。コロナ以前には、筑波大学東京キャンパスの教室を会場として、二〇一六年四月に第一回目の研究会を行い、その後、二〇二一年九月までに一二回の研究会を開催した。コロナ禍以降は、オンラインでの研究会を行ってきている。ホームページを開設しており、そこに今までの研究会の記録が掲載されている（https://comparativemythology.jimdofree.com/）。ご関心のある方はご覧いただきたい。

神話学研究会では、神話研究には多様なアプローチが可能であるという基本的立場を共有し、古今東西のさまざまな神話、物語、伝承等を学ぶことを目指している。また、序章でも述べたように、神話という語の意味をひろく捉え、通常は説話、伝説、伝承、童話等に区分けされる物語類も考察の対象にしている。また、物語形式を取らなくても、祈禱の言葉、呪術の言葉などの背景には神話世界があると考えている。そして、神話世界は物語形式を通して表現されるだけではなく、演劇、図像、絵画等の芸術表象を通しても表現されると考える。古典期に形成された典型的に神話と思われる物語群があるのはたしかであり、それを否定するものではない。

また、神話学研究会の世話人の間では、現代世界では神話はどのような形を取るのであろうか、という問題関心を共有している。伝統が色濃く残る社会においては、神話世界は生き生きと語られ続けているかもしれないが、世俗化した現代日本社会では、イデオロギー化した神話とは別に、神話は何からの意義を持つのであろうか、という問題関心である。そのような観点から現代日本社会に目を向けてみると、思いのほか若い世代がアニメ、ゲーム、映画などを通じて世界の諸神話に親しみ、馴染んでいることに気づいた。これらのエンターテイメントの世界では、かならずしも古典的な神話伝承の内容をそのまま利用しているわけではない。かなりの改変、脚色が加えられているのもたしかである。しかし、それらを通して、世界の諸地域の古代の神話等に関心を抱く層が増えており、人類の知恵の宝庫とも呼べる神話伝承に目を向けてくれているのは、素晴らしいことだといえる。

研究会の活動の蓄積がいくらか増えてきた二〇二〇年春、「学術（専門知）を社会へ」というアイデアで、いくつかのジャンルの出版計画の検討を始めた。具体的には、本書のようなテーマの論集と研究会参加メンバーによる単著である。世界にある多様な神話の中から興味深い共通のテーマを見つけ、そのテーマの論集を通して、社会に向けて発信できればと考えている。神話叢書としてすでに幾つかのテーマの論集の企画が始まっており、今後の展開をご期待いただきたい。単著は、各々の研究者が取り組んでいる研究を、専門知に基づきながら、社会に向けてわかりやすく書いてもらう形を考えている。こちらもすでに数冊の単著の計画が進んでいる。

本論集の編集は、当初の世話人の一人である木村がその任を負うことになった。「性愛と暴力」というテーマで何らかの論考を書いていただけそうな方々に声を掛けたところ、幸いにも多くの方が関心を抱いてくれた。アフリカ神話の研究者がいなかったので、編集の木村がその地域の神話も取り上げることにした。二〇二〇年夏から、新型コロナ感染症の影響でオンライン研究会を数回持ち、お互いの構想を共有してきた。コロナ禍で多忙な中、各執筆者は論考執筆を進めて下さり、計画通り、二〇二一年春には幸いなことに原稿をすべて揃えることができた。この場を借りて、執筆者の方々には御礼を申し上げたい。

本論集は、株式会社晶文社編集部の江坂祐輔氏のご尽力とご厚意により、神話叢書として出版できるようになった。ここに世話人を代表して御礼を申し上げたい。

最後になるが、神話学研究会の立ち上がりから御尽力いただいた東北大学准教授山田仁史氏が二〇二一年初頭に急逝された。ここにご冥福をお祈りしたい。

二〇二一年一〇月二三日

神話学研究会世話人一同
沖田瑞穂
川村悠人
木村武史
田澤恵子

【著者について】

［第1章］南郷晃子（なんごう・こうこ）
神戸大学国際文化学研究推進センター協力研究員、国際日本文化研究センター技術補佐員他。神戸大学大学院総合人間科学研究科博士後期課程修了。主な著作に共編『「神話」を近現代に問う』（勉誠出版、2018年）、「奇談と武家家伝──雷になった松江藩家老について」『怪異学講義 王権・信仰・いとなみ』（東アジア恠異学会編、勉誠出版、2021年）ほか。

［第2章］斧原孝守（おのはら・たかし）
1957年生まれ。比較説話学研究者。兵庫教育大学大学院修士課程修了。元奈良県立奈良高等学校教諭。主な著作に「「花咲爺」の系譜──「狗耕田」から「雁取爺」「花咲爺」へ」『比較民俗学会報』（第41巻3号、2021年）、「東アジアの諸民族の穀霊逃亡神話」『新嘗の研究　第七輯』（慶友社、2021年）ほか。

［第3章］川村悠人（かわむら・ゆうと）
1986年生まれ。広島大学人間社会科学研究科准教授。2014年、広島大学大学院文学研究科博士課程後期修了。専門は古代中世インドにおける言語と思想の研究。著書に『バッティの美文詩研究──サンスクリット宮廷文学とパーニニ文法学』（法藏館、2017年）、『神の名の語源学』（溪水社、2021年）、The Kāraka Theory Embodied in the Rāma Story: A Sanskrit Textbook in Medieval India, foreword by George Cardona, D.K. Printworld, 2018がある。

［第4章］石川巌（いしかわ・いわお）
1968年生まれ。中村元東方研究所研究員。中央大学文学研究科修士課程修了。古代チベットの土着宗教の研究。主な著作に、「古代チベットにおける古代ボン教とその変容」『北東アジア研究』（別冊1、島根県立大学北東アジア地域研究センター、2008年、pp.173-185）、「敦煌出土チベット語文献P.T.239表の主題と著作者に関する覚書」、『東方』（25、公益財団法人中村元東方研究所、2010年、pp.118-130）等がある。2012年～13年、ミュンヘン大学研究プロジェクト「Kingship and Reilgion in Tibet」に参加。

［第5章］内海敦子（うつみ・あつこ）
1970年生まれ。明星大学人文学部教授。東京大学大学院博士課程修了。インドネシアの少数民族の言語、マレー語の方言、インドネシア語を対象とする記述言語学者。主な業績に、『多言語主義再考』（三元社、2012年、共著）、「北スラウェシ州の民話の分類」（2015年）、「茨城県大洗町のインドネシア人」（2019年）ほか。

［第6章］深谷雅嗣（ふかや・まさし）
1977年生まれ。愛知県立大学多文化共生研究所客員共同研究員。オックスフォード大学大学院東洋学研究所エジプト学専攻修了、Ph.D. 専門はエジプト学、宗教思想、祭礼。主な著作 M. Fukaya, *The Festivals of Opet, the Valley, and the New Year: Their socio-religious functions*, Oxford, Archaeopress, 2020.

［第7章］松村一男（まつむら・かずお）
1953年生まれ。和光大学表現学部教授。東京大学大学院博士課程満期退学。専門は比較神話学、宗教史学。主な著作に『神話思考』Ⅰ─Ⅲ（言叢社、2010、2014、2021年）、『はじめてのギリシア神話』（ちくまプリマー新書、2019年）、『神話学入門』（講談社学術文庫、2019年）ほか。

［第8章］横道誠（よこみち・まこと）
1979年生まれ。京都府立大学准教授。京都大学大学院人間・環境学研究科博士後期課程研究指導認定退学。専門は文学・当事者研究。主な著作に、単著として『みんな水の中』（医学書院、2021年）、『唯が行く！』（金剛出版、2022年）、共著として『はじまりが見える世界の神話』（創元社、2018年）、『「神話」を近現代に問う』（勉誠出版、2018年）ほか。

［第10章］谷口智子（たにぐち・ともこ）
愛知県立大学外国語学部教授。筑波大学大学院博士課程哲学・思想研究科満期取得退学、文学博士。専門は宗教学、ラテンアメリカ地域研究。主な著作に『新世界の悪魔──カトリック・ミッションとアンデス先住民宗教の葛藤』（大学教育出版、2007年）訳書に朴哲著『グレゴリオ・デ・セスペデス──スペイン人宣教師が見た文禄・慶長の役』（春風社、2013年）ほか。

【編著者について】

木村武史（きむら・たけし）

1962年生まれ。筑波大学人文社会系教授。1998年、シカゴ大学大学院神学校宗教学専攻修了、Ph.D. 専門は宗教学、アメリカ研究。最近の主な著作に『北米先住民族の宗教と神話の世界』（筑波大学出版会、2022年）、「ロボット・AIと宗教についての序論的考察」、津曲真一・細田あや子編『媒介物の宗教史（上）』（リトン社、2019年）ほか多数。

性愛《せいあい》と暴力《ぼうりょく》の神話学《しんわがく》

2022年3月10日　初版

編著者　木村武史

発行者　株式会社晶文社
〒101-0051　東京都千代田区神田神保町1−11
電話　03-3518-4940（代表）・4942（編集）
URL　http://www.shobunsha.co.jp

印刷・製本　株式会社 太平印刷社

ISBN978-4-7949-7301-6 Printed in Japan

好評発売中！

現代怪談考
吉田悠軌
怪談とはもう一つの「現代史」である。姑獲鳥、カシマ、口裂け女、テケテケ、八尺様、今田勇子——そのとき、赤い女が現れる。絶対に許せない人間の「悪」。深淵を覗き込んだ時、そこに映るものは何か。怪談の根源を追求する、吉田悠軌の探索記、その最前線へ。

土偶を読む
竹倉史人
【サントリー学芸賞受賞！】日本考古学史上最大の謎の一つがいま、解き明かされる。土偶とは「日本最古の神話」が刻み込まれた〈植物像〉であった!「考古学データ×イコノロジー研究」から気鋭の研究者が秘められた謎を読み解くスリリングな最新研究書。【好評、6刷】

亜細亜熱帯怪談
高田胤臣 著　丸山ゴンザレス 監修
空前絶後、タイを中心としたアジア最凶の現代怪談ルポルタージュがここに。湿度120％、知られざる闇の世界の扉がいま開かれる。東南アジアの文化や観光スポットを、怪談を切り口に探究する試み。古典的な怪談の背景から最新の現代奇譚までを網羅した決定版。

樹海考
村田らむ
「青木ヶ原樹海」——通称「樹海」は自殺の名所としてホラー・怪談好きには超有名スポットであり、最近は、You tubeの動画拡散事件による騒動も起き、禍々しい印象だけが独り歩きしている感がある。現実の樹海とは。

少年奇譚+少女奇譚
川奈まり子
妖し怪し異し世界に触れた少年と少女たち。怪異体験者たちの生身の声から明らかになる不思議な体験とは。異能の奇譚蒐集家による実話怪談ルポルタージュ。実話奇譚として蒐集された幼少期〜成年前の体験談から、少年が主人公になっているもの、少女が主人公になっているものを厳選して綴りあかす。

つけびの村
高橋ユキ
2013年の夏、わずか12人が暮らす山口県の集落で、一夜にして5人の村人が殺害された。犯人の家に貼られた川柳は〈戦慄の犯行予告〉として世間を騒がせたが……。気鋭のライターが事件の真相解明に挑んだ新世代〈調査ノンフィクション〉。【3万部突破!】

江戸の女性たちはどうしてましたか？
春画ール
「江戸期はみな性愛におおらかで情愛に満ちていた」——なんてことはなかった!? 当時の生理用品を再現し、謎のお香を調合、御呪いも試してみたり……江戸の性文化を実際に体験しつつ今も昔も変わらない「性愛の悩み」を春画と性典物(当時の性愛マニュアル)に探る！